KB195328

혼자서 따라하기 쉬운 모든 업무 2

지출증빙

부가가치세

종합소득세

원천징수

급여세금

실무설명서

손원준 지음

절세와 탈세 사이 원칙과 편법 사이

사장님은 세금을 얼마 내시겠습니까?
경리실무자로서 세금을 얼마나 알고 계십니까?

막힘없이 직접 척척하는 세금업무 사용설명서!

K.G.B
지식만들기

이론과 실무가 만나 새로운 지식을 창조하는 곳

머리말..

사업을 하는 데 있어서 세금은 사업의 성패를 결정하는 중요한 열쇠가
될 수 있다. 사업 초창기 매출 증대만 신경을 쓰던 많은 사업자가 나중
에 적발된 세금으로 인해 회사 문을 닫은 다수의 사업자는 만약 사업을
다시 시작한다면 꼭 세금을 신경 쓰겠다는 답변을 했다.

그만큼 세금의 중요성을 절실히 깨달은 것이다.

이와 같이 세금은 잘만 알고 관리하면 문제없는 신고·납부뿐만 아니라
절세까지 가능하지만, 모르면 앞에서 이익 본 만큼 모두 세금으로 납부
해야 하는 사태가 발생할 수 있다.

따라서 회사의 경리담당자뿐만 아니라 사업주도 기초적인 세금 지식을
가지고 있어야 세금 문제없는 건실한 회사 운영이 가능하다.

이에 본서에서는 사업을 마면서 발생하는 각종 세금의 신고·납부방법과
사례를 중심으로 다음과 같은 내용으로 구성을 했다.

뿐만 아니라 이지경리(www.ezkyungli.com) 사이트를 이용해 정보획득
과 상담까지 가능하게 구성을 했다.

제1장 증빙관리는 절세의 시작이다.

세금의 시작은 증빙에서부터 시작한다. 증빙관리를 잘하고 못하느냐에
따라 수많은 세금을 이익 볼 수도 있고 손해 볼 수도 있다.

증빙관리는 단순히 세금계산서를 주고받는 것이 아니라 테크닉이 필요
한 시대에 경리실무자의 증빙관리 방법을 가르쳐준다.

제2장 한국에서 사업하면서 내야 하는 세금

경리초보자부터 사장까지 내가 회사에서 일하면서 또는 사업을 하면서 어떤 세금을 내야 하는지조차 모르는 경우가 많다. 회사와 관련해 최소한 알아야 할 세금에 관해서 설명해 주고자 한다.

제3장 부가가치세 신고 · 납부

모든 회사의 세금은 부가가치세에서부터 출발한다. 증빙관리도 부가가치세이고, 매출관리도 부가가치세에서부터 시작한다.

그리고 실무에서 많은 일을 차지하는 부분이 매입세액공제가 되는지 안 되는지의 판단이다. 이에 대한 명쾌한 판단기준과 신고방법에 대해서 설명해 주고자 한다.

제4장 급여세금과 기타소득, 사업소득 원천징수

사람과 관련된 세금은 내부적으로는 근로소득, 외부적으로는 기타소득 또는 사업소득이 된다. 그리고 이는 지급자가 원천징수 후 세무서에 납부하게 되는데, 이에 대한 실무 처리 방법을 가르쳐준다.

제5장 종합소득세 신고 · 납부

개인사업자의 사업소득을 주로 구성하는 종합소득세에 대한 신고 방법과 절세방법에 관해서 설명하고 있다.

제6장 실무자가 꼭 알아야 할 실무 처리사례

원칙과 편법, 절세와 탈세 사이에서 항상 고민하는 실무자들을 위해 가장 민감하면서도 자주 발생하는 사례를 모아 그에 대한 해법을 제시해 주고 있다.

끝으로 오랜 시간 원고작업으로 인해 많은 시간을 같이 보내주지 못한 사랑하는 아내와 두 딸 예영, 예서에게 사랑한다는 말을 전하고 싶다.

손원준 올림

차 례

제1장 | 증빙관리는 절세의 시작이다.

05 현금영수증 / 20

■ 제2장 | 한국에서 사업하면서 내야 하는 세금

01 세법에서 말하는 사업자의 유형 / 66

02 사업자가 내야 하는 세금 / 68

03 휴업시 세무처리 / 71

제3장 | 부가가치세 신고 · 납부

03 부가가치세는 어떻게 계산을 하나? / 89

04 부가가치세 예정신고 대상 및 신고방법 / 103

■ 제4장 | 급여세금과 기타소득, 사업소득 원천징수

06 근로소득세의 신고와 납부방법 / 207

07 중도퇴사자의 연말정산 / 215

08 봉급생활자의 연말정산 / 218

09 임원의 인건비 처리와 관련해 유의할 사항 / 228

10 원천징수이행상황신고서 등 원천징수 필수서식 작성요령 / 231

11 원천징수 세액의 신고와 납부 / 233

제5장 | 종합소득세 신고 · 납부

02 개인사업자는 1년에 한 번 종합소득세 신고·납부 / 260

제6장 | 실무자가 꼭 알아야 할 실무처리사례

개인회사와 법인의 차이

업종별로 영업 신고 또는 인허가가 필요한 사업의 경우 사업자등록 전에 신고 또는 인·허가증은 사업자등록 신청 시 필수서류이므로 반드시 창업절차를 진행하면서 관련 일정을 고려해야 한다.

1 회사를 만드는 순서

절 차	내 용
1. 사업의 형태 결정 및 자본금 준비	⊙ 개인 또는 법인사업 여부 결정 ⊙ 사업자금에 대한 자금출처 확보 ⊙ 동업의 경우 동업계약서 작성
2. 상호 등 기본사항 결정	상표권 등의 저촉 여부 및 동일 상호 확인
3. 임대차 계약	거주지도 가능
4. 인허가	업종에 따라 신고 및 허가 신청
5. 사업자등록	사업개시일 전에 사업자등록이 가능하므로, 사업개시일 전에 사업자등록을 하는 것이 유리하다. 동업 계약의 경우 공동사업자 명세, 사업 개시 시 종업원을 고용한 경우 종업원 현황, 서류를 별도의 장소에서 송달받으면 송달받을 장소를 지정한다.

절 차	내 용
6. 사업용 계좌 개설 및 사업용 신용카드 등옥	○ 별도의 사업용 계좌 신규 신청 또는 기존 사업주 명의 계좌 중 사업용으로 사용할 수 있다. ○ 홈택스에 개인사업자는 사업용 신용카드를 등록한다.
7. 신용카드 단말기 등 설치	○ 신청 시 사업자등록증 필요 ○ 신청 후 개설 시까지 며칠이 걸리므로 현금수입업종의 경우 반드시 실제 사업개시일 1주일 전에는 신청해야 한다.
8. 홈택스 회원 가입 및 등록	○ 사업용 공인인증서 발급(전자 세금계산서 발급용) ○ 국세청 홈택스 사업자 회원 가입 ○ 기장 대행을 맡기는 경우 세무대리인의 수임 동의를 해준다.

2 개인(자영업)회사를 만드는 방법

개인회사의 경우 특별한 법률적 절차가 있지는 않고, 상호를 정한 후 임
대차 계약과 인허가를 받은 다음 사업자등록을 마치면 영업을 개시할
수 있다. 개인 사업자등록 시 필요 서류는 다음과 같다.

❱ 사업허가증 사본, 사업자등록증 사본 또는 신고확인증 사본(단, 법령
에 따라 허가를 받거나 등록 또는 신고해야 하는 사업일 때 한함)

❱ 임대차계약서 사본(사업장을 임차한 경우)

❱ 상가건물 일부분을 임차한 경우는 해당 부분의 도면 1부

위의 서류는 개인이 직접 할 때이고 만일 처음부터 세금에 대해 몰라
세무대리인을 쓸 때는 사업자등록을 무료로 대행해 주므로 맡기는 것이
편리하다.

3 법인을 만드는 방법

상호 및 주소 결정

법인을 설립하려면 먼저 상호와 사업장 주소지가 있어야 한다. 주식회사의 상호는 관할 지역 내에 같은 상호가 없어야 설립할 수 있다. 같은 상호가 있는지는 대법원 인터넷 등기소에서 확인할 수 있다.

사업장 주소지는 자가일 때는 임대차계약서가 필요 없지만, 사업장을 임차해서 설립할 때는 주식회사 명의의 임대차계약서가 있어야 한다.

사업의 목적 결정

정관과 사업자등록증에 들어갈 사업의 내용을 결정해야 한다. 생활용품 무역업, 생활용품 도소매, 생활용품 통신판매, 생활용품 전자상거래 등 구체적으로 사업의 내용을 기재해야 한다.

자본금 결정

자본금은 주식회사를 설립해서 초기에 발생하는 운영비용을 말한다.

자본금은 대표 발기인의 통장에 자본금을 예치한 후 해당 은행 창구에서 "통장잔고증명원"을 발급받으면 자본금으로 인정되며, 통장잔고증명원의 유효기간은 15일이다.

임원 결정

주식회사를 운영해 나갈 임원진을 결정해야 한다. 임원은 대표이사 1인을 포함해서 주식이 없는 이사나 감사 1인이 반드시 포함되어야 한다. 따라서 임원은 최소 2인이 있어야 주식회사 설립이 가능하다.

각종 서류 준비

주식회사설립 시 필요한 서류는 임원 전원의 주민등록등본 1통, 인감증명서 1통(3개월 이내 발행), 인감도장, 임대차계약서 사본, 통장잔고증명원 1통이 필요하다.

법인이 사업자등록을 할 때 준비해야 할 서류는

≫ 주주 명부 : 확인 날짜를 기재하고 법인 인감도장을 찍는다.

≫ 정관(사본)

≫ 등기사항전부증명서

≫ 법인인감증명서

≫ 법인 인감도장

≫ 인·허가증/등록증/신고증(인·허가/등록/신고가 필요한 사업의 경우)

≫ 임대차계약서(원본)

개인사업자와 법인 중 세금은 누가 더 유리한가요?

• 세율 면에서는 법인세율이 소득세율보다 낮아서 유리하다.

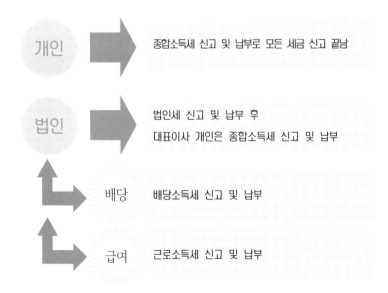

유의할 사항은 개인은 개인소득세로 납세의무가 모두 끝나지만, 법인은 법인세를 낸 후, 소득에 대해서 배당(주주)이나 상여(대표이사) 등으로 처분되는 경우 주주는 배당에 대해서 배당소득세를 대표이사는 상여에 대해서 근로소득세를 추가로 내야 한다는 점이다.

예를 들어 대표이사가 100% 지분을 가지고 있는 경우 개인회사는 종합소득세로 납부의무가 끝나지만, 법인이라면 법인세를 낸 후 대표이사가 받는 급여에 대해서는 근로소득세를, 배당에 대해서는 배당소득세를 내야 한다.

따라서 개인사업자로 내는 종합소득세와 법인의 대표이사로서 내는 법인세 + 배당소득세 + 근로소득세를 비교해 봐야 세금 면에서 누가 더 유리한지 알 수 있다.

● 책임 면에서 차이가 있다.

개인사업자는 모든 회사의 채무에 대해서 무한책임을 진다. 즉, 회사를 운영하면서 빚을 지는 경우 그 빚을 다 갚기 전에는 책임을 면할 수 없다. 반면, 주식회사와 같은 법인의 경우 유한책임을 지므로 회사의 빚은 회사 것이지 대표이사 개인의 빚이 되지 않음으로 책임을 면할 수 있다.

● 대외 신뢰도 면에서 차이가 있다.

일반적으로 개인보다는 법인을 더 신뢰하는 경향이 있다.

혼동하기 쉬운 계정과목

1. 외상매출금, 미수금

물품을 판매하고 그 대금을 나중에 받기로 한 채권을 일반적으로 외상매출금 또는 미수금이라고 한다.

그러나 계정과목의 사용에 있어 외상매출금과 미수금은 차이가 있는데 외상매출금은 일반적 상거래에서 발생한 채권을 말하며, 미수금은 일반적 상거래 이외의 거래에서 발생한 채권을 말한다.

그러면 일반적 상거래의 판단기준이 중요한 데, 일반적 상거래란 자사가 주력으로 판매하는 물품(재고자산)으로 상점에서 다른 회사가 만든 물건만 판매하는 회사는 상품(타사의 제품),

제조해서 판매하는 회사는 제품, 부동산매매업을 하는 회사는 부동산을 판매하고 받지 못한 채권을 말한다. 따라서 제조업을 하는 회사가 가지고 있던 공장건물을 판매하는 경우 이는 자사가 주력으로 판매하는 물품(재고자산)이 아니라 영업 과정에서 부수적으로 발생하는 것으로 일반적 상거래가 아닌 것이다. 따라서 상품이나 제품을 판매하는 회사가 상품이나 제품을 판매하고 받지 못한 채권은 외상매출금이 상품이나 제품을 판매하는 회사 공장 등 고정자산을 처분하고 그 대금을 나중에 받기로 한 채권의 명칭은 미수금이라고 한다.

건설업의 경우에는 공사와 관련한 외상 대금의 명칭은 공사미수금이라는 계정과목을 사용한다.

이같이 외상과 관련해서 외상 대금의 명칭을 외상매출금 또는 미수금이라고 구분한 것은 외상 판매의 원인을 세분화한 것에 불과하다.

2. 외상매입금, 미지급금, 미지급비용

일반적 상거래와 관련한 물품(재고자산) 등을 외상으로 구입하는 경우에 장차 지급해야 할 대금의 명칭을 통상 외상매입금이라고 한다. 즉, 상품과 제품, 원재료 등을 외상으로 구입하고 나중에 지급할 금액을 외상매입금이라 하고, 공장 등 고정자산 등을 외상으로 구입하는 경우는 미지급금, 기타 손익계산서상 비용항목의 미지급 시에는 미지급비용이라는 계정과목을 사용한다.

3. 가지급금, 가수금

임직원에게 비용이 확정되기 전 일시 가지급 하거나 법인의 자금을 일시 대여하는 경우 또는 임직원이 부담하여야 하는 금액을 회사가 일시 대납하는 경우, 회사의 자금이 착오에 의하여 잘못 송금하거나 과다 송금한 금액 등을 처리할 시 가지급금이란 계정을 사용한다.

가지급금은 비용이 확정되거나 대납한 금액을 회수하는 시점 또는 착오로 송금한 금액이 입금되는 시점에 가지급금과 상계처리한다. 반면, 가수금이란 가지급금과 반대되는 개념으로 임직원으로부터 자금을 일시 차입하거나 원인불명의 돈이 회사에 입금된 경우, 거래처에서 외상대금 등을 과다하게 입금한 경우 처리하는 계정이다.

4. 미수수익과 미수금

회계연도 말에 당기에 속하는 수익 중 미수된 금액을 말한다.

예를 들면, 미수 임대료, 미수 이자수익 등이 있다.

미수수익은 그 수익이 계속 발생하는 과정에서 일정 시점에 실제 금전 등이 입금되지는 않았으나 당기에 속하는 수익에 대하여 수입으로 계상하고, 미수된 금액을 미수수익으로 계상하는 것이다.

따라서 상품 등의 판매에 의한 외상매출금 및 유가증권, 토지, 건물, 기계장치 등의 외상대금인 미수금과는 구별되는 것이다.

다시 말하면, 미수수익은 용역의 제공이 당기에 속하는 것이나 그 대가를 수취하지 못한 경우 결산 시기가 지난 수익을 정확히 반영하기 위하여 (수입이자 등) 계상하며, 미수수익은 발생주의에 의한 회계원칙 때문에 발생하는 것이다.

5. 선급금, 선급비용

선급금이란 물품 등을 나중에 인도받기로 하고 미리 그 대금을 지급한 금액(계약금 등)을 말하며, 물품 등을 인도받기 전에 그 대금 등을 미리 지급하는 경우 선급금이라는 계정과목을 사용한다.

통상 계약금을 받거나 작업의 진행 상황에 따라 각각 그 대가를 받기로 한 경우 잔금의 청산 전까지 선급금 처리를 한 후 본계약 체결 시나 잔금 청산시 선급금을 본래의 계정으로 대체한다. 참고로 선급금이 자주 발생하는 거래처의 경우 거래처별로 선급금 대장을 만들어 선급금 지급 시에는 선급금 증가란(차변 : 자산증가)에 기록하였다가 나중에 물품을 인도받은 후 매입 대금을 선급금과 상계할 시에는 선급금 감소란(대변 : 자산감소)에 상계한 금액을 기록해서 관리한다. 반면, 선급비용이란 일정 계약에 따라 용역을 제공받기도 하고, 그 대가를 지급하였으나 결산 시점에 그 용역제공의 기한이 종료되지 않은 경우 아직 남아 있는 용역제공 기간에 해당하는 비용은 선급한 것으로 기간 손익을 정확히 계산하기 위하여 선급한 비용을 계상하여 다음 연도에 해당 비용으로 대체한다.

예를 들어 보험료, 임차료, 이자비용, 보증료, 할인료, 고용보험료 등의 기간 미경과 등이 있다.

6. 잡비, 잡손실

그 금액이 소액이고 자주 발생하지 않는 비용으로 영업활동과 관련한 비용은 잡비로 처리하고, 영업활동과 관련 없이 발생하는 비용은 잡손실로 처리한다.

제1장

증빙관리는 절세의
시작이다.

1. 회사경비를 지출할 때 반드시 챙겨야 하는 증빙

2. 세금계산서, 계산서, 신용카드매출전표,
   현금영수증

3. 전화요금 청구서 등 일정한 형식의 지로영수증

4. 간이영수증 한도는 별도로 정해진 기준이 있나요?

5. 경비지출시 증빙을 챙기지 않아도 되는 예외사항

6. 기업업무추진비와 경조사비의 증빙관리 증빙관리

회사경비를 지출할 때
반드시 챙겨야 하는 증빙

영리 목적의 거래를 하는 경우 3만 1원(경조사비는 20만 1원)부터 법정
지출증빙을 받아서 보관해야 한다.

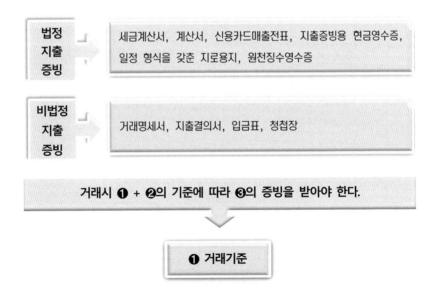

법정 지출 증빙	세금계산서, 계산서, 신용카드매출전표, 지출증빙용 현금영수증, 일정 형식을 갖춘 지로용지, 원천징수영수증
비법정 지출 증빙	거래명세서, 지출결의서, 입금표, 청첩장

거래시 ❶ + ❷의 기준에 따라 ❸의 증빙을 받아야 한다.

❶ 거래기준

영리 목적인 거래에 대해서 적용된다. 따라서 비영리 목적인 거래나 실

질적으로 비사업자인 개인과의 거래, 국가·지방자치단체와의 거래에서는 증빙 수취 규정이 적용되지 않는다.

구 분		법정지출증빙
과세	일반과세자	세금계산서, 계산서, 신용카드매출전표, 지출증빙용 현금영수증, 일정 형식을 갖춘 지로용지, 원천징수영수증(원천징수 대상)
	간이과세자	세금계산서(연 매출 4,800만 원~1억 400만 원 이상 간이과세자는 발행), 신용카드매출전표, 현금영수증, 일정 형식을 갖춘 지로용지, 원천징수영수증(원천징수 대상)
면세		계산서, 신용카드매출전표, 현금영수증, 일정한 형식의 지로용지

❷ 금액기준

구 분		법정지출증빙
기업업무 추진비(= 접대비)	일반기업업무 추진비	건당 3만 원까지는 간이영수증도 법정지출증빙이 되나, 3만 1원부터는 반드시 세금계산서, 신용카드매출전표, 현금영수증, 일정한 형식의 지로용지 중 하나가 법정지출증빙이 되며, 특히 법인의 신용카드매출전표는 법인카드여야 한다.
	거래처 경조사비	20만 원까지는 청첩장 등 경조사를 증명할 수 있는 서류가 법정지출증빙이 되나 20만 원을 초과(20만 1원)하는 경우 세금계산서, 신용카드매출전표, 현금영수증, 일정한 형식의 지로용지 중 하나가 법정지출증빙이 된다.
기업업무추진비(경조사비 포함)를 제외한 일반비용		건당 3만 원까지는 간이영수증도 법정지출증빙이 되나, 3만 1원부터는 반드시 세금계산서, 신용카드매출전표, 현금영수증, 일정한 형식의 지로용지 중 하나가 법정지출증빙이 된다.

❸ 받아야 할 증빙

기업업무추진비는 3만 1원(경조사비는 20만 1원)부터, 기업업무추진비를 제외한 기타 일반비용은 3만 1원부터 받아야 할 증빙은 다음과 같다.

구 분		법정지출증빙
비용의 지 출	인건비 지출	원천징수영수증
	경조사비 지출	청첩장 등
	인건비와 경조사비를 제외한 비용 및 일반기업업무추진비	세금계산서, 계산서, 신용카드매출전표, 지출증빙용 현금영수증, 일정 형식의 지로용지
자 산 구 입	세금계산서, 계산서, 신용카드매출전표, 지출증빙용 현금영수증, 일정 형식의 지로용지를 받아야 하나 일부 거래에 대해서는 계약서가 증빙이 되거나, 안 받아도 되는 경우가 있다.	

법정지출증빙을 받지 못한 경우 처리 방법

구 분		법정지출증빙
기업업무추진비	비용인정	비용인정 자체가 안 된다.
	가 산 세	비용인정이 안 되는 대신 가산세 부담은 없다.
일반비용	비용인정	다른 증빙으로 소명되는 경우 비용인정은 된다.
	가 산 세	비용인정 되는 대신 2%의 증빙불비가산세를 법인세 또는 소득세 납부 시 같이 납부한다.

증빙을 철해서 보관하는 방법에 대해서 가르쳐 주세요

홈택스에서 조회가능한 증빙은 별도로 수기 증빙을 보관할 필요는 없다. 다음은 수작업으로 부가가치세 신고까지의 증빙관리 방법을 대충 정리한 것이다.

❶ 어느 정도 기간으로 구분해서 철을 할지 정한다(홈택스에 보관되는 증빙 제외).

❷ 전표는 종류별로 구분하고, 세금계산서, 계산서, 신용카드매출전표, 현금영수증, 거래명세서, 입금표 등 철할 증빙은 매출별, 매입별로 구분한다.

❸ 구분한 전표와 증빙을 기간별로 구분한다.

❹ 하얀 종이와 검은색 끈을 문방구에서 구입한다.

❺ 전표와 증빙을 하얀 종이로 껍질을 만들어 구멍을 뚫은 후 묶는다.

❻ 세금계산서, 계산서 등으로 각각 구분해서 기간별로 묶은 전표 및 증빙철 앞의 흰 종이 및 중간 접지 부분에 매출 세금계산서철(2××1년 7월 1일부터 2××1년 9월 30일), 매입세금계산서철(2××1년 7월 1일부터 2××1년 9월 30일) 등으로 각각 구분해서 표기한 후 보관한다.

❼ 필요한 기간별로 찾아서 대조하면 된다.

참고 : 이것이 불편하면 바인더를 활용해 기간별로 분리해서 보관하면 된다.

수기 증빙을 관리하는 방법에 대해서 가르쳐 주세요

❶ 증빙은 그 종류별로 사전에 일련번호를 부여해서 권한 없는 자가 함부로 발행할 수 없도록 하거나 분실을 발견할 수 있도록 한다.

❷ 받은 증빙은 수취인, 일자, 내역, 금액 등의 기재 내용을 검토해서 증빙으로서 유효한 것인가를 점검한 후 이상이 없으면 전표 이면에 붙이거나 별도의 증빙철에 철을 해둔다. 만약 별도의 증빙철을 만들 경우는 전표에 일련번호로 참조번호를 적은 후 이를 관련 전표상에 표시하면 손쉽게 전표와 연결시킬 수 있게 된다.

❸ 외부에서 발행된 지출증빙의 입수가 곤란하거나 그 증빙을 첨부하지 못할 정당한 사유가 없는 경우에는 이를 대체할 증빙을 구비해야 한다.

❹ 중요한 증빙을 발행하는 경우는 증빙의 부본을 보관하거나 증빙의 발행에 관한 보조부를 작성하는 것이 바람직하다.

❺ 증빙이 없는 경비는 지출결의서를 작성해서 결재받아 보관해야 한다.

세금계산서 발행

세금계산서는 일반적으로 가장 신뢰성 있는 증빙으로 모든 세무상 증빙은 세금계산서로 명칭이 통용된다고 보아도 과언이 아니다. 이는 공급가액에 부가가치세가 별도로 표기되는 형식으로 구매자가 판매자에게 세금계산서를 받기 위해서는 구입가격에 부가가치세를 별도로 부담해야 한다.

세금계산서는 과세사업자가 발행하며, 연 매출 4,800만 원 미만 간이과세자나 면세사업자는 세금계산서를 발행하지 못한다. 물론 영세율에 대해서는 세율을 0%로 해서 세금계산서를 발행한다.

그리고 법인과 직전 연도 과세분과 면세분 공급가액의 합계액이 1억 400만원 이상인 개인사업자는 세금계산서 발행 시 반드시 전자세금계산서를 발행해야 한다. 따라서 직전 연도 과세분과 면세분 공급가액의 합계액이 1억 400만 원 이하인 개인사업자는 수기로 작성한 세금계산서를 발행해도 된다. 전자세금계산서와 수기 세금계산서는 양식이 차이가 있는 것이 아니라 양식은 같으나 전자세금계산서는 인터넷으로 작성해 이를 국세청과 상대방에게 전자적 방법으로 전송하는 것이고, 수기 세금계산서는 국세청과 상대방에게 전자적 방법으로 전송하지 않고 직접 또는 우편으로 제출한다는 점에서만 차이가 있다.

세금계산서

일반적으로 가장 신뢰성 있는 증빙

모든 세무상 증빙은 세금계산서로 명칭 통용

세금계산서 합계(청구, 영수)금액

공급가액(가격)　　+　　부가가치세(공급가액의 10%)

- **과세사업자**가 발행
- **영세율**에 대해서는 **세율을 0%**로 해서 세금계산서 발행
- **법인**과 직전 연도 과세분과 면세분 공급가액의 합계액이 **8,000만 원 이상인 개인 사업자**는 세금계산서 발행 시 반드시 **전자세금계산서**를 발행
- 직전 연도 **과세분과 면세분 공급가액의 합계액이** 8,000만원 이하인 **개인사업자**는 수기로 작성한 종이 세금계산서를 발행해도 됨

전자세금계산서

VS
"양식의 형식은 동일"

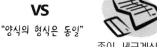
종이 세금계산서

인터넷으로 작성해 이를 국세청과 상대방에게 전자적 방법으로 전송하는 것

직접 손으로 작성해 이를 국세청과 상대방에게 직접 또는 우편으로 제출하는 것

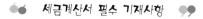
🎙🎙 *세금계산서 필수 기재사항* 🎙🎙

[세금계산서 발행 시 반드시 기록되어 있어야 할 사항]
- 공급하는 사업자의 등록번호와 성명 또는 명칭
- 공급받는 자의 등록번호
- 공급가액과 부가가치세
- 작성연월일(발행 일자를 말하며, 부가가치세법상 공급시기, 거래시기를 말한다)

일반, 영세율, 위수탁, 위수탁 영세율 중 하나를 선택한다.

사업자등록번호, 주민등록번호, 외국인 중 하나를 선택한다. 공급받는 자에 등록번호, 상호, 성명, 업태, 종목, 이메일을 입력한다.

● 등록번호를 입력하고 [확인] 버튼으로 유효성 검증을 한다. 이때 등록번호가 사업자 단위 과세 사업자인 경우는 사업장별 선택 화면에서 해당 사업장을 선택할 수 있다.

● 사업장 주소와 업태, 종목은 찾아보기 (돋보기) 버튼으로 검색할 수 있다.

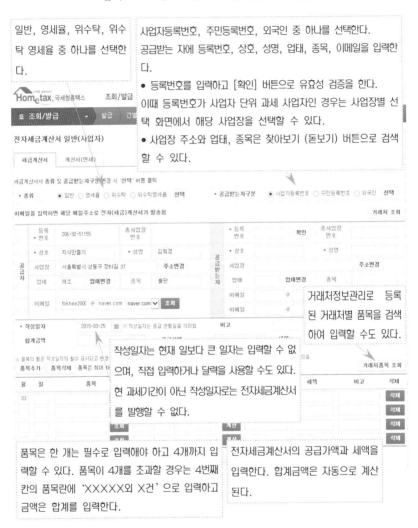

거래처정보관리로 등록된 거래처별 품목을 검색하여 입력할 수도 있다.

작성일자는 현재 일보다 큰 일자는 입력할 수 없으며, 직접 입력하거나 달력을 사용할 수도 있다. 현 과세기간이 아닌 작성일자로는 전자세금계산서를 발행할 수 없다.

품목은 한 개는 필수로 입력해야 하고 4개까지 입력할 수 있다. 품목이 4개를 초과할 경우는 4번째 칸의 품목란에 'XXXXX외 X건' 으로 입력하고 금액은 합계를 입력한다.

전자세금계산서의 공급가액과 세액을 입력한다. 합계금액은 자동으로 계산된다.

● 전자세금계산서 발급이 필요한 경우 수시로 홈택스에 공인인증서로 로그인 후 세금계산서를 작성해서 거래처에 발급(e-mail)하는 방법이다.

● 전자세금계산서 발급 방법 등 자세한 사항은 홈택스 홈페이지(www.hometax.go.kr) > 전자(세금)계산서 현금영수증·신용카드 > 전자세금계산서에서 확인할 수 있다.

● 공급자, 공급받는 자 이메일 주소를 입력하면 발행된 내역 및 원본 파일이 해당 이메일 주소로 발송된다.

입력이 완료되면 [발행] 버튼으로 전자세금계산서를 발행한다. 발행 사실을 확인하고 공인인증서 선택 창을 통해서 해당 인증서 선택을 한 후 비밀번호를 입력하고 [확인] 버튼을 클릭한다. 이때, 수정세금계산서 작성 예방을 위해 [발행보류]를 선택하면, 발행 당일만 보관되며, 보관기간이 지나면 자동 삭제된다.

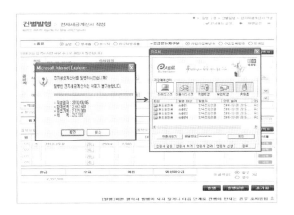

・ 전자세금계산서가 정상적으로 발행되면 전자세금계산서 승인번호와
함께 정상 발행 메시지가 나타난다.

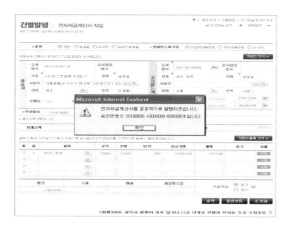

・ [거래처 검색] 등록된 거래처를 검색하는 화면으로 이동한다.
・ [거래처 품목 검색] 거래처에 등록된 품목을 검색하는 화면이 팝업으
로 조회된다.
・ [발행미리보기] 발행 전 작성 내역을 미리 볼 수 있다.
・ [발행] 작성한 전자세금계산서가 발행 처리된다.
・ [초기화] 화면 내용이 초기 상태로 지워진다.
・ [발행보류] 작성한 수정 전자세금계산서가 발행보류함에 저장된다.
발행보류함에 저장된 세금계산서는 간편발행 > 발행보류함 목록 조회에
서 조회하여 발행할 수 있다.

실 무 사 례

⏻ 세금계산서 공급자의 인감 날인이 필수인지?

사업자가 재화 또는 용역을 공급하고 세금계산서를 발급하는 경우는 공급자의 인감을 반드시 날인 해야 하는 것은 아니다.

⏻ E-mail로 발송한 세금계산서도 유효한 세금계산서인지?

세금계산서 양식에 필요적 기재 사항을 기재해서 거래처에 이를 E-mail로 전송하고 공급자와 공급받는 자가 각각 출력해서 보관하는 경우는 적법한 세금계산서에 해당한다.

⏻ 팩스로 발송한 세금계산서의 효력

팩스로 세금계산서를 발송한 경우 공급자와 공급받는 자가 각각 출력해서 보관하는 경우는 적법한 세금계산서에 해당한다.

⏻ 인터넷 쇼핑몰 운영사업자의 수탁 판매분 세금계산서 발행

1. 인터넷 쇼핑몰 운영 사업자가 재화를 수탁받아 판매하면서 결제대행업체를 통해서 신용카드 매출전표를 발행한 경우 구매자가 세금계산서를 요구하는 경우 위탁 세금계산서를 발행해야 한다.

2. 사업자가 인터넷 사이트에 다른 사업자의 광고를 게재해주고 대가를 받는 경우는 영수증 발행 대상에 해당하지 않으므로 세금계산서를 발행해야 한다.

⏻ 신용카드 발급분 수정세금계산서 발급 가능 여부

사업자가 재화 또는 용역을 공급하고 세금계산서 대신 신용카드매출전표를 발급한 경우는 수정세금계산서 발급 사유에 해당하는 경우라도 수정세금계산서를 발급할 수 없다.

⏻ 공동매입 등에 대한 전자세금계산서 발급

부가가치세법상 납세의무자에 해당하지 않는 집합건물 관리단 대표 회의가 공급받는 자를 자기의 명의로 해서 세금계산서를 발급하고 그 발급받은 세금계산서에 기재된 공급가액의 범위 안에서 실지로 재화 또는 용역을 공급받는 자에게 세금계산서를 발급하는 경우 전자세금계산서를 발급할 수 있는 것이며, 이 경우 관리단 대표 회의는 세금계산서 관련 가산세의 적용 대상에 해당하지 않는다.

계산서 발행

계산서는 면세 물품이나 면세용역에 대해서 발행하는 법정지출증빙이다. 세금계산서는 공급가액과 부가가치세가 구분되어 표기되는 형식으로 과세물품이나 용역을 제공할 때 발행하는 법정지출증빙인 반면, 계산서는 공급가액과 부가가치세가 구분되어 표기되지 않고 공급가액만 표기된다. 세금계산서 또는 계산서 발행과 관련해서 실무자들이 주의해야 할 사항은 사업자등록 상 과세사업자는 무조건 세금계산서를 발행하고, 면세사업자는 무조건 계산서를 발행해야 하는 것이 아니다. 즉, 사업자등록상 과세사업자라고 해도 판매한 물품이 면세 물품인 경우는 계산서를 발행해야 하며, 사업자등록상 면세사업자라고 해도 판매한 물품이 과세물품인경우는 세금계산서를 발행해야 한다. 결과적으로 사업 형태에 따라 세금계산서와 계산서 발행을 결정하는 것이 아니라 판매하는 물품이 과세인지 면세인지에 따라 구분하는 것이다.

참고로 사업자등록 상 과세사업자는 별도의 절차 없이 세금계산서를 발행할 수 있으나 면세사업자는 과세사업자로 사업자등록을 변경하지 않는 이상 세금계산서를 발행할 수 없다.

- **면세사업자**가 발행
- **공급가액만 표기되고 부가가치세는 별도로 표기되지 않음**

면세사업자에게 면세
물품을 구매하는 경우

부가가치세를 별도로 부담하지 않음

세금계산서의 발행을 요구해도 발행해주지 않음

Q. 세금계산서와 계산서는 어떻게 구분하나?

세금계산서	• 공급가액과 부가가치세가 구분되어 표기되는 형식
	• 과세물품이나 용역을 제공할 때 발행하는 법정지출증빙
계 산 서	• 공급가액과 부가가치세가 구분되어 표기되지 않고 공급가액만 표기 됨
	• 면세물품이나 면세용역에 대해서 발행하는 법정지출증빙

구분	법인	개인사업자
전자세금계산서 의무발생	모든 법인	직전 연도 공급가액(면세 + 과세)이 8,000만 원 이상인 개인사업자
전자계산서 의무발생	모든 법인	≫ 2024년 7월 1일 이후 공급분 : 직전년도 과세기간의 총수입금액(과세분과 면세분의 합계금액)이 8,000만원 이상인 개인사업자 예) 2023년 과세 매출 4천, 면세매출 4천인 개인사업자 : 2024년 7월 1일~2025년 6월 30일 전자계산서 발급 의무대상자임

신용카드매출전표

신용카드매출전표는 물건이나 서비스를 제공받고 결제를 신용카드로 하면서 대금의 수불사실을 입증하기 위해서 상호 주고받는 신용카드영수증이다. 또한, 신용카드 결제 시 일반적으로 매출전표 상으로 공급가액과 부가가치세가 별도로 표기되는데, 결제 시 세금계산서와 달리 부가가치세를 추가로 부담하지 않는 것이 일반적이며, 구입가격의 100/110은 공급가액이 10/110은 부가가치세가 되므로 부가가치세 신고 시 신고서상에 공급가액을 총액으로 적고 총액에 대한 10%를 부가가치세로 적는 실수를 범하지 않아야 한다.

신용카드매출전표 상에 공급가액(금액)만 표기되고 부가가치세가 별도로 표기되지 않는 경우가 있는데 이는 면세 물품을 구입하는 경우나 상대방이 연 매출 4,800만원 미만의 간이과세자일 경우 발행되는 신용카드매출전표로 부가가치세 신고 시 매입세액공제를 받을 수 없는 것이다. 간혹 세금계산서를 발행할 수 없는 사업자가 발행한 신용카드매출전표인데 공급가액(금액)과 부가가치세가 구분표시 된 경우가 있다. 이는 해당 사업자가 단말기 설정이나 조작 실수 등으로 잘못 발행한 것이므로 매입세액공제를 받으면 안 된다. 확실한 처리 방법은 발행자의 사업자등록 내역을 홈택스에서 조회한 후 처리하는 것이다.

신용카드 결제

- 세금계산서와 달리 부가가치세를 추가로 부담하지 않음
- 구입가격의 100/110은 공급가액이 10/110은 부가가치세

"부가가치세 신고 시 신고서상에 공급가액을 총액으로 적고 총액에 대한 10%를 부가가치세로 적는 실수 주의"

"신용카드매출전표 자체가 세금계산서와 같으므로 별도로 세금계산서를 받지 않아도 됨"

Q 신용카드매출전표 상에 공급가액만 표기되고 부가가치세가 별도로 표기되지 않는 경우, 매입세액공제가 가능한가?

면세사업자(면세물품) 또는 연 매출 4,800만원 미만 간이과세자(이상 간이과세자는 받음)에 대한 신용카드매출전표로 부가가치세 신고 시 매입세액공제를 받을 수 없다.

구분	증빙 인정 여부	매입세액공제 여부
기업업무 추진비	법인은 법인카드만 인정 개인회사는 개인카드도 인정. 단 사업용 신용카드를 등록하고 사업용 계좌와 결제계좌를 연결	매입세액불공제
일반비용	법인카드, 개인카드 모두 인정. 단, 사장의 개인카드는 사업용 신용카드로 등록하고 사업용 계좌와 결제계좌를 연결	매입세액공제. 개인카드 지출 분에 대해서 회사경비 처리 시 개인의 연말정산 시 신용카드 소득공제를 받을 수 없다.

개인사업자가 사업용 물품을 구입하는데, 사용할 신용카드를 홈택스 홈페이지에 등록하는 제도를 말하며, 등록한 개인사업자는 부가가치세 신고 시 매입세액공제를 받기 위해서 "신용카드매출전표 등 수령명세서"에 거래처별 합계자료가 아닌 등록한 신용카드로 매입한 합계금액만 기재하면 매입세액공제를 받을 수 있고, 법인 명의로 카드를 발급받은 법인사업자는 별도의 등록 절차 없이 거래처별 합계표를 기재하지 않아도 매입세액공제를 받을 수 있다. 단, 종업원(임직원) 명의의 신용카드로 사업용 물품을 구입하는 경우는 거래처별 합계를 제출해야 매입세액공제가 가능하다.

1. 사업용 신용카드 등록

홈택스 홈페이지 세금납부 > 계산서·영수증·카드 > 신용카드 매입 > 사업용 신용카드 등록 및 조회에서 사업용으로 사용할 신용카드를 등록하면 된다.

사업용 신용카드는 개인사업자가 '공인인증서'를 이용해서 홈택스 ➜ 계산서·영수증·카드 ➜ 신용카드 매입 ➜ 사업용 신용카드 등록 및 조회 메뉴에서 등록한다. 법인사업자는 사업용 신용카드를 등록할 필요가 없다.
개인사업자의 신용정보 보호를 위해서 공인인증서에 의한 회원가입을 의무화하였고, 본인 명의 신용카드만 등록할 수 있다.

2. 등록카드 자료의 활용

국세청이 사업용 신용카드의 거래 자료를 신용카드사로부터 매 분기 익월 10일에 통보받아 홈택스에 수록하고, 사업자는 사업자등록번호와 주민등록번호를 입력하면 신고기간별 신용카드 사용 건수 및 사용 금액 집계 조회가 가능하다.

1 \ 신용카드매출전표를 받아도 매입세액불공제 사업자

다음의 일반과세자로부터 신용카드매출전표를 받은 경우는 매입세액공제가 안 된다.

· 미용, 욕탕 및 유사 서비스업
· 여객운송업(전세버스 제외)
· 입장권 발행사업자
· 의료법에 따른 의사, 치과의사, 한의사, 조산사 또는 간호사가 제공하는 용역 중 요양급여의 대상에서 제외되는 쌍꺼풀수술, 코 성형수술, 유방 확대·축소술, 지방흡인술, 주름살제거술의 진료용역을 공급하는 사업, 수의사가 제공하는 동물의 진료용역(부가가치세가 과세되는 수의사의 동물 진료용역)
· 교육용역 중 부가가치세가 과세되는 무도학원, 자동차운전학원

2 \ 신용카드매출전표를 받아도 매입세액불공제 거래

다음의 경우에는 부가가치세가 구분 기재된 신용카드매출전표를 받아도 매입세액공제를 받을 수 없다.

· 비영업용 소형승용차 관련 매입세액(유대 등)·기업업무추진비 관련 매입세액·사업과 관련 없는 매입세액(가사용 매입 등)을 신용카드매출전표 등으로 받은 경우
· 간이과세자(연 매출 4,800만원 미만)·면세사업자로부터 신용카드매출전표 등을 받은 경우(연 매출 4,800~1억 400만 원 간이과세자는 가능)
· 타인(종업원 및 가족 제외) 명의 신용카드를 사용한 경우

- 외국에서 발행된 신용카드
- 항공권·KTX·고속버스·택시요금, 미용·욕탕·유사 서비스업, 공연(영화) 입장권 등 구입비용
- 과세되는 쌍꺼풀 등 성형수술, 수의사의 동물진료용역, 무도학원, 자동차운전학원

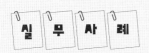

신용카드매출전표를 분실한 경우 월이용대금명세서 제출

신용카드매출전표를 분실한 경우 월이용대금명세서로 증빙을 대신하면 되며, 홈택스로 조회가능하면 된다. 신용카드매출전표 자체가 세금계산서와 동일하므로 별도로 세금계산서를 받지 않아도 된다.

과세기간 이후에 발급받은 신용카드매출전표 등의 매입세액공제

신용카드매출전표 등을 해당 공급시기가 속하는 과세기간 이후 1년 안에 발급받은 경우는 매입세액을 공제받을 수 있다.

후불교통카드로 통행료를 결제하는 경우 매입세액공제

고속도로 통행료를 신용카드에 해당하는 후불교통카드 또는 후불전자카드로 수납하고 영수증을 발급한 경우, 동 영수증은 신용카드매출전표에 해당하므로 세금계산서를 발급하지 않는 것이며, 하이패스 차로를 통과한 사업자에게 동 영수증(신용카드매출전표)을 발급하지 않은 경우, 당해 사업자가 세금계산서의 발급을 요구하는 때에는 세금계산서를 발급할 수 있다.

신용카드업자로부터 거래내역을 전송받는 경우 매입세액공제

신용카드업자로부터 신용카드 거래내역을 전송받아 전사적 자원관리시스템에 보관함에 있어 전송받은 거래정보에 공급가액과 부가가치 세액이 별도 구분 기재되거나, 전송받은 거래 정보에 부가가치 세액이 별도 기재되지 않아서 거래시기에 부가가치세액이 별도로 구분 기재된 신용카드매출전표 등을 받아서 보관한 경우는 매입세액공제가 가능하다.

⏻ 타인 명의 신용카드매출전표 매입세액 공제 불가

재화·용역을 공급받고 그 거래시기에 타인(종업원 및 가족 제외) 명의 신용카드로 결제한 경우 신용카드매출전표에 기재된 매입세액은 공제할 수 없다. 이 경우 세금계산서를 발급받아 매입세액공제를 받는 것으로, 공급자는 공급받는 자가 세금계산서의 발급을 요구하는 경우 세금계산서를 발급할 수 있다.

⏻ 복리후생 목적의 소비 및 사무용품의 구입 시 신용카드매출전표를 발급받은 경우 매입세액공제

제조업자가 도·소매업을 겸업하는 일반과세자로부터 당해 제조업의 원·부자재가 아니며, 재판매에도 사용되지 않는 복리후생 목적의 소비용품 또는 사무용품을 구입함에 있어서, 구입한 당해 재화의 대가를 신용카드로 결제하고 공급자인 일반과세자가 신용카드매출전표에 공급받는 자와 부가가치 세액을 별도로 기재한경우 매입세액공제가 가능하다.

⏻ 종업원 카드로 사용한 신용카드의 매입세액공제

사업과 관련해서 종업원의 신용카드매출전표에 사업자의 등록번호, 부가가치세를 별도로 기재한 경우 매입세액공제가 된다.

⏻ 가족 명의 신용카드 등의 사용 시 매입세액공제

일반과세자로부터 재화 또는 용역을 공급받고 불가피한 사유로 가족 명의 신용카드매출전표를 발행받는 경우 당해 일반과세자가 그 전표에 공급받는 자와 부가가치 세액을 별도로 기재한 때에는 매입세액공제가 가능하다.

현금영수증

현금영수증은 물품을 구입하고 현금을 지급하면서 휴대폰 번호, 신용카드, 기타 현금영수증 관련 카드를 제시하고 발급받는 영수증을 말한다. 금전등록기 영수증이나 일정한 형식에 따라 발급받는 간이영수증은 현금영수증에 포함되지 않는다.

그리고 현금영수증은 두 종류로 구분이 되는데 하나는 근로소득자가 연말정산 시 소득공제를 받을 수 있는 소득공제용 현금영수증이며, 나머지 하나는 사업자가 사업과 관련한 지출을 할 때 지출증빙으로 활용가능한 지출증빙용 현금영수증이다. 따라서 사업자는 마트 등에서 음료수를 구입하거나 사무용품을 구입하고, 현금으로 결제하는 경우 현금영수증을 받을 때 일반적으로 소득공제용 현금영수증을 발급해 줌으로 사전에 반드시 지출증빙용 현금영수증의 발행을 요구해야 한다. 또한, 세법상 현금영수증은 신용카드매출전표와 동일하게 취급된다. 따라서 세법상 신용카드사용에 대해서 주어지는 모든 혜택을 동일하게 적용받는다. 다만, 신용카드매출전표는 비현금 거래에 대해서 발급받는 것이고, 현금영수증은 현금거래에 대해서 발급받는 증빙이라는 차이만 있을 뿐이다.

현금영수증의 종류

소득공제용 현금영수증	급여를 받는 근로소득자가 연말정산시 소득공제를 받기 위한 현금영수증
지출증빙용 현금영수증	회사의 경비처리를 위해 발급받는 현금영수증(신용카드매출전표와 동격, 매입세액공제 가능)

현금영수증

현금지급

물품구입
- 휴대폰
- 신용카드
- 기타 현금영수증 관련카드

현금영수증
- 접 대 비 : 3만 1원부터
- 일반비용 : 3만 1원부터

"금전등록기 영수증이나 일정한 형식에 따라 발급받는 간이영수증은 현금영수증에 포함되지 않음"

(지출증빙용) 현금영수증 = **신용카드 매출전표**

혜택은 동일

구분	세무처리	매입세액공제
기업업무추진비	거래 건당 3만 원을 초과하는 업무추진비를 지출하고 지출증빙용 현금영수증을 받은 경우, 비용으로 인정된다.	매입세액불공제
기업업무추진비 제외 일반비용	거래 건당 3만 원을 초과하는 기업업무추진비 외의 일반경비를 지출하고 지출증빙용 현금영수증을 받은 경우, 비용으로 인정된다.	매입세액공제

⏻ 잘못 발급받은 소득공제용 현금영수증을 지출증빙용으로 변경하는 방법

현금영수증의 발급에 있어 개인은 소득공제용 현금영수증을 발급받아야 하며, 법인이나 사업자는 지출증빙용 현금영수증을 발급받아야 세법에서 규정하고 있는 혜택을 받을 수 있다.

따라서 사업자의 경우에는 지출증빙 및 매입세액공제를 적용받으려면 현금영수증가맹점에서 사업자 지출증빙용 현금영수증을 발급해 달라고 요구해야 한다.

하지만 이러한 내용을 잘 몰라 지출증빙용 현금영수증이 아닌 소득공제용 현금영수증을 발급받은 사업자의 경우에는 난감한 상황에 처하게 된다.

이러한 상황을 해결해 줄 방법이 있으니 바로 현금영수증 용도 일괄 변경이다.

현금영수증 용도 일괄 변경이란 소득공제용 현금영수증을 수취한 사업자가 현금영수증을 법정지출증빙 및 부가가치세 신고 등 매입세액공제가 가능한 지출증빙용 현금영수증으로 용도를 변경하는 것이다.

소득공제용 현금영수증을 수취한 사업자는 홈택스 > 세금납부 > 계산서·영수증·카드 > 현금영수증(근로자·소비자) > 근로자·소비자 조회/변경 > 현금영수증 사업자용으로 용도변경 메뉴에서 변경할 수 있다.

❶ 변경 전 자료조회 화면에서 용도변경 기간을 참고해서 거래일자를 선택(용도변경 기간을 경과한 거래내역은 홈페이지를 통해서 수정 불가능하므로 현금영수증 상담센터로 별도 연락),

❷ [발급수단]항목은 현금영수증 발행시 사용한 사업자등록번호, 카드번호 등의 마지막 4자리 숫자만 보여 진다.

❸ 사업자는 지출증빙용으로 용도 변경해야만 [현금영수증 매입내역 조회]에서 조회가 가능하다.

❹ 최대 3개월 단위로 조회 가능

⏻ 할인해서 구입한 상품권으로 재화를 구입하고 초과해서 발급받은 현금영수증의 매입세액공제

사업자가 할인해서 구입한 상품권으로 대형 할인점에서 재화를 구입하면서 해당 상품권의 액면금액 상당액이 기재된 현금영수증을 발급받는 경우로서 상품권을 구입한 거래와 재화를 구입한 거래가 연속된 하나의 거래에 해당하는 경우는 그 재화를 구입하기 위해 실지로 지출한 금액(상품권 구입가액)을 초과해서 발급받은 현금영수증에 대한 매입세액은 매출세액에서 공제하지 않는다.

⏻ 여행알선업자의 현금영수증 발급

현금영수증가맹점으로 가맹한 여행사가 여행객에게 여행 알선용역만을 제공하는 경우 여행 알선 수수료와 여행객이 부담하는 운송·숙박·식사 등에 대한 비용을 구분해서 함께 현금으로 받는 경우는 당해 사업자가 직접 제공하는 여행 알선 수수료에 대해서 현금영수증을 발급해야 한다.

전화요금 청구서 등
일정한 형식의 지로영수증

사업자는 원칙적으로 거래발생시 법정지출증빙인 세금계산서를 발행해야 한다. 그러나 전화요금이나 가스요금과 같이 소액의 반복적 거래를 하는 사업자가 다수의 거래처를 상대로 거래 발생 시마다 청구서 따로 세금계산서를 따로 발행하는 것은 사업자의 업무량 및 비용을 고려해 볼 때 비효율적이다.

따라서 이런 경우에 사업자가 국세청장에게 별도의 세금계산서 서식(지로영수증)을 신고하면 청구서와 세금계산서를 함께 사용할 수 있다.

그러나 단순 청구서가 아닌 세금계산서 기능을 하기 위해서는 지로에도 세금계산서의 필수적 기재 사항인 다음의 내용이 반드시 기재되어 있어야 한다. 하나라도 누락 되면, 세금계산서 대용 증빙으로 인정이 되지 않으며, 다만, 영수증에 불과하다.

· 공급하는 사업자의 등록번호와 성명 또는 명칭

· 공급받는 자의 등록번호

· 공급가액과 부가가치세액

· 작성연월일

세금계산서의 필요적 기재사항이 기재된 지로영수증을 받는 경우 부가가치세 신고 시 매입처별세금계산서합계표에 기재해서 매입세액공제를 받을 수 있다. 반면 신고한 서식을 사용하더라도 필요적 기재사항이 누락된 경우에는 세금계산서가 아닌 영수증을 받은 것에 불과하므로 3만 원 초과 거래나 3만 원 미만이어도 부가가치세를 부담한 경우 반드시 세금계산서를 재발행받아야 한다. 예를 들어 전화 요금고지서의 경우 법인명으로 가입했을 때는 고지서상에 공급받는 자의 등록번호가 자동으로 기록됨으로 인해 매입세액공제가 가능하나 개인사업자의 경우 개인명의로 전화를 개통함으로 인해 사업자등록증을 별도로 제시하고 고지서를 받지 않는 경우 공급받는 자의 등록번호가 고지서에 인쇄되지 않아 매입세액공제를 못 받는 사태가 발생하므로 반드시 전화국에 사업자등록증 등 필요서류를 제출하고 고지서를 받도록 한다.

다수의 거래처를 상대로 소액의 반복적 거래를 하는 사업자의 경우는?

" 사업자가 국세청장에게 **별도의 세금계산서 서식(지로영수증)**을 신고하면
세금계산서 대용 서식으로 사용 가능 "

지로영수증 필수 기재사항

[지로영수증 발행 시 반드시 기록되어 있어야 할 사항]
- 공급하는 사업자의 등록번호와 성명 또는 명칭
- 공급받는 자의 등록번호
- 공급가액과 부가가치세
- 작성 연월일(발행일자를 말하며, 부가가치세법상 공급시기, 거래시기를 말한다)

필수적 기재사항 기록

부가가치세 신고 시
매입처별세금계산서합계표에 기재해서
매입세액공제를 받을 수 있음

🕐 신고한 지로용지 서식을 사용하더라도 필요적 기재사항이 누락된 경우?

세금계산서가 아닌 영수증을 수취한 것이므로 3만 원 초과 거래나 3만 원 미만
이어도 부가가치세를 부담한 경우 반드시 세금계산서의 재발행을 받아야 한다.

🕐 전화 요금고지서를 받을 때 유의 사항

전화요금고지서

법인사업자
법인명으로 가입하는 경우 고지서상에 공급받는
자의 등록번호가 자동으로 기록됨
⇨ 매입세액공제가 가능

개인사업자
사업자등록증을 별도로 제시하고 고지서를 받지
않는 경우 공급받는 자의 등록번호가 고지서에
인쇄 안 됨
⇨ 매입세액공제 못 받는 사태 발생
⇨ 전화국에 사업자등록증 등
   필요서류를 제출하고 고지서 받기

🕐 지로영수증 부가가치세 신고 시 유의할 사항

국세청장에게 신고한 서식에 공급받는 자, 등록번호 등의 기재 사항을 모두 기
재해서 발행한 경우 세금계산서를 발급한 것이므로 부가가치세 신고 시 반드시
매출처별세금계산서합계표에 작성해서 제출해야 하며(무신고시 가산세 부과됨)
거래상대방에게도 세금계산서라는 사실을 주지 시켜 거래상대방이 부가가치세
신고시 매입처별세금계산서합계표에 기재한 후 매입세액공제를 받을 수 있도록
해야 한다.

신고한 서식을 사용하더라도 공급받는 자, 등록번호 등을 기재하지 않은 경우는
세금계산서가 아닌 영수증을 발행한 것이므로 본인은 부가가치세 신고 시 기타
매출로 신고해야 하며, 거래처는 매입세액공제를 받을 수 없다.

🔘 지로영수증을 세금계산서 대용으로 사용하는 사업자

다음의 사업을 하는 사업자는 해당 사업과 관련해서 세금계산서의 필요적 기재 사항과 그 밖에 필요하다고 인정되는 사항 및 관할 세무서장에게 신고한 전자세 금계산서임을 적은 계산서를 관할 세무서장에게 신고한 후 발급할 수 있다. 이 경우 사업자는 부가가치세법에 따른 표준인증을 받고 공급일의 다음 달 11일까 지 전자세금계산서 파일을 전산 매체로 제출해야 한다.

• 전기사업법에 따른 전기사업자가 산업용 전력을 공급하는 경우
• 전기통신사업법에 따른 전기통신사업자가 사업자에게 전기통신역무를 제공하 는 경우. 다만, 부가통신사업자가 통신판매업자에게 전기통신사업법에 따른 부가 통신 역무를 제공하는 경우는 제외한다.
• 도시가스사업법에 따른 도시가스사업자가 산업용 도시가스를 공급하는 경우
• 집단에너지사업법에 따라 집단에너지를 공급하는 사업자가 산업용 열 또는 산 업용 전기를 공급하는 경우
• 방송법에 따른 방송사업자가 사업자에게 방송용역을 제공하는 경우
• 부가가치세법에 따른 일반과세자가 농·어민에게 조세특례제한법에 따른 농· 어업용 기자재를 공급하는 경우
• 인터넷 멀티미디어 방송사업법에 따른 인터넷 멀티미디어 방송 제공사업자가 사업자에게 방송용역을 제공하는 경우

🔘 택시 영수증의 세무 처리와 증빙 처리

택시운송용역을 제공받은 경우에는 세금계산서 등 법정증빙서류의 수취·보관의 무가 없는 것(지출증빙서류 수취 특례에 해당)으로, 손금산입을 위한 객관적인 서류(영수증 등)를 수취·보관하면 된다.

일반 버스는 부가가치세가 면제되는 것이나, 항공기, 고속버스, 전세버스, 택시, 특수자동차, 특정 선박 또는 고속철도에 의한 여객운송용역은 부가가치세가 과 세되고 있다. 다만, 전세버스 운송사업자를 제외한 여객운송업의 경우에는 영수 증을 발급해야 하며, 세금계산서를 발급할 수 없다. 따라서 택시를 이용하는 경 우 영수증을 받아두면 증빙으로 충분하다.

간이영수증 한도는 별도로 정해진 기준이 있나요?

간이영수증은 카드단말기, 현금영수증 발급 장치 등을 통해 공급받는 자에게 출력하여 발급하는 방법과 전자문서 형태로 공급받는 자에게 송신하는 방법으로 발급한 영수증을 말한다. 간이영수증은 일반비용은 3만 원까지 법정지출증빙이 되나, 동 금액을 넘는 경우 법정지출증빙이 되지 않는다.

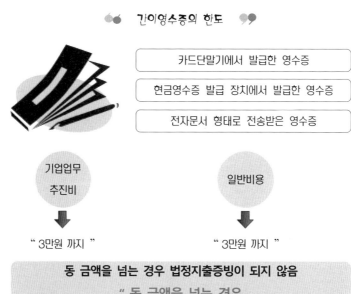

간이영수증의 한도

> 카드단말기에서 발급한 영수증

> 현금영수증 발급 장치에서 발급한 영수증

> 전자문서 형태로 전송받은 영수증

기업업무 추진비	일반비용
" 3만원 까지 "	" 3만원 까지 "

동 금액을 넘는 경우 법정지출증빙이 되지 않음

" 동 금액을 넘는 경우
반드시 세금계산서 등 법정지출증빙을 받아야 한다. "

Q. 한도금액을 맞추기 위해 영수증을 여러 장으로 나누어 받는 경우 인정이 되나요?

한도를 피하고자 영수증을 여러 장으로 나누어 받은 경우에도 동일한 1건으로 보아 모두 합한 금액을 기준으로 한도를 판단한다. 따라서 가장 좋은 방법은 신용카드로 결제를 하거나 결제 시마다 지출증빙용 현금영수증을 받는 것이 좋다.

영수증을 발급하는 사업	비 고
● 소매업 ● 음식점업(다과점업을 포함함) ● 숙박업 ● 간이과세가 배제되는 변호사업 ·심판변론인업 ·변리사업 ·법무사업 ·공인회계사업 ·세무사업 ·경영지도사업 등 법에 열거된 사업서비스업 ● 우정사업조직이 소포우편물을 방문 접수해서 배달하는 용역을 공급하는 사업 ● 공인인증서를 발급하는 사업 ● 주로 소비자에게 재화 ·용역을 제공하는 일정한 사업 ● 여객운송업 : 전세버스 운송사업	공급받는 자가 사업자등록증을 제시하고 세금계산서의 발급을 요구하는 경우는 영수증 대신 세금계산서를 발급해야 한다. 다만, 이미 신용카드매출전표 등을 발급한 경우는 세금계산서를 발급할 수 없다.
● 미용, 욕탕 및 유사서비스업 ● 여객운송업(전세버스 운송사업의 경우 제외) ● 입장권을 발행하여 영위하는 사업 ● 의료법에 따른 의사, 치과의사, 한의사, 조산사 또는 간호사가 제공하는 용역 중 국민건강보험법에 따라 요양급여의 대상에서 제외되는 쌍꺼풀수술, 코 성형수술, 유방확대·축소술, 지방흡인술, 주름살제거술의 진료용역을 공급하는 사업 ● 수의사가 제공하는 동물의 진료용역(부가가치세가 과세되는 수의사의 동물 진료용역) ● 교육용역 중 부가가치세가 과세 되는 무도학원, 자동차운전학원	상대방이 요구하는 경우에도 세금계산서를 발급할 수 없다. 다만, 감가상각자산을 공급하는 경우 또는 영수증 발급대상 역무 외의 역무를 공급하는 경우 공급받는 사업자가 사업자등록증을 제시하고 세금계산서의 발급을 요구하는 때에는 세금계산서를 발급해야 한다.

경비지출 시 증빙을 챙기지 않아도 되는 예외 사항

법정지출증빙 규정은 영리목적 거래에 대해서만 적용한다. 따라서 비영리 목적거래나 실질적으로 비사업자인 개인과의 거래, 국가·지방자치단체와의 거래에 있어서 증빙수취규정이 적용되지 않는다.

· 비영리법인(수익사업과 관련된 부분은 제외함)
· 국가 · 지방자치단체
· 금융보험업 영위법인(금융 · 보험용역을 제공하는 경우에 한함)
· 국내사업장이 없는 외국법인 및 비거주자
· 연 매출 4,800만 원 미만의 읍·면 지역 소재 간이과세자. 단, 간이과세자 중 비록 읍·면 지역에 소재하는 경우도 신용카드가맹점으로 등록된 경우는 동 간이과세자로부터 신용카드매출전표를 법정지출증빙으로 반드시 받아야 한다.

구 분	법정지출증빙
신용카드가맹점인 경우	신용카드매출전표를 받아야 한다.
신용카드가맹점이 아닌 경우	신용카드매출전표를 받지 않아도 된다.

· 농 · 어민으로부터 재화 또는 용역을 공급받은 경우

농민으로부터 직원 명절선물로 사과를 구입하는 경우 지출 사실을 입증할 수 있는 영수증만 받거나 송금을 하는 경우 증빙이 된다.

위의 사업자와의 거래 및 다음의 예외 거래를 제외하고는 비용의 지출 시 3만 1원부터(경조사비는 20만 1원) 법정지출증빙을 반드시 받아서 5년간 보존(현금영수증은 예외)해야 한다.

1 \ 법정지출증빙을 받지 않아도 되는 거래

다음에 해당하는 거래에 대해서는 법정지출증빙을 받지 않아도 세제상 불이익이 없다.

· 공급받은 재화 또는 용역의 건당 거래금액(부가가치세 포함)이 3만원 (경조사비는 20만원)까지

· 원천징수대상 사업소득자로부터 용역을 공급받는 경우(원천징수한 것에 한함)

상대방이 사업자등록이 되어 있는 사업자면 세금계산서를 받아야 하나 세금계산서 대신 3.3% 원천징수 후 원천징수영수증을 증빙으로 보관해도 동 원천징수영수증을 법정지출증빙으로 본다.

· 부가가치세법상 재화의 공급으로 보지 않는 사업의 양도에 의해서 재화를 공급받은 경우

· 방송법에 의한 위성방송 · 종합유선방송 · 중계유선방송용역을 공급받은 경우

스카이라이프 등 방송사업자로부터 방송용역을 제공받는 경우 동 지로영수증을 받아서 보관하면 법정지출증빙이 된다.

· 전기통신사업자로부터 전화세가 과세되는 용역을 공급받은 경우

전화료를 납부하는 경우 전화요금 청구서를 보관하면 동 청구서가 법정지출증빙이 되는 데 반드시 세금계산서와 같은 필수적 기재 사항이 기재되어 있어야 한다. 즉, 당사의 상호와 사업자등록번호가 청구서에 기재되어 있어야 한다.

구 분		증빙처리
청구서상에 공급하는 사업자의 등록번호와 성명 또는 명칭, 공급받는 자의 등록번호, 공급가액과 부가가치세, 작성연월일의 기록	전체가 기록되어 있다.	세금계산서로써 법정지출증빙에 해당한다. 따라서 매입세액공제가 가능하다.
	하나라도 빠져서 기록되어 있다.	세금계산서가 아닌 일반영수증에 불과하므로 3만원 초과 지출시 법정지출증빙으로 인정받지 못한다. 매입세액불공제

· 국외에서 재화 또는 용역을 공급받은 경우(세관장이 세금계산서 또는 계산서를 발급한 경우를 제외함)

· 공매 · 경매 · 수용에 의해서 재화를 공급받은 경우

· 토지 또는 주택을 구입하는 경우

· 주택임대업자(법인 제외함)로부터 주택임대용역을 공급받은 경우

· 택시운송용역을 제공받은 경우

업무상 택시를 이용하는 경우 법정지출증빙을 받지 않아도 되는 예외 거래이나 최근에는 택시도 신용카드 결제 및 영수증 발행이 가능하므로 해당 증빙을 받아서 증빙으로 보관하는 것이 좋다.

· 건물(토지와 함께 거래시 당해 토지를 포함하며, 주택을 제외함)을 구입하는 경우(매매계약서 사본을 과세표준신고서에 첨부해서 납세지 관할

세무서장에게 제출하는 경우에 한함)

사옥이나 업무용 토지를 구입하는 경우 매매계약서를 보관하면 동 매매계약서가 법정지출증빙이 된다.

그러나 관리비 등을 지급하는 경우 동 관리비에 대해서는 법정지출증빙을 받아서 보관해야 한다.

· 금융 · 보험용역을 제공받은 경우

금융 · 보험용역을 제공받는 경우란 은행 지급수수료나 보험료 등의 지출과 관련된 비용을 말한다. 이 경우 영수증을 첨부해서 보관하면 된다.

· 전산발매통합관리시스템에 가입한 사업자로부터 입장권 · 승차권 · 승선권을 구입해서 용역을 제공받은 경우

업무상 출장을 가면서 시외버스, 고속버스 등을 이용하는 경우 동 승차권을 말하며, 증빙으로 승차권이나 승선권을 보관하면 된다.

· 항공기의 항행용역을 제공받은 경우

업무상 출장을 가면서 비행기를 이용하고 동 항공권을 증빙으로 보관하면 된다.

· 한국철도공사법에 의한 한국철도공사로부터 철도의 여객운송용역을 공급받는 경우

· 부동산임대용역을 제공받은 경우로서 부동산 간주임대료에 대한 부가가치세액을 임차인이 부담하는 경우

· 재화 또는 용역공급 계약에 의해서 확정된 대가의 지급 지연으로 인해서 연체이자를 지급하는 경우(위약금, 손해배상금 등)

· 유료도로법에 따른 유료도로를 이용하고 통행료를 지급하는 경우

2 송금명세서로 법정지출증빙을 대신하는 거래

다음의 거래에 대해서는 법정지출증빙을 받지 않아도 되나 금융기관을 통해서 대금을 지급하고 경비 등의 송금명세서를 납세지 관할 세무서장에게 제출해야 한다.

· 연 매출 4,800만 원 미만 간이과세자로부터 부동산임대용역·운송용역 및 재활용 폐자원 등을 공급받는 경우(운수업을 영위하는 자가 제공하는 택시운송용역 제외)

· 임가공용역을 제공받은 경우(법인과의 거래를 제외한다)

· 항공법에 의한 상업서류 송달용역을 제공받는 경우

· 부동산중개업법에 의한 중개업자에게 수수료를 지급하는 경우

사무실을 빌려서 사용하는 경우 전세로 사용하는 경우는 보증금이 월세인 경우 보증금과 임대료라고 해서 매달 일정액을 건물주에게 지급한다. 그러나 문제가 되는 것은 임대료가 아닌 증빙의 문제인데 건물주가 일반과세자이면 그냥 세금계산서를 수취하면 되나 간이과세자라고 세금계산서를 안 주는 경우를 우리는 흔히 볼 수 있다.

간이과세자(연 매출 4,800만원 미만)로부터 부동산임대용역을 공급받은 경우 그 거래금액을 금융기관을 통해서 지급하고 과세표준확정신고서에 그 송금명세서를 첨부해서 관할 세무서에 제출한 경우는 동 송금명세서가 법정지출증빙이 되어 비용인정도 되고 증빙불비가산세를 적용하지 않는다. 따라서 그 거래 금액을 금융기관을 통하지 않고 단순히 영수증만 받고 지급한 경우에는 비용인정은 되나 증빙불비가산세를 별도로 납부해야 한다.

구 분		증빙처리
보증금		전세든 월세든 보증금은 계약서를 증빙으로 보관한다.
월 세	일반과세자	세금계산서를 증빙으로 받아서 보관한다.
	간이과세자	연 매출 4,800만 원 미만인 간이과세자인 경우 은행에서 송금하고 송금영수증을 보관한다.
중개수수료	일반과세자	세금계산서를 증빙으로 받아서 보관한다.
	간이과세자	연 매출 4,800만 원 미만인 간이과세자인 경우 은행에서 송금하고 송금영수증을 보관한다.

[주] 연 매출 4,800만 원~1억 400만 원인 간이과세자는 세금계산서 발행 가능 간이과세자이므로 세금계산서를 받아야 한다.

· 복권사업자가 복권을 판매하는 자에게 수수료를 지급하는 경우

실 무 사 례

⏻ 간이과세자와 거래 시 법정지출증빙 수취는?

연 매출 4,800만 원 미만인 간이과세자는 원칙적으로 세금계산서를 발행할 수 없다. 또한 부가가치세 납부의무도 면제해 주고 있다. 단, 2021년 7월 1일부터 연 매출 4,800만 원~1억 400만 원인 간이과세자(이전에는 일반과세자 자격으로 세금계산서를 발행하므로 매입세액공제)는 세금계산서를 발행할 수 있으므로 간이과세자라고 해도 연 매출 4,800만 원 이상인 간이과세자로부터 받는 세금계산서는 매입세액공제를 받을 수 있다.

업무와 관련해서 3만 원 초과 지출 시 세금계산서를 받는 경우 부가가치세 매입세액공제를 받을 수 있을 뿐만 아니라 비용인정도 가능하다. 물론 신용카드매출전표나 지출증빙용 현금영수증을 받아도 동일하게 적용된다.

또한, 운수업을 영위하는 사업자에게 지급하는 운반비, 부동산임대용역, 중개수수료 등을 연 매출 4,800만 원 미만의 간이과세자에게 지급하는 경우 송금하고 소득세 확정신고서에 송금 사실을 기재한 경비 등의 송금명세서를 첨부하여 납세지 관할 세무서장에게 제출하는 경우는 지출증빙서류 수취 특례가 적용되므로 비용으로도 인정받고 가산세 부담은 없다.

⏱ 개인 및 미등록자와 거래 시 법정지출증빙 수취는?

지출증빙서류의 수취 및 보관과 관련해서 거래상대방이 사업자인지? 여부를 확인하고 사업자 종류별로 적절한 지출증빙을 확보해야 한다.

1. 미등록사업자와의 거래

거래상대방이 미등록사업자인 경우는 법정지출증빙의 수취가 불가능하므로 가급적 피하는 것이 바람직하나 불가피한 경우 지출증빙특례규정(거래금액이 3만원 미만이거나 소득세를 원천징수한 경우 등)을 적용받지 않는 때는 증빙불비가산세가 적용될 수 있다. 여기서 미등록사업자란 사업성을 가지고 있으나 일부러 사업자등록을 안 하고 거래를 하는 사업자를 말한다.

2. 개인과의 거래

개인에게 재화나 용역을 공급받는 경우는 법정지출증빙의 수취의무가 없다.

그러나 소득금액 계산상 필요경비나 손금으로 인정받기 위해서는 그 지출 사실을 입증해야 하므로 개인의 인적 사항(성명, 주민등록번호, 주소 등)과 금액, 공급내역 등이 기재된 일반영수증을 받아야 한다.

3. 미등록사업자로부터 부동산을 임차한 경우

3만 원 초과 지출에 대해 반드시 법정지출증빙을 받아야 한다.

하지만 거래상대방이 연 매출 4,800만 원 미만의 간이과세자인 경우는 법정지출증빙을 받기가 불가능하므로 금융기관을 통해 지급하고 경비 등은 송금명세서 등으로 비용인정이 가능하다.

그러나 사업장등록이 안 된 개인이라면 법정지출증빙의 발행이 불가능하다. 따라서 임대료 개념이 아니고 기타 실적급으로 보고 자유직업 소득자로서 사업소득으로 원천징수(3.3%) 해야 한다.

자산을 취득하는 경우 증빙관리

자산을 구입하면서 지출되는 비용은 건물이나 토지, 기계장치와 같이 그 형태를 유지하면서 기간이 일정기간 유지됨으로써 감가상각을 통해 비용으로 처리되는 자산의 구입이 있고, 사무용품이나 소모품과 같이 소액이면서 당기에 사용되는 자산의 구입비용이 있다.

전자의 경우 상대방으로부터 세금계산서 등을 받으면 금상첨화이겠으나 세금계산서 등을 받지 못하는 경우 계좌이체를 통해 송금하고, 구입 시 상대방과 체결한 계약서를 첨부하면 증빙이 될 수 있다. 다만, 후자의 경우와 같이 소액인 경우는 법정지출증빙을 받지 못한 경우, 사용하고 나면 지출 사실을 소명하기가 곤란하므로 반드시 세금계산서 등 법정지출증빙을 받아야 한다.

그리고 다음의 자산은 원칙적으로 재화나 용역의 공급으로 보지 않으므로 증빙 관리 규정이 적용되지 않는다.

- 현금, 예금, 수표·어음, 유가증권(국·공채) 등의 금융자산
- 매출채권에 해당하는 외상매출금·받을어음·부도어음
- 자금의 선지급에 해당하는 선급금·선급비용

감가상각자산의 취득	소모성 자산의 취득
건물이나 토지, 기계장치와 같이 그 형태를 유지하면서 기간이 일정기간 유지됨으로써 **감가상각을 통해 비용으로 처리되는 자산**	사무용품이나 소모품과 같이 **소액이면서 당기에 사용되는 자산**

증빙 처리	증빙 처리
➡ 상대방에게 세금계산서 등 받기 ➡ 세금계산서를 못받는 경우 계좌이체 송금하고 구입 시 상대방과 체결한 계약서를 첨부	➡ 반드시 세금계산서 등 법정지출증빙 필요

⏻ 각종 자산의 법정지출증빙

거래형태	증빙종류
현금·예금의 입출금	수표 부본, 예금통장, 영수증 부본, 청구서, 배당금 영수증, 이자계산서, 대여금계약서, 차입계약서, 은행예금잔액증명서, 할인료계산서, 급여대장, 소액자금보충청구서, 지출결의서
상품매출·받을어음과 외상매출금의 발생·회수	납품서 부본, 청구서, 영수증 부본, 추심어음통장, 매매계약서, 어음할인의뢰서, 송장, 채권양도 계약서, 매출에누리 청구서, 에누리 승인신청서, 에누리 승인허가서
유가증권의 취득·처분	매매계약서, 영수증, 주식명의개서 수수료 청구서, 배당금청구서, 증권거래세납입영수증, 주식매입보고서, 정관, 주주총회의사록, 이사회의사록, 주식매각보고서, 법인등기부 등본
상품매입·원재료구입, 제조활동·외상매입과 지급어음의 발생·변제	주문서, 견적서, 납품서, 청구서, 영수증, 상품 등 검수보고서, 상품 검사보고서, 원재료출고요청서, 출고지시서, 송장, 운임청구서, 적송품 수급잔액표, 물품 수령서, 위탁판매계약서, 경비대체전표, 원가계산표, 재고자산평가보고서, 재고자산 실사표, 제조지시서 등
고정자산의 취득·처분	영수증, 합병계약서, 고정자산교환계약서, 대물변제계약서, 국고보조금 통지서, 고정자산폐기승인서, 감가상각계산서, 부동산매매계약서, 부동산등기부등본, 공사견적서, 공사계약서, 공사완료보고서
은행 차입금의 차입·변제	차입계약서, 금전소비대차계약서, 은행이자 계산서, 차입금변제계획서, 차용증서, 부동산등기부등본
자본의 증가·감소	정관, 주주총회의사록, 이사회의사록, 법인등기부등본, 주금납입증명, 주주출자확인서

⏻ 유형자산 폐기 시 법정지출증빙

유형자산의 개체 또는 기술의 낙후로 인해서 생산설비의 일부를 폐기한 경우는 당해 자산의 장부가액에서 1천 원을 공제한 금액을 폐기일이 속하는 사업연도의 손금(비용처리)에 산입할 수 있으며, 여기서 폐기한 경우란 창고 등에 보관 중인 것을 의미하는 것이 아니라 폐기물처리업자 등을 통해서 일정한 절차에 의해서 처리해야 하므로 폐기 목록, 폐기자산의 사진, 폐기자산 품의서 등 객관적인 증빙이 필요한 것이다. 개인사업자의 경우 사업용 유형자산을 폐기하는 경우는 처분가액이 없으므로 유형자산폐기손실이 발생하지 않으므로 이에 대한 필요경비를 계산하지 않는 것이다.

또한, 당해 사업용 유형자산을 처분 (양도)하는 경우에도 그 처분손익을 총수입금액 또는 필요경비에 계산하지 않는 것이다. 다만, 시설의 개체 또는 기술의 낙후로 인해서 생산설비 일부를 폐기한 경우는 당해 자산의 장부가액과 처분가액과의 차액을 당해연도의 필요경비에 산입할 수 있다. 여기서 장부가액이란 취득가액과 자본적 지출의 합계액에서 감가상각누계액을 차감한 미상각잔액을 말하는 것이다.

⏻ 차량을 구입한 경우 법정지출증빙

차량운반구의 취득에 관련된 지출증빙은 다음과 같다.

❶ 새 차를 구입하는 경우에는 자동차 제조·판매회사로부터 세금계산서 등 법정지출증빙을 받는다.

❷ 법인 또는 개인사업자로부터 구입 시에는 세금계산서 등 법정지출증빙을 받는다.

❸ 사업자가 아닌 개인으로부터 구입 시에는 영수증·입금표를 받거나 계좌이체 내역서를 보관한다.

⏻ 골프회원권·콘도회원권 등을 구입하는 경우 법정지출증빙

골프장 운영사업자 또는 콘도 운영 사업자로부터 최초 분양을 받을 경우는 분양계약서, 입금표 등이 관련 증빙이 될 것이나, 분양권 판매대행업자나 법인·개인사업자로부터 매매에 의해서 취득 시에는 세금계산서를 받아야 한다. 다만, 거래상대방이 사업자가 아닌 개인인 경우는 매매계약서와 영수증 등을 받으면 된다.

인건비 지출 시 증빙관리

상용 직원이나 아르바이트 및 일용근로자를 고용한 후 급여를 지급하는 경우 해당 직원에게 세금계산서를 발행해달라고 할 수 없으므로 지급하는 사람이 상대방의 급여에서 일정액의 세금을 공제한 후 지급하게 되는데, 이를 세무 용어로 원천징수라고 한다.

그리고 원천징수한 세금은 다음 달 10일까지 세무서에 신고·납부를 하게 되며, 이때 사용하는 원천징수이행상황신고서와 원천징수영수증 등이 세금계산서를 대신해 법정지출증빙 역할을 한다.

그리고 급여 등에 대한 증빙으로는 급여대장, 급여영수증, 무통장 입금증, 계좌이체 확인서, 세무서에 제출한 원천징수이행상황신고서, 원천징수영수증(지급명세서), 연말정산 서류 등을 갖추어 놓으면 된다.

여기에는 급여 및 제 수당, 상여금 등과 식대 보조금, 자가운전보조금, 학비보조금, 경조사비 지원금 등의 복리후생비로서 근로소득의 범위에 속하는 항목들과 퇴직금 원천징수 대상 소득 등 모든 인건비를 포함한다.

- 상용근로자
- 일용근로자
- 아르바이트

오늘은 월급날

지급하는 사람이 상대방의 급여에서 간이세액표에 의해 일정액의
세금을 공제한 후 지급

다음 달 10일까지 세무서에 신고·납부

" 원천징수이행상황신고서와 원천징수영수증 등이 세금계산서를 대신해
법정지출증빙의 역할 "

구 분		법정지출증빙
상용근로자	내부보관증빙	급여대장과 급여 계좌이체 내역서
	법정지출증빙	원천징수이행상황신고서와 원천징수영수증(지급명세서), 소득자별근로소득원천징수부
일용근로자	내부보관증빙	일용근로자 임금 대장과 신분을 확인할 수 있는 주민등록등본이나 주민등록증 사본, 계좌이체내역, 노무비지급대장(직책, 성명, 주민등록번호, 출역사항, 출역일수, 노무비 단가 등을 기록)
	법정지출증빙	매 분기 신고하는 원천징수영수증(지급명세서)과 매달 신고하는 원천징수이행상황신고서

기업업무추진비와 경조사비 증빙 관리 기타 일반비용의 증빙관리

3만원 초과 기업업무추진비는 반드시 법정지출증빙을 받아라

일반기업업무추진비의 법정지출증빙

1회 지출한 기업업무추진비가 3만 1원부터는 신용카드(직불카드)를 사용해서 지출하거나, 세금계산서 또는 계산서, 현금영수증을 발행받고 지출해야 한다. 1회 지출한 기업업무추진비가 3만 원을 초과하는 경우 영수증을 발행받고 지출하면 그 기업업무추진비는 전액 비용으로 인정받을 수 없다. 그러나 1회 지출한 기업업무추진비가 3만 원까지는 영수증을 받아도 비용으로 인정된다.

구분	증빙처리
3만 원 이하 (~30,000)	신용카드, 직불카드, 세금계산서, 계산서, 기명식 선불카드, 지출증빙용 현금영수증, 간이영수증 등 증빙보관
3만 원 초과 (30,001~)	신용카드, 직불카드, 세금계산서, 계산서, 기명식 선불카드, 지출증빙용 현금영수증 등 수취 · 보관

경조사비의 법정지출증빙

사회 통념상 주위에 경조사가 있으면 인사를 하고 일정액의 경조사비를 낸다. 거래처의 경조사가 있는 경우 지출하는 경조사비는 성격상 기업업무추진비에 해당한다.

"거래처의 "경조사가 있는 경우 지출하는 경조사비는

성격상 기업업무추진비에 해당"

비용인정 되는 경조사비	비용인정 안 되는 경조사비
기업업무추진비를 지출하는 경우는 원칙적으로 3만 원 초과 지출 시 법정지출증빙을 구비해야 한다. 다만, 경조사비는 20만 원까지 법정지출증빙을 받지 않고 지출해도 되나 청첩장·부고장 등 객관적인 증빙을 갖추어야 기업업무추진비로 인정받아 비용처리가 가능하다. 세법상 경조사비에 대한 명확한 규정은 없으나 청첩장·부고장 등 객관적인 증빙이 없더라도 20만 원까지는 축의금·부의금을 지급한 사람이나 수취자가 상대방, 장소, 일시, 지급을 확인한 내역이 있는 확인증과 함께 지출결의를 한 후 지출하는 경우는 기업업무추진비로 인정받을 수 있다.	20만 원까지의 경조사비는 법정지출증빙을 받지 않아도 기업업무추진비로 인정받을 수 있으나 20만 원을 초과하는 경조사비는 법정지출증빙을 구비 해야 기업업무추진비로 인정받을 수 있다. 법정지출증빙을 구비하지 못한 20만 원을 초과한 경조사비는 초과액만 손금부인 되는 것이 아니라 전체 금액에 대해서 비용으로 인정받지 못한다. 즉, 20만 원을 초과하는 경조사비는 우리 사회의 관례를 벗어난 것으로 보아 법정지출증빙을 구비하지 않으면 인정하지 않으므로, 기업업무추진비처럼 소비성 경비에 대해 세무상 불이익을 주도록 하는 것이다.

구 분	계정과목	세무상 처리
임직원 경조사비	복리후생비	회사 규정에 의한 범위 내의 금액은 특별한 증빙 없이 비용 인정이 된다.
거래처 경조사비	기업업무추 진비	건당 20만 원 이내의 금액은 청첩장 등으로 경조사 사실만 증명하면 비용인정이 된다. 건당은 동일 거래처, 동일시간, 동일 사람에 대해서 회사의 돈으로 다른 임직원 명의로 각각 하는 경우도 합친 금액을 기준으로 20만 원을 판단한다.

축의금(조의금)과 화환을 동시에 하는 경우 경조사비

구 분		비용인정 여부
20만원 이내의 금액	원칙	세금계산서, 계산서, 신용카드매출전표 등 법정지출증빙
	예외	청첩장, 부고장 등(소명용 증빙)
20만원 초과금액		청첩장, 부고장(소명용 증빙) 등의 금액은 비용인정을 안 해줌 즉, 청첩장, 부고장 등의 금액은 원칙적으로 법정지출증빙이 아니 므로 전액 비용불인정 세금계산서, 계산서, 신용카드매출전표 등 법정지출증빙이 있는 경우 법정지출증빙 금액만 비용인정
기업업무추진비의 경우 일반기업업무추진비는 3만 원 초과. 단, 경조사비는 20만원 초과 지출시 법정지출증빙을 수취해야 인정해 준다. 즉, 20만 원 초과 지출 시에는 반드시 법정 지출증빙을 받아야 하는 것이다. 그런데 청첩장, 부고장을 법정지출증빙으로 착각하는 경 향이 있다. 이는 경조사라는 특성을 고려한 소명용 증빙이지 법정지출증빙이 아니다. 예를 들어 경조사비 20만 원(청첩장), 화환 10만 원(신용카드매출전표)을 지출한 경우 20만원 초과로 세금계산서 등 법정지출증빙을 받은 경우 전액 기업업무추진비로 인정이 가능하나, 청첩장, 부고장 지출액 20만 원은 법정지출증빙이 아니므로 기업업무추진비 인정을 받을 수 없고, 화환 10만 원만 신용카드매출전표로 기업업무추진비 인정이 된다.		

증빙을 갖춘 기업업무추진비의 비용인정 한도액

법정지출증빙이 없는 기업업무추진비

3만원 초과 기업업무추진비로서 법정지출증빙을 안 받은 경우

→ 비용불인정
(가산세 없음)

3만 원 초과 기업업무추진비로서 법정지출증빙을 받은 경우

↓

기업업무추진비 한도액 계산

| 한도 내 금액 | 한도초과액 |

| 비용인정 | 비용불인정 |

구 분		세무상 처리
법정지출증빙이 없는 기업업무추진비		손금불산입(비용불인정)
3만원 초과 기업업무추진비로서 법정지출증빙을 받지 않은 경우		
일반기업업무추진비 한도계산	법정지출증빙을 받고 지출한 금액 중 기업업무추진비 한도 내 금액	손금인정(비용인정)
	한도초과액	손금불산입(비용불인정)

기업업무추진비 한도액 = ❶ + ❷

❶ 1,200만원(중소기업의 경우에는 3,600만원) × 당해 사업연도의 월수/12

❷ (수입금액 × 적용률) + (특정 수입금액(특수관계자 거래) × 적용률 × 10%)

🈲 월수는 역에 따라 계산하며 1월 미만은 1월로 본다. 예를 들어 6월 14일에 신설한 법인으로서 첫 사업연도가 6월 14일부터 12월 31일이라면 사업연도 개시일인 6월이 포함되므로 사업연도 월수는 7개월이다.

수입금액

수입금액이란 매출액에서 매출에누리와 환입 및 매출할인을 차감한 금액으로 그 성격이 영업적인 수입액이며, 수익증권 판매 등 수수료, 투자신탁 운용수수료, 수입보증료 등도 포함한다. 따라서 임대업을 주업으로 하지 않는 법인이 임대수입이 생긴 경우 이것은 영업상의 수입에 해당하지 않고 영업외수입에 해당하므로 이를 수입금액에 포함하지 않는다.

적용률

구 분	적용률
100억원 이하	0.3%
100억원 ~ 500억원	3,000만원 + (수입금액 - 100억원) × 0.2%
500억원 초과분	1억 1천만원 + (수입금액 - 500억원) × 0.03%

문화기업업무추진비

박물관·미술관·체육활동 관람, 영화·음악, 출판 간행물을 구입해서 접대 제공 시, 연간 기업업무추진비한도액의 20%(적은 금액[문화기업업무추진비, 일반기업업무추진비한도액 × 20%]) 이내 추가 금액은 기업업무추진비로 추가 손금산입한다.

⏻ 특정인에게 기증하기 위한 지출비용은 1인당 연간 5만원까지

현재 기업이 광고선전을 목적으로 특정인에게 기증하기 위해 1인당 연간 5만원까지 지출하는 경우 기업업무추진비로 보지 않는데, 금액 계산 시 포장 및 배송비용은 포함하지 않은 금액이다.

회사 지급 규정과 별도로 각 부서 예산(회사 자금)으로 회사 직원에게 경조사비를 추가로 지급하는 경우

회사 내부 기준에 의한 경조사비를 지급하는 외에 부서별로 지급하는 금액은 그 부서의 구성원 개인이 부담해야 할 금액으로 이를 법인의 경비로 처리한 경우 부서 개인별 급여로 보아 근로소득세를 납부해야 한다.

⏻ 대표이사 개인이 부담할 경조사비를 회사가 부담한 경우

간부 직원 개인이 부담할 비용을 법인 비용으로 부담한 경우 개인에 대한 상여로 보아 손금불산입하는 것이며, 법인이 본인의 법인 명의(부서장 날인인 것을 말하는 것이 아님)로 사회통념에 의한 금액 이내에서 직원에 대한 경조사비를 지출한 경우는 법인의 손금에 해당하는 것이다.

⏻ 상조회를 통한 경조사비 지출증빙

직원의 경조사 등에 대해서 그 발생 사유가 있는 때마다 직접 지출하거나 상조회를 통해서 지출하는 것은 복리후생비에 해당하는 것이다. 또한, 직원의 경조사 등에 대해서 지출하는 경비는 법정지출증빙의 수취대상에 해당하지 않으며, 다만 법인의 경비임을 입증하기 위해서 청첩장, 부고장 등의 증빙을 갖추어야 한다.

⏻ 접대목적의 지출 중 기업업무추진비로 보지 않는 경우

성명 · 상호 등이 뚜렷하게 새겨진 증정품, 펜 · 사무용품 · 달력 · 부채 · 컵 등 일반인에게 보편적으로 나누어 줄 수 있는 3만 원까지 소액물품에 대해서는 기업업무추진비로 보지 않고 광고선전비로 전액 손금 인정된다. 따라서 3만 원 이하 일정 소액물품은 특정인에게 기증해도 전액 손금으로 인정된다.

⏻ **사전약정이 없이 특수관계자 외의 자에게 지급되는 판매장려금·판매수당 · 할인액 등으로서 건전한 사회통념과 상관행에 비춰 정상적인 거래 범위 이내의 금액**

기업업무추진비로 보지 않는다. 건전한 사회통념과 상관행, 정상적인 거래 등의 개념이 명확하지 않으나 대충 다음의 경우를 말한다.

❶ 지급 요건에 대한 사전약정이 있는 경우에는 통상적인 거래라고 인정되는 지출

❷ 지급 요건에 대한 사전약정이 없는 경우에도 정부 정책(권고) 이행 지출, 매출액증가와 직접 연관성이 인정되는 지출 등에 대해서는 판매관리비 등으로 인정

⏻ **주유소 사은품 및 경품 등은 기업업무추진비 아님**

주유소를 경영하는 법인이 유류의 판매촉진을 위해서 당해 주유소를 이용하는 고객에게 무상으로 제공하는 화장지 · 면장갑 등의 가액과 일정기간 동안 일정 금액 이상을 주유한 고객을 대상으로 경품부 판매를 실시하는 경우 경품으로 제공하는 금품의 가액으로서 사회통념상 타당하다고 인정되는 범위 안의 금액은 판매부대비용에 포함되는 것이다. 또한, 당해 주유소를 불특정다수인에게 광고선전 할 목적으로 광고전단과 함께 무상으로 제공하는 볼펜, 열쇠고리 등 금품의 가액은 3만 원 이내에서 광고선전비로 본다.

⏻ **무료 세차 용역은 기업업무추진비 아님**

주유소를 운영하는 법인이 판매촉진 및 고객서비스 차원에서 사전 공시에 의해서 일정액 이상 주유하는 고객에게 무료 세차 용역을 제공함에 따라 발생된 비용은 기업업무추진비로 보지 않는다.

⏻ **기업업무추진비로 보지 않는 위약금**

아파트 분양계약을 중도에 해지하는 때에는 분양 가액의 일정 금액을 위약금으로 징수하기로 하는 아파트 분양계획을 체결한 아파트 분양 사업자가 분양 희망자를 대신 주선하는 중도 해약자에게는 위약금을 면제해 준다는 사실을 공시하고 그 공시 내용에 따라 분양 희망자를 대신 주선하고 중도 해약자에게 위약금을 면제해주는 경우는 동 위약금을 기업업무추진비 또는 기부금으로 보지 않는다.

⏻ 기업업무추진비로 보지 않는 매출할인

법인이 거래처에 외상매출금을 조기 결제하는 경우의 매출할인과 거래수량, 거래금액 등 일정한 기준을 사전에 정하고 그 기준에 따라 거래 상대방에게 지급하는 장려금으로서 건전한 상관행에 비추어 정상적인 거래라고 인정되는 범위 내의 금액은 기업업무추진비에 해당하지 않는다.

⏻ 기업업무추진비로 보지 않는 포상금

건설업을 영위하는 법인이 산업재해 예방을 위해서 하도급 업자 중 일정한 기준에 따라 안전관리 우수업체를 선정해서 사회통념상 적정하다고 인정되는 범위 내에서 지급하는 포상금은 기업업무추진비로 보지 않는다.

⏻ 무상금전 대여는 기업업무추진비 아님

법인이 판매 확대를 위해서 특수 관계없는 거래처에 무상으로 금전을 대여하는 경우는 기업업무추진비로 보지 않는다.

⏻ 학습교재 판매 법인이 대리점 직원의 교육비 등으로 지출한 금액

학습교재를 판매하는 법인이 학습 교재 판매 활동을 지원하기 위해서 대리점 직원들에 대해서 교육을 하면서 교육 장소에 대한 임차료, 강사료, 참가 여비 및 교육기간 중 숙식비 등을 당해 법인의 비용으로 지출하고 있는 경우 사회통념상 일반적으로 타당하다고 인정되는 범위 내의 금액은 기업업무추진비로 보지 않는다.

⏻ 카지노사업 법인이 지출하는 고객운송비와 숙식비

관광진흥법 규정에 의한 카지노 사업을 영위하는 법인이 해외고객을 유치하기 위해서 적정한 기준을 정해 사전 약속 또는 관행에 따라 지출하는 고객운송비와 고객숙식비는 기업업무추진비에 해당하지 않는다.

⏻ 불특정 다수 선물 등(광고선전 목적의 견본 달력·수첩 등)

특정인에게 연간 5만 원까지는 기업업무추진비가 아니고 광고선전비로 당연히 손금이지만, 개인당 5만 원을 초과하면 기업업무추진비로 본다(개당 3만 원도 비용임).

⏻ 그림 미술품 등의 비용 손금반영

장식 환경미화 등의 목적이면서 사무실, 복도 등 다수인 관람 가능 공간에 상시 비치하는 미술품은 1,000만 원까지 비용인정 한다.

⏻ 외부경조사비를 여러 건으로 지급 시(한 거래처의 경조사비를 여러 명이 지급 시) 비용 한도

거래처의 경조사비를 회사 비용으로 임원 각자가 동일 회사의 경조사에 조의금으로 지급하는 경우 임원 각자가 지급한 경조사비는 회사 비용으로서는 모두 합하여 20만 원까지 가능하며, 그 이상을 비용으로 처리하기 위해서는 증빙을 입수하거나 각각 임원의 근로소득으로 처리해야 한다.

⏻ 판공비, 업무추진비 지출 시 법정지출증빙

판공비라는 것은 별도로 규정하고 있는 것이 아니며, 회사 내부적으로 일정액을 정해서 접대나 기타 목적으로 사용하는 금액을 통틀어 칭하고 있다.

따라서 판공비의 대다 수는 기업업무추진비 성격이 강하다고 보이며, 주로 임원급이나 영업사원이 사용한다.

이는 그 지출내역에 따라 일반비용지출과 같이 증빙을 첨부해야 비용인정이 가능하며, 무조건 일정 한도를 비용으로 인정해 주고 있지는 않다. 예를 들어 대표이사의 급여에 판공비 수당을 별도로 지급하는 경우 동 비용을 지출 비용으로 인정받기 위해서는

첫째, 판공비를 대표이사의 급여로 보아 근로소득세를 원천징수 하거나(별도의 증빙 필요 없음)

둘째, 대표이사의 수당으로 처리하지 않고 판공비 지출내역에 따라 법정지출증빙을 붙여 비용으로 인정받는 방법이 있다. 둘째 방법을 채택하는 경우 3만 원 초과 지출 시 세금계산서 등 법정지출증빙을 첨부해야 비용으로 인정된다. 만일 증빙도 첨부를 안 하고 원천징수를 해서 신고·납부도 안 한 상태에서 업무무관 경비로 판정 시 비용으로 인정도 못 받고 결국 근로소득세도 납부하는 등 이중고를 겪게 되므로 증빙을 첨부할 수 있으면 증빙을 첨부하고 증빙이 없는 경우 솔선수범해서 급여 처리 후 근로소득세를 납부하는 것이 현명한 방법이다.

3 ｜ 3만원 초과 비용은 반드시 법정지출증빙을 받아라

기업업무추진비 중 경조사비를 제외한 3만원 초과(3만 1원부터) 비용의 지출 시에는 반드시 법정지출증빙을 받아서 보관해야 한다. 만일 3만 1원부터 법정지출증빙을 받지 못한 경우 지출 사실을 법정지출증빙이 아닌 다른 증빙으로 소명하는 경우 비용으로는 인정받을 수 있으나 대신 증빙불비가산세로 거래금액의 2%를 추가 납부해야 한다. 다만 기업업무추진비는 법정지출증빙을 수취하지 못한 경우, 비용으로 인정받지도 못하고, 증빙불비가산세는 납부하지 않는다.

 " 기업업무추진비(경조사비)를 제외한 3만 원 초과
(3만 1원부터) 일반비용의 지출 "

구분	증빙처리
3만원 이하(~30,000)	신용카드, 직불카드, 세금계산서, 계산서, 기명식 선불카드, 지출증빙용 현금영수증, 간이영수증 등 증빙 보관
3만원 초과(30,001~)	신용카드, 직불카드, 세금계산서, 계산서, 기명식 선불카드, 지출증빙용 현금영수증 등 수취·보관. 간이영수증은 증빙이 되지 못한다.

 3만 1원부터 법정지출증빙을 받지 못한 경우는?

지출 사실을 법정지출증빙이 아닌 다른 증빙으로 소명하는 경우 비용으로는 인정받을 수 있음

대신 증빙불비가산세로 거래금액의 2%를 추가 납부

소셜커머스 영수증 증빙자료로 쓸 수 있나요?

예를 들어 소셜커머스에서 음식점과 관련해서 구입한 신용카드 영수증도 똑같이 경비로 잡을 수 있고, 증빙자료로 사용 가능한가?

쿠폰(음식 용역이용권)을 공급하는 경우 당해 쿠폰 자체는 화폐대용증권으로 볼 수 있어 부가가치세 과세거래에 해당하지 않으며, 이 경우 음식 용역의 공급시기는 실지 음식 용역 제공이 완료되는 때이므로 음식 용역이용권을 구매하고 발급받은 신용카드영수증은 사업자의 필요경비로 인정되는 법정지출증빙에 해당하지 않는다. 해당 사업자가 소셜커머스업체를 통해서 쿠폰을 발행받아 사업과 관련해서 해당 음식 용역이용권을 실제 음식점에서 사용하고 현금영수증을 발급받은 경우 법정지출증빙이 된다.

결론적으로 소셜커머스업체를 통해서 쿠폰을 발행받는 경우 동 쿠폰를 이용하는 실제 상점에서 현금영수증 등을 법정지출증빙으로 발급받아야 한다.

증빙을 미첨부한 해외 출장비의 증빙처리방법

법인이 임직원에게 지급하는 여비는 당해 법인의 업무수행상 통상 필요하다고 인정되는 부분의 금액에 한해서 사용처별로 거래증빙과 객관적인 자료를 첨부해야만 비용처리가 가능하며, 증빙서류의 첨부가 불가능한 경우는 사회통념상 부득이하다고 인정되는 범위 내의 금액과 내부통제기능을 감안해서 인정할 수 있는 범위 내의 지급은 비용으로 인정되는 것이나, 이에 해당하는지? 의 여부는 합리적인 기준에 의거 회사의 규모, 출장목적, 업무수행 여부 및 정도에 따라 사실 판단할 사항이다.

렌터카 비용의 증빙처리 방법

렌터카 업은 영수증 발행 대상 업종이나 자동차를 대여받는 자가 사업자등록증을 제시하고 세금계산서의 발행을 요구하는 때에는 세금계산서를 발행해야 하므로 세금계산서를 받을 수 있다. 따라서 업무용 차량을 렌터해서 사용하는 경우 세금계산서 등 법정지출증빙을 받아서 보관해야 한다.

⏻ 임원의 실비변상적 교통비 이상인 거마비의 증빙처리방법

이사회의 임원 등에게 지급하는 실비변상적 성격의 거마비는 비과세소득에 해당하지만, 임원의 급여 지급 규정 등에 거마비 등에 관한 실비성향의 지급규정이 없다면 근로소득으로 보아야 한다.

일반적으로 사회통념상 타당한 범위 내의 금액(왕복차비, 식사비정도의 10~15만원이라면 실비변상적 급여로 비과세가 가능하지만, 이 이상의 금액이라면 근로소득(비상근임원도 포함)으로 과세하거나, 임금 없는 비상근의 경우 자유직업소득으로 3.3%를 원천징수한다. 만약 당사 임원이 아닌 외부인이고 금액이 적고 일시적이면 사례비 등 기타소득으로 원천징수해야 한다.

따라서 원천징수를 안 하는 경우는 지급사실을 입증할 수 있는 교통비 지급명세서, 임원의 급여 지급 규정 등을 보관하고 원천징수 시에는 원천징수영수증을 증빙으로 보관하면 된다.

⏻ 직원에게 제공하는 교통카드의 증빙처리방법

직원들에게 지급하는 출퇴근 비용은 직원들의 근로소득으로 처리하는 것이 원칙이나, 현금을 지급하는 것이 아닌 교통카드로 지급하는 경우 여비교통비로 처리해도 된다.

⏻ 사례금으로 지급한 교통비 등의 증빙처리방법

회사의 일정 업무를 대행해 준 외부인에게 지급한 식대·교통비 등은 일종의 사례금으로써 일시·우발적이면 외부인의 기타소득으로 처리해서 원천징수·납부해야 하는 것이 원칙이다. 하지만, 금액이 출장비 지급 규정 등 내부규정 범위 내의 적은 금액으로 지출비용영수증을 첨부한다면 여비교통비로써 당사의 비용으로 처리해도 큰 문제는 없다. 반면, 외부 전문용역비이면 자유직업 인적용역 보수소득으로 3.3% 원천징수 해야 한다.

⏻ 휴게소에서 고속도로 통행 카드를 현금 구매 시 증빙처리방법

전산 발매통합관리시스템에 의한 고속도로 카드구입은 지출증빙수취특례에 해당하지만, 그렇지 않은 휴게소에서 3만 원권 통행카드를 현금으로 구입하는 경우에는 법정지출증빙을 갖춰야 한다. 법정지출증빙을 받지 않은 경우 증빙불비가산세를 물어야 한다. 반면 고속도로 카드 판매수수료는 과세로 세금계산서를 발행해야 하며, 세금계산서는 위탁자 명의로 발행하고 수탁자는 비고란에 기재한다.

🔘 통행료의 증빙처리방법

고속도로 요금소에서 통행 카드를 충전하거나 통행료를 지급하는 경우는 전국적으로 전산 관리집계 노출이 되므로 법정지출증빙을 받지 않아도 된다.

결론적으로 통행요금(통행 카드충전 포함)이 3만 원을 초과하는 경우라도 세금계산서, 계산서, 신용카드매출전표나 현금영수증 등의 법정지출증빙이 아닌 일반 간이영수증을 수취해도 법적으로 인정해 준다.

🔘 관리비의 증빙처리방법

구분	증빙관리
임차료	세금계산서 수취
전기료 · 가스료 · 주차료 등	임차인 부담분에 대해서 세금계산서 수취
수도료	계산서 수취
전기료 · 가스료 · 주차료 · 수도료 등을 명세서에 구분 징수하지 않고 임차료에 포함해서 징수하는 경우는 전체 금액에 대해서 세금계산서 수취	

🔘 교육훈련비의 증빙처리방법

교육훈련비의 법정지출증빙의 수취와 관련해서는 해당하는 교육훈련비가 해당 직원의 개인 급여(비과세급여 포함)를 구성하느냐 아니면 회사업무 차원의 교육훈련에 따른 비용의 지출인가? 의 판단이 우선되어야 하며, 개인 급여를 구성하는 경우는 원천징수영수증을, 회사업무 차원의 교육훈련인 경우, 해당 교육기관으로부터 계산서 등 법정지출증빙을 받거나 강사로부터 원천징수 후 원천징수영수증을 증빙으로 보관하면 된다.

🔘 직원 개인 학원비의 증빙처리방법

구 분	증빙처리
업무 관련이 있는 학원비로써 내부규정에 의한 지급	회사 : 계산서나 신용카드매출전표 등 법정지출증빙을 받고 비용처리 개인 : 근로소득세 부담이 없다.

구 분	증빙처리
업무와 관련이 없는 학원비	회사 : 반드시 계산서나 신용카드매출전표 등 법정지출증빙을 받지 않아도 된다. 근로소득세를 원천징수 후 원천징수영수증 보관 개인 : 해당 직원이 근로소득세를 부담해야 한다.

🔅 **강사료의 증빙처리방법**

구 분		증빙관리
사내 강사료		사내 강사에게 지급하는 금액은 근로소득이므로 근로소득세를 원천징수한 후 원천징수영수증을 증빙으로 보관하면 된다.
외부강사료	강사가 학원에 소속된 자인 경우	외부 강사가 학원에 소속된 자이며, 강사료가 당해 학원에 귀속되는 경우는 학원으로부터 계산서를 받으면 된다.
	강사의 개인소득을 구성할 경우	계속적이고 반복적으로 강사 활동을 영위하는 자(예컨대 학원에 고용되어 있지 않은 학원 강사)에게 대가를 지급 시에는 사업소득으로 지방소득세 포함 지급액의 3.3%를 사업소득세로 원천징수하고, 일시적인 강의의 대가는 지방소득세 포함 지급액의 8.8%에 해당하는 기타소득세를 원천징수하면 된다. 일반적으로 기타소득으로 원천징수하는 경우가 많다. 그리고 증빙으로는 원천징수에 따르는 원천징수영수증을 보관하면 된다.

⏻ 수도광열비의 증빙처리방법

구 분	증빙서류
전기요금	전기요금은 과세대상이므로 세금계산서를 법정지출증빙으로 받으면 된다.
가스요금	가스요금은 과세대상이므로 세금계산서를 법정지출증빙으로 받으면 된다.
수도요금	수도요금은 면세 대상이므로 계산서를 법정지출증빙으로 받으면 된다.

수도광열비와 관련해서 임대주가 증빙으로 부가가치세 부담분에 대해서는 세금계산서, 부가가치세 미부담분에 대해서는 계산서나 영수증을 발행해 주므로 동 증빙을 보관하면 되며, 만일 공동 청구·납부된 전기료 등에 대해서 임대주가 세금계산서 등 법정지출증빙을 발행해 주지 않는 경우는 발행을 요구할 권리가 임차인에게 있다.

반면 임대주와 임차인별로 각각 단독으로 고지가 되는 경우는 동 고지서가 세금계산서 기능을 하므로 고지서를 보관하면 별다른 증빙 문제는 없다.

구 분	증빙서류
수도광열비가 개별적으로 각각 고지되는 경우	전기료, 수도료, 가스료 청구서를 증빙으로 보관하면 된다.
수도광열비가 건물주 명의로 통합고지가 되는 경우	건물주로부터 세금계산서 등 법정지출증빙을 받아서 보관하면 된다.

⏱ 퀵서비스, 택배(우체국 택배 포함), 이삿짐센터, 화물차를 이용한 운반비지급 시 증빙처리방법

운반용역을 제공받은 경우는 세금계산서를 받아야 하나, 간이과세자(연 매출 4,800만원 미만)로부터 운송용역을 공급받은 경우는 금융기관을 통해서 대금을 송금하고 법인세 과세표준 신고 시 경비 등 송금명세서를 제출한 경우는 법정지출증빙을 받지 않아도 된다. 그러나 수수료 또는 계약에 의해서 화물운송에 관한 책임을 지고 탁송자로부터 수령자에게 화물을 운송하는 화물운송 대행용역(퀵 서비스, 택배(우체국 택배 포함), 사무실 이전과 관련한 이삿짐센터)은 3만원초과 지출 시 법정지출증빙을 받아야 한다.

⏱ 부정청탁금지법(김영란 법) 적용 요령

기본개념	공직자·언론인 등에게 직무관련 모든 금품 수수금지
금액 예외	사교·의례·부조·원활 직무수행 차원에서 식사 3만원, 선물 5만원, 경조사비 10만원까지는 허용
부정행위	① 인허가처리 ② 행정처분면제 ③ 인사개입 ④ 공기관 결정 개입 ⑤ 공기관 포상개입 ⑥ 입찰비밀 누설 ⑦ 특정계약 개입 ⑧ 보조금 배분 개입 ⑨ 공기관 재화·용역 비정상거래 ⑩ 학교 업무 조작 ⑪ 병역업무 비리 ⑫ 공기관 평가 개입 ⑬ 행정지도 간섭 ⑭ 수사·재판업무
부정아님	① 법령 정당 요구 ② 특정 행위 공개 요구 ③ 선출직의 민원 전달 ④ 기한 내 처리 요구 ⑤ 법령 확인증명 요구 ⑥ 법령·제도 해석 요구 ⑦ 사회통념상 적절 행위
예외행위	① 공기관이 소속원에 제공하는 물품 ② 사적 거래 채무이행 관련 금품 ③ 공직자의 친족이 주는 금품 ④ 공직단체 등의 구성원 금품 제공 ⑤ 직무공식행사 참석자의 교통·숙박·음식비 등 ⑥ 불특정 다수 기념품·추첨품 등
회사제품	시장에서 실제 판매거래 되는 시가 적용(시장가격 없으면 생산원가, 판매원가 등)
회사식당	외부판매 고시 가격으로 계산, 외부가 없으면 재료비·인건비·경비 합산
직원 개인	공무수행을 위해 직무관련성·대가성 없어도 1회당 100만 원(연간 300만 원) 초과의 금품수수 시 직원 본인+법인회사도 양벌규정 처형

⏻ 출장 일비의 증빙처리방법

출장 일비 등의 지급시 증빙을 구비 하면 손금 인정되며, 증빙 없이 해당 직원 (대표이사 포함)에게 현금으로 지급하는 경우 실비변상적인 금액은 비과세소득 으로, 그 외의 금액은 근로소득으로 반영한다. 즉, 출장비 실비정산 금액은 비 과세소득이고 지급명세서(급여)에 반영하지 않아도 되며, 대표이사도 동일하게 처리하면 된다.

다만, 여비 지급 규정에 따라 지급된 금액이라고 무조건 비용인정이 되는 것은 아니므로, 가급적 객관적인 증빙과 객관적인 자료를 첨부해야만, 손금산입이 가 능하다.

증빙서류의 첨부가 불가능한 경우는 사회통념상 부득이하다고 인정되는 범위 내 의 금액과 내부 통제기능을 고려하여 인정할 수 있는 범위 내의 지급은 손비로 인정되는 것이나, 이에 해당하는지 여부는 합리적인 기준에 의거 회사의 규모, 출장목적, 업무수행 여부 및 정도에 따라 사실 판단할 사항이다.

(법인 46012-3088, 1996.11.06.)

⏻ 출장비의 증빙처리방법

1. 국내출장비의 법정지출증빙

국내출장비는 통상 숙박비, 교통비, 식대, 잡비 등으로 구성된다. 이는 일반적으 로 회사의 출장비 지급규정에 따라 정액으로 지급되며, 지출결의서 등에 출장비 수령인만 받아두는 것이 실무적으로 많다.

법인이 업무와 관련해서 출장하는 사용인에게 지급한 교통비, 숙박비, 식대 등 이 당해 법인의 여비지급규정 및 객관적인 거래증빙에 의해서 법인에게 귀속시 키는 것이 정당함이 입증된 경우는 소득금액계산 상 비용으로 인정하는 것이나, 이 경우 당해 사용인이 지출한 경비 중 사업자로부터 거래 건당 3만원 초과의 재화 또는 용역을 공급받고 그 대가를 지급한 금액에 대해서 법정지출증빙을 수 취하지 않은 경우는 증빙불비가산세가 적용된다.

그러나 정액으로 지급되는 일비도 법정지출증빙을 첨부하지 않으면 급여로 보 며, 이 경우 원천징수영수증이 증빙이 되므로 법정지출증빙의 수취대상이 아니 다.

2. 해외출장비의 법정지출증빙

구 분	증빙서류
항공요금	영수증
현지 숙박비	현지 호텔의 영수증(형식에는 제한 없을 것임)
현지 음식비	현지 음식점의 영수증
여행사의 대행수수료	세금계산서 등 법정지출증빙 수취
	여행사가 비자발급 대행 수수료를 공과금 등과 구분하지 않고 영수하는 때에는 전체 금액에 대해서 세금계산서를 발행해야 하는 것이나, 비자 발급 시 지급하는 공과금 등과 비자 발급 대행 수수료를 별도로 구분 징수해서 납입을 대행하는 경우는 당해 공과금 등은 법정지출증빙 수취대상에 해당하지 않으나 발급 대행 수수료는 법정지출증빙을 수취해야 한다.

⏻ 증빙 인정과 가산세와의 관계

기업업무추진비는 3만 원 초과

경조사비(기업업무추진비)는 20만 원 초과

일반비용은 3만 원 초과

이제 누구나 다 아는 내용이다. 이거 틀리는 사람은 없다.

이 금액 초과 지출하고 법정지출증빙을 안 받고, 적격증빙 자료 이외의 증빙자료를 받아서 소명한 경우

① 기업업무추진비는 비용으로 인정되지 않고(손금불산입)

② 기업업무추진비 이외의 지출은 손금으로 인정한다.

그냥 해주느냐 그건 아니다.

일반비용은 증빙불비가산세(거래금액의 2%)를 받고 인정해 준다. 다만, 비용으로 인정받을 수 없는 경우도 발생한다(기타자료로 사업 관련 지출증명 부족 등).

하지만 기업업무추진비는 증빙불비 가산세(거래금액의 2%)를 받지 않는다. 대신 비용도 인정을 안 해준다.

그럼 3만 원 또는 20만 원까지는 다른 증빙으로 소명하면 인정을 해주고 초과금액만 인정을 안 해주느냐 그렇지 않다. 지출한 금액 전액을 인정해 주지 않는

다.

예를 들어 거래처에 경조사비 50만 원을 지출한 경우 증빙이 없으면 20만 원은 인정해 주고 30만 원만 인정을 안 해주는 것이 아니라 50만 원 전체를 비용으로 인정해 주지 않는다.

적격증빙미수취로 인하여 비용으로 인정되지 않는 경우는 대표자 등에게 상여, 배당 등의 소득으로 처분되어 원천세 징수 의무도 발생한다.

⏻ 법정지출증빙 같지만 소명증빙인 증빙

구 분	증빙서류
3만원 초과의 영수증	영수증은 일반비용의 경우 3만 원 초과 지출 시 법정지출증빙의 역할을 하지 못한다. 다만, 업무 관련 지출이라는 사실을 증명하면 증빙불비가산세를 부담하고 비용으로 인정받는다.
자산취득시 계약서	자산을 취득할 경우는 계약서가 주요 소명자료 역할을 한다. 이는 비용 지출이 아니므로 법정지출증빙 규정이 적용되지는 않지만, 회사자산으로 등록하기 위해서는 반드시 소명자료가 필요하다.
청첩장 등	20만 원 이하의 청첩장은 경조사비 지출사실을 증명하는 소명자료 역할을 한다. 그러나 이는 법정지출증빙이 아니므로 20만 원 초과 지출(다른 기업업무추진비와 합한 금액) 시에는 법정지출증빙 역할을 하지 못한다.

⏻ 재고자산 폐기 시 증빙

실무상 재고자산을 폐기처분 하고자 하는 경우 그 폐기 사실이 객관적으로 입증될 수 있는 증거(소각 시 이를 입증하는 소각 품목, 소각 수량, 소각 사진, 폐기처분 의뢰 시 이를 입증할 수 있는 증빙서류 등)를 갖추면 될 것으로 판단하나 국세청에서는 그 기준을 더 엄격히 적용하고 있다.

단순히 폐기처분 사진이나 내부품의서 등은 객관적인 자료로 인정하지 않는바

1. 폐기물관리법상 사업장 폐기물 수집 · 운반업자에 의한 폐기물처리확인서
2. 특수관계없는 재활용업자와의 재활용 물품 거래내역서 등 거래증빙
3. 상품교환에 따른 반품대장 작성

4. 보험처리내역서 등을 갖추는 것이 좋다.

결과적으로 회사 자체적으로 만들 수 있는 증빙서류만으로는 인정을 못받고, 제 3자와 거래를 통해 상호검증이 가능한 경우에만 확실히 인정받을 수 있다는 점 이다.

국세청의 처리는 세법이 추구해온 증빙의 상호검증기능에 충실한 업무처리이다. 즉, 모든 증빙의 대원칙은 회사의 임의적인 처리가 아닌 서로 모르는 관계인 제 3자와의 상호검증을 통해서만 인정을 해주겠다는 것이다(세금계산서와 같이).

⏱ 유형자산 폐기 시 증빙

유형자산의 개체 또는 기술의 낙후로 인해서 생산설비 일부를 폐기한 경우는 당 해 자산의 장부가액에서 I천원을 공제한 금액을 폐기일이 속하는 사업연도의 손금(비용처리)에 산입할 수 있으며, 여기서 폐기한 경우란 창고 등에 보관 중 인 것을 의미하는 것이 아니라 폐기물처리업자 등을 통해서 일정한 절차에 의해 서 처리해야 하므로 폐기목록, 폐기자산의 사진, 폐기자산 품의서, 감가상각 대 장 사본(취득원가, 충당금을 확인할 수 있는 자료) 등 그 사실을 객관적으로 증 명할 수 있는 서류를 갖추어야 추후 해당 처리에 대한 문제가 발생하지 않는다.

⏱ 법정지출증빙이 없어도 비용인정 되는 경우

구 분	면제 대상 거래의 경우
법정지출증빙 수취대상 제외사업자	> 국가 및 지방자치단체 > 비영리법인 > 연 매출 4,800만원 미만 간이과세자 > 금융보험업 영위하는 법인 > 국내사업장이 없는 외국 법인과 비거주자 > 연 매출 4,800만원 미만 읍면지역 간이과세자(단, 읍면 지역에 신용카드가맹점인 경우 신용카드매출전표를 받아 야 한다.)
	> 농어민과의 거래 > 원천징수대상 사업소득자로부터 용역을 공급받는 경우

구 분	면제 대상 거래의 경우
법정지출증빙 수취대상 면제거래	> 원천징수영수증으로 증빙을 대체한다. > 건물·토지 구입 > 택시운송용역을 제공받은 경우 등 요즘은 신용카드 결제를 많이 하므로 신용카드매출전표를 증빙으로 받아서 보관하는 것이 좋다.
법정지출증빙 수취대상 면제거래(반드시 경비 등 송금명세서 제출)	> 연 매출 4.800만원 미만 간이과세자에게 임대료를 지불하는 경우 > 개인으로부터 임가공용역을 받는 경우 > 연 매출 4.800만원 미만 간이과세자인 운송업자(용달, 화물 등)에게 운임을 지불 하는 경우 > 연 매출 4.800만원 미만 간이과세자로부터 재활용폐자원(고물, 파지 등)을 구입하는 경우 > 항공법에 의한 상업서류 송달용역을 받는 경우 > 공인중개사에게 중개수수료를 지급하는 경우 > 통신판매에 따라 재화 또는 용역을 공급받은 경우

제2장

한국에서 사업하면서 내야 하는 세금

1. 세법에서 말하는 사업자의 유형
2. 사업자가 내야 하는 세금
3. 휴업 시 세무처리
4. 세금을 안 내도 되는 소액부징수

세법에서 말하는 사업자 유형

구 분		세법상 내용
사업형태에 따른 구분		사업 형태에 따라 개인사업자와 법인으로 구분한다.
	개인사업자	개인사업자란 회사를 설립하는데 상법상 별도의 절차가 필요하지 않아 그 설립 절차가 간편하고 휴·폐업이 비교적 간단하며, 부가가치세와 소득세 납세의무가 있는 사업자를 말한다.
	법인사업자	법인사업자란 법인 설립등기를 함으로써 법인격을 취득한 법인뿐만 아니라 국세기본법의 규정에 따라 법인으로 보는 법인격 없는 단체 등도 포함되며, 부가가치세와 법인세 등 납세의무가 있는 사업자를 말한다.
과세유형에 따른 구분		사업자는 부가가치세의 과세여부에 따라 과세사업자와 면세사업자로 구분된다. 다만, 과세와 면세 겸업사업자인 경우는 사업자등록증이 과세사업자로 발급된다.

구 분		세법상 내용
	과세사업자	과세사업자는 부가가치세 과세대상 재화 또는 용역을 공급하는 사업자로서 부가가치세 납세의무가 있는 사업자를 말한다.
	면세사업자	면세사업자는 부가가치세가 면제되는 재화 또는 용역을 공급하는 사업자로서 부가가치세 납세의무가 없는 사업자를 말한다. 부가가치세 면세사업자라도 소득세 납세의무까지 면제되는 것은 아니다.
사업규모에 따른 구분	과세사업자는 사업의 규모에 따라 일반과세자와 간이과세자로 구분한다.	
	간이과세자	주로 소비자를 상대하는 업종으로서 연간매출액이 1억 400만 원에 미달할 것으로 예상되는 소규모 사업자의 경우에는 간이과세자로 등록할 수 있다. 간이과세자는 업종별로 낮은 세율이 적용되지만, 매입세액의 일정 금액만 공제받을 수 있고, 부가가치세 환급을 받을 수 없다.
	일반과세자	연간 매출액(둘 이상의 사업장이 있는 사업자는 그 둘 이상의 사업장 매출 합계액)이 1억 400만 원 이상으로 예상되거나 간이과세가 배제되는 업종 또는 지역에서 사업을 하고자 하는 경우 일반과세자로 등록해야 한다. 일반과세자는 10%의 세율이 적용되는 반면, 사업과 관련된 물건 등을 구입하면서 받은 매입세금계산서상의 부가가치세액을 전액 공제받을 수 있고, 세금계산서를 발행할 수 있다.

사업자가 내야 하는 세금

세금은 크게

→ 소득과 관련된 세금

→ 소비와 관련된 세금

으로 나누어 볼 수 있다. 이 중

→ 소득과 관련된 세금은 법인세와 소득세를 말하며,

→ 소비와 관련된 세금은 부가가치세, 개별소비세를

그리고 소득세는

→ 개인사업자가 부담하는 소득세와

→ 개인급여에 대해 납부하는 급여세금(근로소득세, 퇴직소득세)으로 나누어 볼 수 있다.

구 분		세금의 종류
소득과 관련된 세금	법인	법인세
	개인	소득세
소비와 관련된 세금		부가가치세, 개별소비세

참고로 소득(비용)에 소비에 대한 세금은 동시에 발생하는 경우가 많다. 예를 들어 110만 원에 물건을 구입하는 경우 100만 원은 비용으로 종합소득세(법인세)에 영향을 미치고, 10만 원은 부가가치세로 부가가치세에 영향을 미친다.

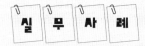

🔘 똑똑한 사업자가 되기 위한 필수 상식

1. 사업자등록증 발급부터!

사업자등록증은 사업개시 전에도 발급신청을 할 수 있으며, 관할 세무서를 방문하거나 홈택스(www.hometax.go.kr) 홈페이지를 방문해서 발급신청이 가능하다. 신청에 필요한 서류는 사업자등록증 신청서(세무서에 비치), 신분증, 임대차계약서, 인·허가 증명서(인·허가가 필요한 사업에 한함)가 있다.

2. 전기·전화요금 등 각종 공과금도 공제

각 공과금 고지서에 공급자와 공급받는자의 사업자등록번호, 공급가액, 부가가치세, 작성일자가 적혀 있으면 매입세액공제를 받을 수 있으며, 이와 같은 신청은 사업자등록증과 신분증 사본을 각 사업자에게 보내주면 공제받을 수 있다.

3. 사업용 계좌 개설 및 사업용 신용카드 등록

사업용 계좌의 신고 대상자는 복식부기 의무자이다. 금융기관에서 개설한 '통장사본'과 함께 '사업용 계좌 개설신고서'를 작성해서 법정신고기한 내에 사업장 관할 세무서장에게 신고하면 되고, 금융기관에서 신규 개설한 계좌는 물론, 기존에 사용하던 계좌도 사업용 계좌로 사용할 수 있다. 또한 개인사업자는 사업용 신용카드를 홈택스에 등록해두면 지출내역이 통보되어 관리가 편리하다. 법인은 등록을 안 해도 카드 사용내역이 자동으로 통보된다.

4. 국세청 현금영수증 가입

일반과세자로부터 사업에 필요한 물품 등을 매입하고 '지출증빙용 현금영수증' 또는 부가가치세액이 별도로 기재된 신용카드매출전표를 받으면 부가가치세 매입세액공제를 받을 수 있다.

개인사업자는 현금영수증과 신용카드 등 발행금액에 대해 일정 금액 신용카드발행세액공제를 받을 수 있다. 홈택스(www.hometax.go.kr) 사이트에서 '지출증빙용 사업자등록번호'를 정확하게 등록해야 한다.

5. 세금 신고는 홈택스를 통해 전자신고를 한다.

기본적인 모든 세금 신고는 홈택스를 통해 가능하므로 홈택스를 통해 신고한다.

휴업 시 세무 처리

휴업은 사업자가 일시적으로 주된 영업활동을 정지했으나 장래 영업활동을 재개하고자 하는 의사를 가지고 영업시설을 유지·관리 또는 개량행위 등을 행하는 상태를 말한다. 반면 폐업은 사업자가 당해 영업을 계속할 의사가 없어 영업활동을 영구적으로 종료하는 것을 말한다.

1 \ 휴업기간

법에 명시된 규정은 없으나 통상 6개월이며, 추가로 기간연장이 필요하여 신청하는 경우는 관할 세무서장이 휴업기간 연장에 대한 타당성을 검토한다.

2 \ 주요내용

휴업일

휴업일은 사업장별로 그 사업을 실질적으로 휴업하는 날을 말하며, 휴업한 날이 분명하지 않은 경우는 휴업신고서의 접수일을 휴업일로 본다.
휴·폐업 신고는 사업자등록증을 첨부해 정부24 홈페이지에서 인터넷 신청을 할 수 있고, 사업자등록증, 휴업신고확인서(허가, 등록, 신고에 한함) 등을 구비해서 세무서에 방문 접수도 가능하다.

신고기한

사유 발생 즉시

세금계산서

휴업기간 중에도 유휴자산 처분 등의 경우에는 매출세금계산서 발급이 가능하며, 임차료의 지급 등 발급받은 매입세금계산서의 매입세액은 부가세 신고 시 공제(환급)받을 수 있다.
휴업은 폐업과 달리 사업자등록을 유지하고 있는 사업자이므로 일반적인 매출에 대해서도 세금계산서 발행은 가능하다. 다만, 세금계산서를 발행하는 순간 휴업이 자동 종료된다는 세법상 규정은 없으므로 자동 종료 여부는 국세청의 판단 사항이며, 행정 처리 사항이므로 직접 문의를 해보는 것이 좋다.

세금 신고 및 납부

휴업은 폐업과 달리 일시적인 업무 정지상태를 의미하므로 일반사업자와 동일하게 세금에 대해 신고 및 납부의무를 갖는다. 무실적인 경우는 무실적 신고를 해야 한다.

세금을 안 내도 되는
소액부징수

소액부징수는 산출세액이 일정액 미만일 때 세액을 납부하지 않아도 되는 경우이다. 이는 세액이 소액이기 때문에 낸다고 하더라도 징수하기 위해서 소요되는 비용에도 못 미치는 결과를 가져오기 때문에 세무서에서 징수하지 않는 제도이다.

구 분	소액부징수 금액
법인세	1천 원 미만의 원천징수 세액
소득세	❶ 거주자 또는 비거주자에 대한 1천원 미만의 원천징수 세액(이자소득 금액은 제외) ❷ 1천 원 미만의 납세조합 징수세액 ❸ 50만 원 미만의 중간예납 세액
부가가치세	간이과세자의 당해 과세기간(12개월)의 공급대가가 4,800만 원 미만인 경우
지방소득세	2천 원 미만의 세액(특별징수분은 제외)
재산세	2천 원 미만의 세액(고지서 1매당)

⏻ 일용근로자의 소액부징수 적용방법

원천징수세액이 1,000원 미만인 경우 소득세를 징수하지 않으며 지급금액을 기준으로 소액부징수를 판단한다.

5일간 일당을 한 번에 지급시 5일 일당에 대한 원천징수 세액 합계가 1,000원 이상인 경우 세금을 내야 한다. 따라서 몰아서 지급하지 말고 매일매일 지급하는 것이 유리하다.

▶일 총급여액이 187천원(결정세액 999원) 이하인 경우 원천징수세액 없음
(187,000원 - 150,000원) × 2.7% = 999원

▶1일 2이상 사업장에서 일용근로 제공 시 세액계산은 사업장별로 계산하여 소액부징수 여부를 판단하는 것임(원천세과-216, 2011.04.08)

▶일용근로자의 납세의무는 원천징수로 과세 종료(완납적 분리과세)

▶세율 6% 단일세율, 근로소득세액공제 외의 소득·세액공제 없음

부가가치세는
언제 어디다 내야 하나요?

1   부가가치세는 무엇에 대해서 내는 세금인가?

상품(재화)의 거래나 서비스(용역)의 제공과정에서 얻어지는 부가가치(이
윤)에 대해서 과세하는 세금이며, 사업자가 납부하는 부가가치세는 매출
세액에서 매입세액을 차감해서 계산한다.

부가가치세 = 매출세액(판매액 × 10%) - 매입세액(구입액 × 10%)

판매금액 × 10%   구입금액 × 10%

차이 금액(+) 납부, (-) 환급

부가가치세는 물건값에 포함되어 있으므로 실지로는 최종소비자가 부담
하는 것이다. 이렇게 최종소비자가 부담한 부가가치세를 사업자가 세무
서에 납부하는 것이다.

예를 들어 10만 원 하는 물건을 파는 경우 부가가치세 10%를 붙여 11만 원을 받아 1만 원을 부가가치세로 납부하는 것이다.

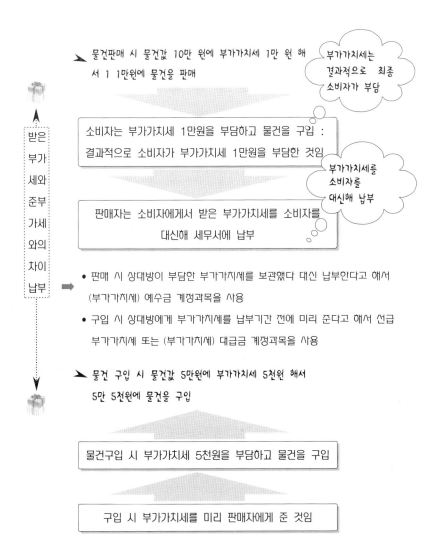

물건판매 시 물건값 10만 원에 부가가치세 1만 원 해서 11만원에 물건을 판매

부가가치세는 결과적으로 최종 소비자가 부담

소비자는 부가가치세 1만원을 부담하고 물건을 구입 : 결과적으로 소비자가 부가가치세 1만원을 부담한 것임

부가가치세를 소비자를 대신해 납부

판매자는 소비자에게서 받은 부가가치세를 소비자를 대신해 세무서에 납부

받은 부가세와 준부가세와의 차이 납부

• 판매 시 상대방이 부담한 부가가치세를 보관했다 대신 납부한다고 해서 (부가가치세) 예수금 계정과목을 사용
• 구입 시 상대방에게 부가가치세를 납부기간 전에 미리 준다고 해서 선급 부가가치세 또는 (부가가치세) 대급금 계정과목을 사용

물건 구입 시 물건값 5만원에 부가가치세 5천원 해서 5만 5천원에 물건을 구입

물건구입 시 부가가치세 5천원을 부담하고 물건을 구입

구입 시 부가가치세를 미리 판매자에게 준 것임

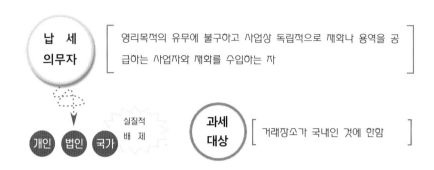

부가가치세의 납세의무자는

❶ 영리목적의 유무에 불구하고

❷ 사업상

❸ 독립적으로

❹ 재화나 용역을 공급하는 사업자와 재화를 수입하는 자를 말한다.

납세의무자에는 개인·법인·국가·지방자치단체, 지방자치단체조합을 포함하고 기타의 모든 법인과 법인격 없는 사단·재단 기타 단체를 포함하고 있다.

그러나 국가나 지방자치단체와 지방자치단체조합의 경우에는 당해 국가들이 공급하는 모든 재화 또는 용역에 대해서 면세하도록 규정함으로써 실질적으로는 납세의무자의 범위에서 배제하고 있다.

부가가치세 납세의무가 있는 과세대상은 거래장소가 국내인 것에 한하므로, 납세의무 역시 우리나라의 주권이 미치는 국내에서 공급하는 재화 또는 용역에 한해서 납세의무를 진다. 따라서 외국법인의 국외 본점이 내국법인에게 외국에서 용역을 공급하고 그에 대한 대가를 내국법인으로부터 직접 받는 경우 및 국내사업장을 두고 있는 비거주자 또는 내국법인이 외국에서 자기가 직접 생산하였거나 취득한 재화를 외국에서 공급하고 그 공급을 받는 자가 당해 재화를 수입해서 국내에서 사용·소비하는 경우 등은 거래장소가 국외이므로 공급된 재화는 과세대상이 되지 않는다.

3 부가가치세는 언제 신고·납부를 하나?

부가가치세의 신고·납부는 개인사업자와 법인이 약간의 차이가 있다. 부가가치세는

❶ 1월~3월분을 4월 25일에 신고·납부(예정)

❷ 4월~6월분을 7월 25일에 신고·납부(확정)

❸ 7월~9월분을 10월 25일에 신고·납부(예정)

❹ 10월~12월분을 다음 해 1월 25일에 신고·납부(확정)하는 데,

❶과 ❸을 예정신고·납부기간 ❷와 ❹를 확정신고·납부기간이라고 한다. 이중 개인사업자는 ❶과 ❸의 예정신고·납부기간에 대해서는 신고의무는 없고, 세무서에서 고지한 세액에 따라 납부의무만 있다(단, 개인사업자(일반과세자) 중 사업 부진자, 조기환급발생자와 직전 과세기간 공급가액 합계액이 1억 5천만 원 미만인 법인은 예정신고와 예정고지세액납부 중 하나를 선택해서 신고 또는 납부할 수 있다.). ❷와 ❹의 확정신고·납부기간에 예정신고·납부기간의 신고내역까지 합쳐서 확정신고·납부를 한다.

반면, 법인은 ❶, ❷, ❸, ❹ 모든 기간에 신고·납부의무가 있으며, 개인사업자 중 간이과세자는 다음 해 1월 25일 신고·납부를 한다.

- 직전 과세기간 공급가액 합계액이 1억 5천만 원 이상인 법인
- 예정신고 기간의 공급가액이 직전 과세기간 공급가액의 1/3 미만인 경우
- 시설 투자 등의 사유로 지출이 많아서 조기환급을 받고자 하는 경우

합산해야 할 거래내역				신고와 납부
개 인 간 이 사업자	과세 기간		1월 1일~12월 31일 거래내역 - 7월 25일 예정부과 납부세액	7월 25일 납부만 한다.
				다음 해 1월 25일에 신고와 납부
	세금계산서 발급가능 간이과세자가 세금계산서를 발급한 경우 7월 25일 신고·납부			
개 인 일 반 사업자	제1기	예정	1월~3월 거래내역	4월 25일에 납부만 한다.
		확정	1월~6월 거래내역 - 4월 25일 예정고지 납부액	7월 25일에 신고와 납부
	제2기	예정	7월~9월 거래내역	10월 25일에 납부만 한다.
		확정	7월~12월 거래내역 - 10월 25일 예정고지 납부액	다음 해 1월 25일에 신고와 납부
법 인 사업자	제1기	예정	1월~3월 거래내역	4월 25일에 신고와 납부
		확정	4월~6월 거래내역	7월 25일에 신고와 납부
	제2기	예정	7월~9월 거래내역	10월 25일에 신고와 납부
		확정	10월~12월 거래내역	다음 해 1월 25일에 신고와 납부
	직전 과세기간 공급가액의 합계액이 1억 5천만원 미만인 법인사업자는 예정고지			

㈜ 세금계산서 발행 간이과세자는 7월 25일 신고 및 납부 의무가 있다.

실 무 사 례

⏻ **거래상대방이 의심스러우면 정상 사업자인지? 여부를 반드시 확인해야 한다.**

사업을 하다 보면 평소 거래를 하지 않던 사람으로부터 시세보다 싸게 물품을 팔 테니 사겠느냐는 제의를 받고 이를 구입하는 경우가 있다.

이런 경우 거래상대방이 정상 사업자인지, 세금계산서는 정당한 세금계산서인지 여부를 우선 확인해야 한다. 왜냐하면, 거래상대방이 폐업자이거나, 세금계산서 가 실제 물품을 판매하는 사업자가 아닌 다른 사업자 명의로 발행된 때에는 실 제로 거래했다고 하더라도 매입세액을 공제받을 수 없다.

> **[과세유형 및 휴·폐업 여부 조회 방법]**
>
> 국세청 홈택스 > 세금납부 > 사업자등록 신청·정정·휴폐업 > 사업자 상태 조회(사업자등록번호)
>
> ▌사업자 상태 조회(사업자등록번호)에서 상대방 사업자등록번호를 입력하여
> ▌상대방 주민등록번호를 입력하여 "사업자등록 유무"를 조회

⏻ **세금을 체납한 경우의 불이익**

1. 가산금을 추가로 부담하게 된다.

세금을 납부기한 내에 납부하지 못하면 3%의 가산금이 붙으며 계속 세금을 못 내게 되면 납부기한이 지난날부터 매 1개월이 지날 때마다 1.2%에 상당하는 가산금이 5년까지 붙게 된다(체납세금이 100만 원 미만인 경우는 제외).

2. 귀중한 재산이 압류되어 공매될 수 있다.

납부기한이 지나면 독촉장이 발부되고 독촉장을 받고서도 세금을 납부하지 않으 면 재산을 압류·공매해서 매각대금으로 세금을 충당하게 된다.

3. 신용정보자료로 제공되어 각종 금융거래상 불이익을 받을 수 있다.

부가가치세는 과세재화와 용역에 대해서만 납부한다.

사업자는 부가가치세 과세유형에 따라 부가가치세 납세의무를 지는 과세사업자와 부가가치세 납세의무가 없는 면세사업자로 나누어진다.

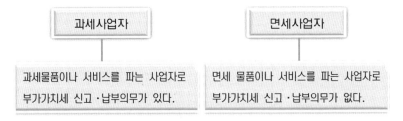

과세사업자	면세사업자
과세물품이나 서비스를 파는 사업자로 부가가치세 신고·납부의무가 있다.	면세 물품이나 서비스를 파는 사업자로 부가가치세 신고·납부의무가 없다.

과세사업자는 사업 규모에 따라 일반과세자와 간이과세자로 다시 나누어진다.

과세사업자	
일반과세자	간이과세자
과세물품이나 서비스를 파는 사업자로 간이과세자가 아닌 자	과세물품이나 서비스를 파는 연 매출 1억 400만 원 미만 개인사업자

그러나 여기서 주의할 점은 일반과세자와 간이과세자라고 해서 모든 거래에 대해 부가가치세 신고·납부 의무가 있는 것은 아니며, 면세사업자라고 해서 부가가치세의 신고·납부 의무가 모두 없는 것은 아니다. 즉 일반과세자와 간이과세자, 면세사업자의 구분 없이 과세대상 재화나 용역은 부가가치세를 신고·납부를 해야 하며, 면세 대상 재화나 용역은 부가가치세를 신고·납부를 하지 않는다.

과세대상 재화나 용역
부가가치세 신고·납부O

차이

면세대상 재화나 용역
부가가치세 신고·납부X

부가가치세는 부가가치세를 내야 하는 과세와 부가가치세 납부의무가 면제되는 면세로 구분된다.

그리고 과세는 다시 0%의 세율이 적용되는 영세율과 10%의 세율이 적용되는 일반과세자, 10%보다 낮은 세율이 적용되는 간이과세자로 구분이 된다.

구분	부가가치세 계산
과세	영 세 율 : 판매액 × 0% - 구입액 × 10% ➜ 환급
	일반과세자 : 판매액 × 10% - 구입액 × 10%
	간이과세자 : 판매액 ×10% ×업종별 부가가치율 - 구입액(공급대가) ×0.5%
면세	판매액 × 0% - 구입액 × 10%(면세 구입은 0%) ➜ 미환급

영세율은 공급 시 부가가치세를 과세하지 않고 매입 시 부가가치세는 공제해 주므로 실질적으로 부가가치세 완전 면세에 해당하나 면세는 공급 시 부가가치세는 과세하지 않으나 매입 시 부가가치세를 공제해 주지 않으므로 실질적으로 부분 면세에 해당한다.

영세율은 주로 수출용 재화나 용역이 해당한다.

면세는 생활 필수 재화·용역으로서 미가공식료품·농·축·수·임산물·수돗물·연탄·여객 운송·주택과 부수토지 임대용역 등이 있으며, 국민후생·공익적 재화·용역으로서 의료보건·교육·보험·국민주택건설, 사회·문화 관련 재화·용역으로서 도서·신문·대중매체·예술 등 도서관 공익단체 용역 등이 있고, 부가가치 생산요소 및 근로 인적용역으로서 금융·토지, 일부 전문적·개인적 인적용역 등이 있다. 이 밖에 정부 등에 공급, 우표·저가 담배 등의 특수면세 항목이 있다.

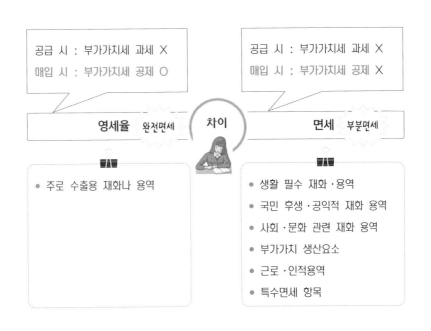

실 무 사 례

⏻ 과세사업자와 면세사업자의 부가가치세와 증빙

구분		부가가치세	발행증빙
과세사업자	과세대상 물품 판매	○	세금계산서
	면세대상 물품 판매	×	계산서
면세사업자	과세대상 물품 판매	○	세금계산서
	면세대상 물품 판매	×	계산서

⏻ 업무용으로 사용하던 차량(소형승용차)을 파는 경우 부가가치세

1. 과세사업에 사용하던 차량 판매

사업자가 과세사업에 사용하던 차량을 매각하는 때에는 부가가치세가 과세되며, 세금계산서 발급 대상에 해당한다. 따라서 상대방에게 부가가치세를 별도로 징수해야 한다. 다만, 그 대가로 받은 금액에 공급가액과 부가가치세액이 별도 표시되어 있지 아니한 경우와 부가가치세가 포함되어 있는지 불분명한 경우에는 거래금액 또는 영수할 금액의 110분의 10에 상당하는 금액을 당해 부가가치세로 보는 것이다.

한편 부가가치세를 별도로 구분해서 거래징수할 것인지 또는 거래금액에 포함해서 거래징수할 것인지? 여부는 계약당사자 간에 결정할 사항이다.

2. 면세사업에 사용하던 차량 판매

부가가치세가 면제되는 사업을 영위하는 사업자가 당해 면세사업을 위해서 사용하던 고정자산(차량, 컴퓨터 등 집기비품)을 타인에게 매각하는 경우는 부가가치세가 과세되는 재화의 공급에 해당하지 않는 것이다.

3. 사업과 관련 없는 개인용도 차량 판매

과세사업과 관련 없이 개인회사 사장, 법인 대표 등 개인적 용도로 사용하던 차량(승용자동차, 화물자동차 등)을 매각하는 때에는 부가가치세 과세대상에서 제외되어 세금계산서 발급 대상이 아니다.

🔘 통신사업자, 백화점 등의 경품, 증정품, 사은품의 부가가치세

백화점, 이동통신 사업자가 사업상 경품, 증정품, 사은품을 제공하는 경우 부가가치세 과세여부는 일반구매자에게 차별 없이 제공되는 광고선전비의 경우에는 과세되지 않으나 특정인을 선발하거나 추첨에 의해서 제공되는 승용차, 김치냉장고 등은 특정인에게 제공되는 기업업무추진비이므로 사업상 증여에 해당되어 부가가치세가 과세된다. 다만, 구입시 매입세액공제를 받지 않은 것은 과세되지 않는다.

🔘 자사 제품을 무상으로 임직원이나 거래처에 주는 경우

구 분		세무상 처리
임직원 (복리 후생비)	자사 제품	자사 제품을 지급하는 경우는 개인적 공급으로 제품의 시가를 기준으로 부가가치세를 납부한다. 단, 동일 법인 내의 다른 사업장에서 대가를 지급하고 구입한 재화는 자가공급이 아니고, 일반적 재화 거래에 해당한다. 따라서 세금계산서를 주고받는 것이며, 다른 매입과 마찬가지로 처리하면 된다. 즉, 대가를 지급하지 않은 물품을 지급한 경우에만 자가공급에 해당하는 것이다. 반면 선물을 받은 임직원은 근로소득으로 보아 근로소득세를 원천징수·납부를 해야 한다.
	구입 후 지급	선물을 구입해서 임직원에게 지급하는 경우 자가공급에 해당하며, 해당 매입세액공제를 적용받지 않은 경우에만 부가가치세가 과세되지 않는다.
거래처(기업업무 추진비)	자사 제품	업무와 관련해서 특정 거래처에 자사 상품을 무상으로 제공하는 경우는 기업업무추진비로 처리하며, 시가를 기준으로 부가가치세를 납부해야 한다.
	구입 후 지급	업무와 관련해서 특정 거래처에 구입한 상품을 제공하는 경우는 기업업무추진비로 처리한다. 업무와 관련없이 지급한 경우라면 비지정기부금으로 처리도 가능하나 이 역시 손금불산입 사항이다. 또한, 구입한 물품은 기업업무추진비로서 매입세액불공제 대상이다.

⏻ 부동산 임차료와 관련한 부가가치세

[월임대료를 지급하지 못해서 임대보증금에서 차감하는 경우]

매월 임대료와 보증금 중 매월 임대료를 순차적으로 차감해서 계산한다.

예를 들어 보증금 2천만 원에 월세 100만원인 경우(1월부터 순차적으로 차감하는 경우)

1월분 : 보증금 1천 9백만원, 월세 100만원

2월분 : 보증금 1천 8백만원, 월세 100만원

[부동산임대료와 관리비의 부가가치세 과세표준]

사업자가 부가가치세가 과세 되는 부동산임대료와 당해 부동산을 관리해 주는 대가로 받는 관리비 등을 구분하지 않고 영수하는 때에는 전체 금액에 대해서 부가가치세가 과세 된다.

그러나 임차인이 부담해야 할 보험료, 수도료, 전기료 등 공공요금을 구분 징수해서 납입을 대행하는 경우 당해 금액은 부가가치세 과세대상이 아니다.

⏻ 종업원에게 복리후생 목적으로 제공하는 선물 등의 개인적 공급 사례

추석, 설날, 회사창립기념일, 근로자의 날 등에 종업원에게 복리후생 목적으로 제공하는 선물 등이 개인적 공급에 해당하는 사례(부가가치세 납부)

❶ 사업자가 증여, 가사용도 사용 등 개인 목적으로 사용하는 경우

가. 가구점 사장이 구입 시 매입세액공제 받은 가구를 자녀에게 무상으로 주는 경우

나. 컴퓨터 대리점 사장이 매입세액공제를 받은 컴퓨터를 자녀에게 무상으로 주는 경우

❷ 종업원의 복리후생 목적으로 무상 또는 저렴하게 자사 제품을 사용·소비하는 경우

가. 주유소 직원이 근무하는 주유소에서 무상으로 공급받거나 저렴하게 주유를 하는 경우

나. 화장품회사의 직원이 연말에 자기회사 제품을 보너스로 무상으로 지급받는 경우

❸ 직원 체육대회를 개최한 후 추첨을 통해서 당첨된 직원에게 경품을 제공하는

경우 매입세액공제를 받은 경우 개인적 공급으로 과세된다.

❹ 복리후생적 목적으로 명절선물을 구입해서 종업원에게 증여하는 경우 회사가 부담한 매입세액은 매출세액에서 공제할 수 있으며, 개인적 공급으로 부가가치세가 과세된다.

❺ 추석, 설날, 회사 창립기념일, 근로자의 날 등에 기념 수건 또는 식기 세트 등 선물을 구입해서 종업원에게 무상으로 지급 시 개인적 공급으로 과세된다.

다만, 다음의 어느 하나에 해당하는 재화를 제공하는 경우. 각각 사용인 1명당 연간 10만 원을 한도로 부가가치세를 비과세하며, 10만 원을 초과하는 경우 해당 초과액에 대해서는 재화의 공급으로 본다(부가가치세법 시행령 제19조의 2).

가. 경조사와 관련된 재화

나. 설날·추석과 관련된 재화

다. 창립기념일 및 생일 등과 관련된 재화

즉, 가. 경조사와 관련된 재화 10만 원, 나. 설날·추석과 관련된 재화 10만 원, 창립기념일 및 생일 등과 관련된 재화 10만 원 각각 해서 30만 원까지 비과세 적용이 가능하다. 그렇다고 소득세 비과세가 적용되는 것은 아니다.

⏻ 폐업 시 잔존재화라도 부가가치세가 과세 되지 않는 경우

❶ 직매장을 폐지하고 자기의 다른 사업장으로 이전하는 경우는 과세되지 않는다.

❷ 동일 사업장 내에서 2 이상의 사업을 영위하다가 그중 일부의 사업을 폐지하는 경우

❸ 2 이상의 사업장을 가진 사업자가 1 사업장을 폐지하고 그 폐업 시 잔존재화를 다른 사업장으로 이전하는 경우

❹ 공동사업을 영위하기 위해서 각각의 사업자가 한 사업장에 통합하는 경우 폐지된 사업장의 재고재화는 과세하지 않는다.

❺ 재화를 공급받을 때 매입세액을 공제받지 못한 것

❻ 사업자가 감가상각자산 취득 관련 매입세액을 공제(환급)받은 때에도 폐업 전에 당해 감가상각 대상 자산을 파쇄 또는 멸실한 경우는 폐업시 잔존재화로 보지 않는다.

부가가치세는
어떻게 계산해야 하나?

<table>
<tr><td colspan="2">일반과세자</td></tr>
<tr><td colspan="2">매출세액</td></tr>
<tr><td>(1)</td><td>과세분</td></tr>
<tr><td>(2)</td><td>영세율(수출)</td></tr>
<tr><td>(3)</td><td>예정신고 누락분</td></tr>
<tr><td>(4)</td><td>대손세액 가감</td></tr>
<tr><td colspan="2">(-) 매입세액</td></tr>
<tr><td>(5)</td><td>세금계산서 수취 분</td></tr>
<tr><td>(6)</td><td>예정신고 누락분</td></tr>
<tr><td>(7)</td><td>기타공제매입세액</td></tr>
<tr><td>(8)</td><td>공제받지 못할 매입세액</td></tr>
<tr><td colspan="2">(=) 납부(환급)세액</td></tr>
<tr><td colspan="2">(-) 경감 · 공제세액</td></tr>
<tr><td>(9)</td><td>신용카드매출전표발행공제 등</td></tr>
<tr><td>(10)</td><td>기타 경감 · 공제세액</td></tr>
<tr><td colspan="2">(-) 예정신고 미환급세액</td></tr>
<tr><td colspan="2">(-) 예정고지세액</td></tr>
<tr><td colspan="2">(+) 가산세액</td></tr>
<tr><td colspan="2">(=) 차가감 납부(환급) 세액</td></tr>
</table>

<table>
<tr><td colspan="2">간이과세자</td></tr>
<tr><td colspan="2">매출세액(= 매출액×10% ×업종별 부가가치율)</td></tr>
<tr><td>(1)</td><td>과세분</td></tr>
<tr><td>(2)</td><td>영세율 적용 분</td></tr>
<tr><td>(3)</td><td>재고납부세액</td></tr>
<tr><td colspan="2">(-) 공급대가 × 0.5%</td></tr>
<tr><td>(4)</td><td>매입세금계산서 등 수령세액 공제</td></tr>
<tr><td>(5)</td><td>매입자발행 세금계산서 세액공제</td></tr>
<tr><td>(6)</td><td>전자신고세액공제</td></tr>
<tr><td>(7)</td><td>신용카드매출전표 등 발행세액 공제</td></tr>
<tr><td colspan="2">(+) 가산세액</td></tr>
<tr><td colspan="2">(=) 차가감 납부(환급) 세액</td></tr>
</table>

❤❤ 신고시 제출하는 서류 ❤❤

간이과세자	일반과세자
→ 부가가치세(예정 또는 확정)신고서 → 매출처별세금계산서합계표 → 매입처별세금계산서합계표 [아래 항목은 해당하는 경우에만 제출] → 매입자발행세금계산서합계표 → 영세율 매출명세서 및 영세율 첨부서류 　(영세율 해당자) → 부동산임대공급가액명세서 　(부동산임대업자) → 사업장현황명세서(음식, 숙박, 기타 서 　비스 사업자가 확정신고 시) → 그 밖의 필요한 증빙서류	→ 부가가치세(예정 또는 확정)신고서 → 매출처별세금계산서합계표 → 매입처별세금계산서합계표 [아래 항목은 해당하는 경우에만 제출] → 영세율 매출명세서 및 영세율 첨부서류 　(영세율 해당자) → 대손세액공제신고서 → 매입세액불공제분 계산근거 → 매출처별계산서합계표 → 매입처별계산서합계표 → 신용카드매출전표등수령명세서 → 전자화폐결제명세서 → 부동산임대공급가액명세서 → 건물관리명세서 → 현금매출명세서 → 주사업장 총괄납부를 하는 경우 사업장 별 부가가치세과세표준 및 납부세액(환급 세액) 신고명세서 → 사업자단위과세를 적용받는 사업자의 경우에는 사업자단위과세의 사업장별부가 가치세과세표준 및 납부세액(환급세액)신 고명세서 → 건물등감가상각자산취득명세서 → 의제매입세액공제신고서 → 그 밖의 필요한 증빙서류

⏻ 세금계산서를 받아도 매입세액이 불공제되는 경우

[매입처별세금계산서합계표를 미제출·부실 기재한 경우]

[세금계산서를 미수취 및 부실 기재한 경우]

신고 시 매입처별세금계산서합계표를 미제출한 경우와 제출하였으나 필요적 기재 사항 중 전부 또는 일부가 기재되지 아니한 경우 및 사실과 다르게 기재된 경우는 매입세액을 공제하지 않는다.

그러나 다음의 경우에는 매입세액공제가 가능하다.

• 매입처별세금계산서합계표 또는 신용카드매출전표 등 수령명세서를 수정신고, 경정청구, 기한 후 신고 시 제출하는 경우

• 기재 내용이 착오로 잘못 기재된 경우로 세금계산서 등에 의해서 거래 사실이 확인되는 경우

• 사업자가 발급받은 세금계산서 또는 신용카드매출전표 등을 경정기관의 확인을 거쳐 정부에 제출하는 경우

• 동일 과세기간에 발급된 공급 시기와 발급 시기가 다른 세금계산서

• 공급가액이 과대계상 된 경우 실지 거래 해당 분

[사업과 직접 관련이 없는 지출에 대한 매입세액]

예를 들어 다음의 경우에는 사업과 관련 없는 지출로 본다.

• 사업자가 그 업무와 관련 없는 자산을 취득·관리함으로써 발생하는 취득비·유지비·수선비와 이와 관련되는 필요경비

• 사업자가 그 사업에 직접 사용하지 않고 타인(종업원을 제외한다.)이 주로 사용하는 토지·건물 등의 유지비·수선비·사용료와 이와 관련되는 지출금

• 사업자가 그 업무와 관련 없는 자산을 취득하기 위해서 차입한 금액에 대한 지급이자

• 사업자가 사업과 관련 없이 지출한 기업업무추진비

사업과 관련해서 사용인에게 실비변상적이거나 복지후생적 목적으로 지급되는 물품에 대해서는 물품의 판매로 보지 않으며, 당해 물품의 구입과 관련된 매입세액은 공제된다.

- 직원들의 야유회, 어버이날 위안잔치와 관련된 매입세액
- 사용인에게 무상으로 공급된 작업복, 작업모, 면장갑 등과 관련된 매입세액

[비영업용 소형승용자동차의 구입과 유지에 관한 매입세액]

영업용이란 운수업·자동차 판매(대여)업, 기업부설연구소에서 시험·연구용으로 수입하는 승용자동차와 같이 승용차가 직접 자기 사업에 사용하는 것을 말하며, 그렇지 않은 것은 비영업용이다.

예를 들어 일반회사에서 영업사원이 영업 목적으로 승용차를 사용한다고 해서 영업용이 되는 것은 아니다.

그리고 승용자동차란 개별소비세법에 의해서 개별소비세가 부과되는 승용자동차를 말한다. 즉, 개별소비세가 과세되는 것이면 매입세액이 불공제되고, 개별소비세가 과세되지 않으면 매입세액이 공제된다.

회사별	명 칭	정 원	공제여부	차 종	종 류
현대	갤로퍼	5, 6	×	승용	
	갤로퍼 - 밴	2	○	화물	
	그레이스 - 미니버스	9, 12	○	승용, 승합	
쌍용	렉스턴	5, 7	×	승용	
	로디우스	9, 11	○	승용, 승합	
	무쏘	5	×	승용	
	무쏘 - 밴, 스포츠	2, 5	○	화물	
	액티언	5	×	승용	
	액티언 - 스포츠	5	○	화물	
	카이런	7	×	승용	
	코란도	4, 5, 6	×	승용	
	코란도 - 밴	3	○	화물	
	체어맨	5	×	승용	

회사별	명 칭	정 원	공제여부	차 종	종 류
현대	그레이스 - 밴	3, 6	○		
	베라크루즈	7	×	승용	
	산타모	5, 6, 7	×	승용	
	산타모	9	○	승용	8인 초과
	산타페, 스타렉스	7	×	승용	
	스타렉스	9	○	승용	8인 초과
	스타렉스 - 밴	6	○	화물	
	아토스	4	○	승용	경차
	테라칸, 투싼	7, 5	×	승용	
	트라제XG	7	×	승용	
	트라제XG	9	○	승용	8인 초과
	포타	3	○	화물	
	베르나, 엑센트, 엑셀, 아반테, i30, 엘란트라, 쏘나타, 마르샤, 그랜저, 제네시스, 에쿠스, 다이너스티, 제네시스 쿠페, 투스카니, 티뷰론, 스쿠프	4, 5	×	승용	
기아	레토나, 록스타	5	×	승용	
	레토나 - 밴, 모닝 - 밴	2	○	화물	
	모닝	5,	○	승용	경차
	비스토	5	○	승용	경차
	모하비	5	×	승용	
	스포티지, 쏘렌토	5, 7	×	승용	

회사별	명 칭	정 원	공제여부	차 종	종 류
	스포티지 - 밴	2	○	화물	
	카니발, 카렌스	7	×	승용	
	그랜드 카니발	11	○	승합	
	카니발	9	○	승용	
	카니발 - 밴	6	○	화물	
	타우너 - 코치, 밴, 트럭	7, 2	○	승용, 화물	국민차
	프레지오	9, 12, 15	○	승용, 승합	
	프레지오 - 밴	6	○	화물	
	프라이드, 리오, 쏘울, 포르테, 쎄라토, 스펙트라, 슈마, 로체, 옵티마, 크레도스, K5, K7, K9, 오피러스, 엔터프라이즈	5	×	승용	
GM	다마스 - 밴	2	○	화물	
	다마스 - 코치	7	○	승용	
	마티즈, 마티즈 - 밴	5, 2	○	승용, 화물	경차
	윈스톰	5, 7	×	승용	
	라보	2	○	화물	
	레조	7	×	승용	
	티코	5	○	승용	경차
	젠트라, 칼로스, 라로스, 라세티, 누비라, 에스페로, 토스카, 매그너스, 레간자, 프린스, 슈퍼살롱, 브로엄, 알페온, 베리타스, 스테이츠맨	5	×	승용	

회사별	명 칭	정 원	공제여부	차 종	종 류
르노	QM5	5	×	승용	
삼성	SM3, SM5, SM7	5	×	승용	

[기업업무추진비 및 이와 유사한 비용의 지출에 관련된 매입세액]

기업업무추진비 및 이와 유사한 비용인 교재비, 기밀비, 사례금 등 매입세액은 공제받을 수 없다. 그러나 특정인이 아닌 일반 대중을 위한 광고선전비, 종업원을 위한 복리후생비 관련 매입세액은 공제받을 수 있다.

• 골프회원권, 콘도회원권을 취득하고 매입 세금계산서를 발급받은 경우 그 회원권의 사용 실태를 고려해서 접대를 위한 경우는 매입세액불공제 하지만 종사직원의 복리후생을 위한 것이면 매입세액공제가 가능하다.

• 광고선전 목적으로 자기의 상호, 로고 등이 표시된 간판과 실내장식을 대리점에 제공하고 당해 사업자의 자산으로 계상한 경우는 기업업무추진비가 아니라 광고선전 용품이므로 매입세액공제가 가능하다.

[부가가치세가 면제되는 재화 또는 용역을 공급하는 사업에 관련된 매입세액과 토지 관련 매입세액]

[사업자등록을 하기 전의 매입세액]

사업자등록(등록신청일(사업자등록신청서 접수일)을 기준으로 한다.)을 하기 전의 매입세액은 공제하지 않는다(다만, 공급시기가 속하는 과세기간이 끝난 후 20일 이내에 등록신청 한 경우 그 공급시기 내 매입세액공제가 가능하다.).

사업자등록신청일로부터 20일 이내의 매입세액은 사업자등록번호가 없으므로 사업자등록번호를 대신해 주민등록번호를 기재해서 세금계산서를 발급받은 경우는 매입세액공제를 받을 수 있다.

등록 전 매입세액은 계약 시점이나 대금 지급 시점, 세금계산서 발급 시점이 아니라 부가가치세법상 공급시기를 기준으로 계산해야 한다.

[간이과세자(연 매출 4,800만원 미만)로부터 재화 또는 용역을 공급받는 경우]

[세금계산서를 발급할 수 없는 다음의 업종으로부터 당해 업종의 사업과 관련하여 재화 또는 용역을 공급받는 경우(부가가치세가 별도로 표기되어도 공제 안 됨)]

ㄱ. 목욕·이발·미용업 자의 본래 사업 관련 용역

ㄴ. 전세버스 운송이 아닌 여객운송업자의 여객운송용역(교통비가 매입세액불공제 되는 이유)

ㄷ. 입장권을 발행하여 영위하는 사업자의 본래 사업 관련 용역

ㄹ. 의사가 제공하는 성형 등 과세 되는 의료용역을 공급하는 사업

ㅁ. 수의사가 제공하는 과세 되는 동물의 진료용역

ㅂ. 무도학원, 자동차운전학원의 용역을 공급하는 사업

⏻ 신용카드매출전표 등 수령분의 매입세액공제

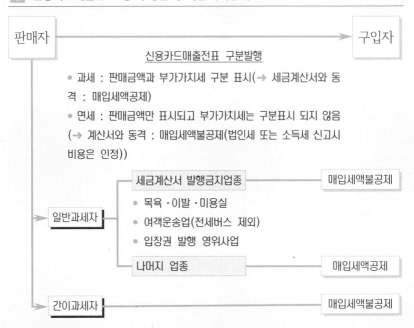

⏻ 직원 회식(복리후생비)하고 신용카드 결제 시 매입세액공제가 되는지?

직원회식비는 복리후생비에 해당하므로 매입세액공제 대상이며, 신용카드매출전표 상에 사업자등록번호와 부가가치세를 별도로 기재하고 부가가치세 신고 시

신용카드매출전표 등 수령명세서를 제출하면 매입세액공제가 가능하다.

⏻ 차량 및 주차료와 관련한 부가가치세 매입세액공제

[차 사고로 보험금 수령시 부담하는 부가가치세 처리]

차 사고로 보험처리 시 보험사에서는 차량 수리비에 대한 "공급가액"만 피보험자(사고 차량)에게 지급하므로 해당 회사에서 사고 차량의 수리비에 대한 부가가치세는 회사 부담으로 처리해야 한다. 반면 회사에서 부담한 부가가치세는 비업무용소형승용차인 경우 비록 세금계산서를 받는다고 해도 매입세액불공제 대상이므로 동 비용을 계정과목으로는 부가가치세대급금으로 처리하는 것이 아니라 차량유지비 또는 수선비로 처리해야 한다.

보험사고 자동차 수리비에 대한 세무상 예규를 살펴보면 다음과 같다.

• 보험사고 자동차에 대한 수리용역을 제공하는 사업자는 당해 용역대가의 지급자 또는 차량의 소유자 여부를 불문하고 실제 자기책임 하에 자동차 수리용역을 제공받는 자에게 세금계산서를 발급하는 것이다.

• 이 경우에 피보험자의 청구가 있을 때는 자동차에 생긴 손해에 대해서 수리로서 보험금의 지급에 갈음하기로 한 보험약관에 따라 보험회사가 차량정비사업자로부터 자기 책임하에 수리 용역공급을 받을 때만 보험회사를 「실제 자기책임하에 자동차 수리 용역을 제공받는 자」로 적용하고, 약정에 의해서 보험회사의 사전승인을 받아 수리 용역을 제공하는 경우도 보험회사가 공급받는 자가 되는 것이다. 즉 보험회사가 공급받는 자로 되는 것은 사전약정이나 약관 등에 의하여 보험회사가 계약의 당사자가 되고 계약 내용에 대한 책임과 의무가 보험회사에 귀속되는 경우라 할 수 있다.

[업무용 렌터카(리스 차량 포함) 대여금의 매입세액공제]

사업자가 승용차 대여업(렌터카)을 영위하는 자로부터 승용차를 임차해 업무용으로 이용하는 경우와 용역회사로부터 차량용 기사를 이용하는 경우 그 대가를 지급하고 발급받은 세금계산서의 매입세액은 매출세액에서 공제하지 않는 것이다. 즉, 개별소비세가 과세되는 비영업용소형승용자동차의 구입 및 유지(리스 및 수선비용, 유류 등을 포함)와 관련한 매입세액은 매입세액불공제 대상에 해당한다.

[종업원(직원) 차량을 업무용으로 이용 시 매입세액공제]

사업자가 직원의 출퇴근용 또는 회사업무용으로 사용하는 비영업용소형승용자동차를 주차하는 주차장 임차료와 관련된 매입세액은 매입세액불공제 되는 것이다. 부가가치세 과세사업자가 사원의 복리후생을 위해 사원의 소형승용차 유지관리비를 지원하는 경우 당해 지원비에 관련된 매입세액은 비영업용소형승용차의 유지에 관한 매입세액이므로 매입세액을 불공제하는 것이다.

[직원 전용 주차장 임차료의 매입세액공제]

직원 출·퇴근 및 회사업무용 소형승용자동차의 주차난 해소를 위해 소형승용자동차 전용 주차장을 임차해 주차장 관리는 용역회사가 대행토록 하고 주차장 임차료와 주차장 관리비를 지급하는 경우 비영업용소형승용자동차는 매입세액불공제 된다.

[고객 또는 거래처 방문 차량 주차비의 매입세액공제]

고객이 서비스받거나 매장 또는 회사를 방문하는 동안의 주차비를 회사에서 부담하고 세금계산서를 받는 경우 동 주차료는 매입세액공제가 가능하다.

⏻ 교통비 지출액 매입세액불공제

시내버스, 지하철은 면세사업이기 때문에 당연히 부가가치세 매입세액공제를 받을 수 없다. 한마디로 대표적인 매입세액불공제 항목이다.

반면, KTX나 택시, 고속버스, 항공기는 여객운송용역으로 부가가치세가 붙기 때문에 매입세액공제를 받을 수 있다고 생각할 수 있다.

그러나 동 여객운송용역(철도, 버스, 택시). 단, 전세버스운송용역 제외)에 대해서는 부가가치세가 과세 되는 사업자에 해당하기는 하나 세금계산서를 발급받을 수 없고, 영수증만 발급할 수 있는 사업자에 해당하므로 관련된 매입세액은 공제받을 수 없다.

또한, 신용카드매출전표 등에 의한 매입세액공제 특례의 적용대상도 아니므로 결국 어떠한 경우라도 공제받을 수 없다. 반면, 출장, 워크숍 등을 위해 전세버스(관광버스)를 빌린 경우에는 업무용 이용했다면 매입세액공제가 가능하다.

구 분	매입세액공제 여부
KTX나 택시, 고속버스, 항공기, 버스, 지하철	매입세액불공제. 신용카드매출전표를 받아도 매입세액불공제
전세버스(관광버스)	매입세액공제. 신용카드매출전표를 받아도 매입세액공제

I. KTX(고속철도) 요금의 카드 결제 시 매입세액공제 여부

KTX(고속철도) 요금에는 부가가치세 과세대상으로 부가가치세가 포함되어 있으나, 영수증 발급 대상에 해당하므로 신용카드 결제 시에도 부가가치세 공제를 받을 수 없다.

2. 항공요금 카드 결제 시 매입세액공제 여부

항공요금에는 부가가치세 과세대상으로 부가가치세가 포함되어 있으나, 영수증 발급대상에 해당하므로 신용카드 결제 시에도 부가가치세 공제를 받을 수 없다.

3. 고속버스 요금 카드 결제 시 매입세액공제 여부

고속버스 요금에는 부가가치세 과세대상으로 부가가치세가 포함되어 있으나, 영수증 발급대상에 해당하므로 신용카드 결제 시에도 부가가치세 공제를 받을 수 없다.

4. 철도 요금 카드 결제 시 매입세액공제 여부

철도에 의한 여객운송용역은 부가가치세 과세대상이 아니며, 면세이므로 매입세액공제 대상이 아니다.

⏻ 부동산 중개수수료의 매입세액공제

구 분	매입세액공제 여부
부동산 취득 시 중개수수료 등에 대한 매입세액공제	토지 및 건물 취득 시 사업자가 지급한 부대비용(중개수수료 등)의 매입세액 중 토지 취득과 관련한 매입세액은 공제되지 않는 것이며, 토지 관련 매입세액이 구분되지 않는 경우는 공통매입세액으로 안분계산한다.

구 분	매입세액공제 여부
부동산 매각 시 중개수수료 등에 대한 매입세액공제	부동산임대업자가 과세사업에 사용하던 건물과 부속 토지를 양도하기 위해서 부동산컨설팅 및 중개수수료를 지출하면서 부담한 매입세액은 공제된다.

⏻ 사업자 폐업 후 세금계산서 발급과 매입세액공제

1. 폐업일 이전

폐업을 신청한 후라고 해도 폐업일이 기준이며, 폐업일 이전에는 동일하게 세금계산서 발행이 가능하다.

2. 폐업일 이후

폐업일 이후에도 세금계산서 발급이 가능하다. 다만, 폐업일 이전의 공급분에 대해서만 세금계산서 발행이 가능하며, 폐업일 이후의 공급분에 대해서는 사업자가 아닌 상태에서의 공급이기 때문에 세금계산서 발행이 불가능하다.

그리고 폐업일 이후 발행된 세금계산서는 매입세액공제가 불가능하다.

사업자가 폐업하는 경우 폐업한 달의 1일부터 폐업일까지의 거래 건에 대하여 다음 달 10일까지 전자세금계산서 발급이 가능하다. 단, 작성일자는 폐업일까지 가능하다.

(예) 10월 15일이 폐업일인 경우,

　　　10월 15일 공급분은 11월 10일까지 발급할 수 있다.

　　　10월 17일 공급분은 발행 불가능하다.

폐업일 이후에는 전자세금계산서 수취가 불가능하므로 종이 세금계산서 발행 후 가산세를 납부하는 방법밖에는 없다. 즉, 전자세금계산서 발급을 위해서는 공급받는 자의 사업자등록번호가 유효한지 조회 후 발급 하도록 되어 있다. 따라서, 현실적으로 폐업한 사업자에게 전자세금계산서 발행은 불가능하다. 종이 세금계산서를 발행하고, 매출거래처의 입장에서는 전자세금계산서 미전송 가산세를 부담할 수밖에 없다.

참고로 거래처 폐업일 이전에 재화를 공급하고 세금계산서 발행을 했으나 환입, 일부 반품 등 수정세금계산서 발행 시점에 거래처가 폐업한 경우라면 안타깝지만, 수정세금계산서 발행이 불가능하다.

해당 경우는 수정세금계산서 발급 없이, 부가가치세 신고 시에 매출세액에서 차감한 후 신고하면 된다.

Q 개인사업자 → 법인사업자 전환 등 사업자 변경
폐업 사실의 인지 시점이, 해당 과세기간에 속해있다면(발행마감일 이전이라면)
A. '기재사항 착오 정정'의 사유로 당초 세금계산서 작성일자와 동일하게 변경된 사업자번호로 수정발행이 가능하며, 가산세가 부과되지 않는다.
10월 거래분에 대하여 31일에 세금계산서를 발행하였으나, 거래처에서 15일자로 폐업신고를 한 경우
발행마감일(11월 10일) 이전에 폐업 사실을 인지하였다면 변경된 사업자번호로 수정세금계산서 발행이 가능하다.
그러나, 발행마감일이 지난 이후(11월 10일 이후) 폐업 사실을 인지하였다면, 수정세금계산서를 발행할 경우, 발행마감일 이후 신규 발행 건으로 간주 되므로 지연발행 가산세가 부과된다.

Q. 거래처가 폐업한 경우는 어떡하나요?
A. 거래처의 대표자 주민등록번호로 세금계산서를 발급하면 된다.
만약, 폐업 사실을 모르고 폐업 사업자번호를 공급받는자로 하여 세금계산서를 발행한 경우,
'착오 외 사유'로 상대방의 주민등록번호로 수정세금계산서를 발급할 수 있다.

Q. 거래처에게 매입 세금계산서를 발행받았는데, 알고 보니 폐업 사업자인 경우 매입세액공제가 가능한가요?
폐업자로부터 수취한 세금계산서의 매입세액은 불공제된다. 또한, 이미 부가가치세 신고를 진행한 경우, 수정신고를 해야 한다.
이 경우 부정행위가 아닌 일반과소신고가산세가 적용된다.

⏻ 공급자가 세금계산서 발급을 거부할 때, 매입세액공제를 받는 방법

매입거래처 세금계산서 발급이 되지 않으면 지출증빙이 되지 않아 부가가치세 매입세액공제를 받을 수 없게 된다. 한 푼이 아쉬운데, 부가가치세 공제 불가란 정말 난감할 수밖에 없다.

이런 사업자들을 위해 도입된 제도가 바로 '매입자발행 세금계산서' 이다.

1. 매입자 발행 세금계산서 제도란?

세금계산서 발급 의무가 있는 사업자(일반과세자)가 재화 또는 용역을 공급하고 그에 대한 세금계산서를 발급하지 않는 경우, 공급받은 사업자(매입자)가 관할 세무서장의 확인을 받아 직접 세금계산서를 발급할 수 있는 제도이다.

2. 매입자 발행 세금계산서 발급은 어떻게?

매입자(신청인)는 그 재화 또는 용역의 공급시기가 속하는 과세기간의 종료일로 부터 6개월 이내에 거래 사실 확인 신청서에 대금 결제 등 거래 사실 입증자료 를 첨부하여 신청인의 관할 세무서장에게 거래 사실의 확인을 신청하면 된다.

거래 사실 입증책임은 매입자에게 있으므로 대금 결제 등 증빙자료(영수증, 거 래명세표, 거래 사실 확인서 등)를 준비해 두어야 한다.

[거래 사실 확인 신청 금액 제한]

❶ 매입자가 세금계산서를 발급하기 위하여 세무서장에게 거래 사실 확인 신청 하는 경우는 거래 건당 공급대가(부가가치세 포함 가격)가 5만 원 이상이어야 한다.

❷ 신청인 관할 세무서장은 신청인이 제출한 자료를 공급자 관할 세무서장에게 송부한다.

❸ 공급자 관할 세무서장은 신청일의 다음 달 말일까지 공급자의 거래 사실 여 부를 확인하고 그 결과를 공급자와 신청인 관할 세무서장에게 통보한다.

❹ 공급자 관할 세무서장으로부터 거래 사실 확인 통지를 받은 신청인 관할 세 무서장은 즉시 신청인에게 그 결과를 통지하고, 그 통지를 받은 신청인은 매입 자발행 세금계산서를 발행하여 공급자에게 발급해야 한다. 다만, 신청인 및 공 급자가 관할 세무서장으로부터 거래 사실 확인 통지를 받은 경우는 매입자발행 세금계산서를 발급한 것으로 본다.

❺ 신청인이 부가가치세 신고 또는 경정청구 시 매입 세금계산서 합계표를 제출 한 경우, 매입자 발행 세금계산서에 기재된 매입세액을 공제받을 수 있다.

매입자 발행 세금계산서가 발행된 경우 당초 세금계산서를 발행하지 않았던 사 업자는 공급가액의 2%에 상당하는 가산세가 부과된다.

부가가치세
예정신고 대상 및 신고방법

부가가치세는 상·하반기 각 6개월을 1개 과세기간으로 해서 1년을 2개의 과세기간으로 나누고, 각각의 과세기간 별로 확정 신고(납부)하도록 하고 있다. 다만, 국가의 재정수요와 사업자의 자금 사정 등을 고려해서 각 과세기간의 초일부터 3월씩을 예정신고 기간으로 해서 예정신고 기간에 대한 과세표준과 납부세액 또는 환급 세액을 사업장 관할 세무서장에게 신고(납부)하거나, 직전 과세기간 납부 금액의 1/2을 세무서에서 예정고지 결정해서 납부하도록 하고 있다.

1 \ 부가가치세 예정신고 대상

부가가치세 예정신고는 직전 과세기간 공급가액의 합계액이 1억 5천만 원 이상인 법인사업자만 한다. 따라서 개인 일반과세자와 개인 간이과세자 및 영세법인(1억 5천만 원 미만)은 원칙적으로 예정신고를 하지 않아도 된다. 다만, 개인사업자 중 휴업 또는 사업 부진으로 인해서 각 예정신고기간의 공급가액(또는 납부세액)이 직전 과세기간의 공급가액(또는 납부세액)의 1/3에 미달할 때와 각 예정신고기간 분에 대해 조기환급을 받고자 할 때는 예정신고를 할 수 있다.

부가가치세 예정고지(예정부과) 및 납부

법인사업자는 예정신고 및 납부를 해야 한다(직전 과세기간 공급가액 1억 5천만 원 미만 예외).

개인사업자는 예정신고 기간에는 세무서에서 부과한 예정고지액만 납부를 하면 된다. 개인사업자 중 일반과세자는 4월 25일과 10월 25일 2번 예정고지액을 납부한다.

3 **예정신고 대상기간 및 예정고지 납부기한**

구 분	유 형 별	신고대상기간	신고·납부기한
제1기 예정신고	계속사업자	1월 1일~3월 31일	4월 25일
	신규사업자 및 유형전환자	사업개시일(등록일) 및 유형 전환일~3월 31일	
제2기 예정신고	계속사업자	7월 1일~9월 30일	10월 25일
	신규사업자 및 유형전환자	사업개시일(등록일) 및 유형 전환일~9월 30일	

4 **부가가치세 신고서 작성 방법**

신고서 작성은 신고 대상 기간의 실제 사업실적을 신고서에 사업자가 직접 작성해서 제출해야 한다.

구체적인 신고서 작성 방법은 수기로 신고하는 경우 신고서의 뒷면에 기재된 작성 방법이나 국세청 홈페이지에 게시된 신고서 작성 방법을 참고하면 되며, 국세청 홈택스 서비스에 가입해서 전자신고를 하면 세무서를 방문하지 않고 편리하게 신고할 수 있다. 부가가치세 신고 시 제출해야 할 서류는 부가가치세 예정신고서 외에 부가가치세법과 조세특례제한법 등에서 정하고 있는 서류를 첨부해서 신고해야 한다.

· 매출·매입처별 세금계산서 합계표
· 부동산임대공급가액명세서 등 각종 신고 부속서류
· 영세율 매출명세서 및 영세율 첨부서류(영세율 해당자)

신고 시 제출해야 할 서류의 종류는 부가가치세 예정신고서 외에 「부가가치세법」과 「조세특례제한법」 등에서 정하고 있는 서류를 첨부해서 신고해야 한다.

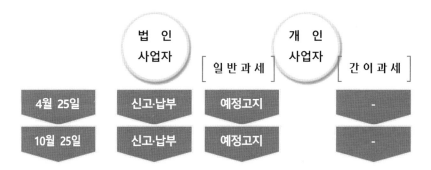

	법 인 사업자	개 인 사업자	
		일 반 과 세	간 이 과 세
4월 25일	신고·납부	예정고지	-
10월 25일	신고·납부	예정고지	-

직전 과세기간 공급가액의 합계액이 1억 5천만 원 미만인 법인사업자 2021년부터 예정 고지

개인사업자는 예정 고지가 원칙이나 다음의 경우에는 예정신고를 할 수 있다.

• 휴업 또는 사업 부진으로 인해서 각 예정신고기간의 공급가액(또는 납부세액)이 직전 과세기간의 공급가액(또는 납부세액)의 1/3에 미달할 때
• 각 예정신고 기간 분에 대해 조기환급을 받고자 할 때

그리고 세금계산서 발급 간이과세자는 7월 25일 예정신고를 한다.

⏻ 매출이 없는데도 부가가치세 신고는 해야 하나요?

물건의 판매가 전혀 발생하지 않은 경우에도 부가가치세 신고를 해야 한다.

그러나 여기서 판매가 이루어지지 않았다는 것은 단순히 물건을 판매하고 세금계산서의 발행이 이루어지지 않은 것을 의미하는 것이 하니라 비록 물건을 판매하고 세금계산서를 발행하지 않았어도 판매하고 대가를 받은 경우는 매출이 발생한 것으로 부가가치세 신고해야 한다. 즉 세금계산서 미발행분은 부가가치세 신고서상 과세표준 및 매출의 기타매출에 기입해서 신고해야 한다.

예를 들어 물건 100만 원어치를 팔면서 세금계산서를 발행하지 않은 경우에도 기타매출란에 기입해서 신고한 후 100만 원의 10%인 10만 원을 부가가치세로 신고·납부해야 한다.

물론 이와 같은 기타 매출 자체도 없는 경우에는 무실적으로 신고만 하면 되는데 실질적으로 신고하는 방법은 부가가치세 신고서에 사업자등록번호, 사업자명, 주소, 전화번호 등의 기본 인적 사항만 기재하고 표에 한글로 「무실적」이라고 적어서 제출하면 된다. 물론 홈택스(www.hometax.go.kr)로도 신고할 수 있다.

그러나 아무런 실적이 없어 신고하지 않은 것이라면 가산세를 부담해야 하는 불이익은 없다.

⏻ 부가가치세 신고 서식 작성 시 빠트리기 쉬운 주의사항

1. 매출액(전자세금계산서로 통제) : 비사업자의 현금매출, 계좌이체 금액 누락
2. 주로 소액인 현금영수증 실제 발행 금액과 신고매출액 불일치 : 집계 과정 누락
3. 영세율 매출의 경우 : 납부할 부가세가 0이므로, 필수 첨부서류 반드시 점검
4. 과세사업과 면세사업의 겸업자는 과세가액을 면세가액에 잘못 기재하지 말 것
5. 매입세액불공제 부분
① 면세사업자, 간이과세자(연 매출 4,800만원 미만)로부터 매입액은 공제 불능
② 사업과 관련 없거나, 기업업무추진비인 신용카드 거래 매입세액도 공제 안

됨

③ 비영업용 소형승용차 구입 및 유지비용 매입세액

④ 토지취득 · 구입 관련 매입세액

⑤ 사실과 다른 매입세금계산서 금액

6. 과세사업, 면세사업 겸업자(유통 도 · 소매, 편의점, 슈퍼마켓, 마트 등)
공통매입세액을 매출액대로 안분 계산하여 면세 부분은 공제 안 됨

7. 농 · 축 · 수 · 임산물 등 면세농산물에 대한 의제매입세액공제 한도에 유의한다.
요건 : 부가가치세 면세로 공급받은 면세농산물 등의 원재료나 소요 자재 구입
액(면세농산물 공급받은 사실 증명서 제출)

⏱ 부가가치세 신고 시 수입금액 제외란 작성법

법인사업자의 고정자산 매각 등과 소득세법에 따른 복식부기의무자의 사업용 유
형자산(토지, 건물 제외) 매각의 경우 수입금액에 산입한다. ④과세표준명세 란
에 ㉛수입금액제외 란에 기입하지 않는다. 간편장부 대상자는 ㉛수입금액제외
란에 기입한다.

2018년 이전 : 수입금액 제외

2018년, 2019년 : 수입금액 포함

2020년 이후 : 수입금액 제외로 과표명세에 반영해야 한다.

세무회계 처리 시 양도가액은 손익계산서상 매출로 계상한다. 매출계정에(유형
자산 매각 수입), 고정자산의 원가는 판관비로 계상한다. 판관비로(유형자산 장
부가액) 처리하면 별도의 세무조정은 없다.

⏱ 간이과세 포기 시 부가가치세 신고·납부

간이과세를 포기하고 일반과세를 적용받는 경우 포기신고를 한 달의 말일까지는 간
이과세를 적용받고 다음 달부터 일반과세로 적용을 받게 된다. 예를 들어 9월 10일
간이과세 포기 신고를 한 경우 7월에서 9월까지는 간이과세로 신고하고 10월부터
12월까지는 일반과세로 신고하면 된다. 다만, 간이과세를 포기한 경우 해당 기간에
는 국세청 홈택스를 이용한 전자신고가 되지 않는다는 점에 유의해야 한다.

구 분	과세기간
간이과세자로 신고	간이과세 포기 신고일이 속하는 과세기간의 개시일로부터 간이과세 포기 신고일이 속하는 달의 말일까지의 기간
일반과세자로 신고	간이과세 포기 신고일이 속하는 달의 다음 달 1일부터 과세기간 종료일까지의 기간

부가가치세
확정신고 대상 및 신고방법

확정신고·납부의 대상이 되는 것은 각 과세기간에 대한 과세표준과 납부세액 또는 환급 세액이다. 다만, 일반사업자가 확정신고 시 예정신고 및 조기환급 신고에 의한 영세율 또는 사업 설비투자로 인해서 이미 신고한 과세표준과 세액은 제외한다.

1 \ 부가가치세 확정신고 대상

· 법인사업자 중 예정신고한 법인은 확정신고 시 제1기분은 4월~6월, 제2기분은 10월~12월의 사업실적만을 신고한다. 다만, 예정고지 법인은 제1기 확정신고 시 1월~6월, 제2기 확정신고 시 7월~12월의 사업실적에 대한 부가가치세를 신고·납부를 해야 한다.

· 개인사업자 중 일반과세자는 예정신고를 하지 않으므로 제1기 확정신고 시 1월~6월, 제2기 확정신고 시 7월~12월의 사업실적에 대한 부가가치세를 신고·납부를 한다(조기환급 신고분 제외). 다만, 개인사업자라도 신규개업, 조기환급, 사업 부진(매출액 또는 납부세액이 직전 과세기간의 1/3에 미달하는 경우) 등으로 예정신고를 했던 사업자는 4월~6월 또는 10월~12월의 사업실적을 신고한다.

• 세금계산서 발급 간이과세자는 1월 1일~6월 30일 실적을 7월 25일에 신고 및 납부한 후 7월 1일~12월 31일 실적을 다음 해 1월 25일 신고·납부 해야 한다.

2 확정신고 대상기간 및 신고 · 납부기한

구 분		유형별	신고대상기간
1기	법인	• 계속사업자	1월 1일~6월 30일 (예정 · 조기환급 신고분 제외)
		• 신규사업자 (4월 이후 신규자)	개시일~6월 30일 (조기환급 신고분 제외)
	개인 일반과세자	• 계속사업자	1월 1일~6월 30일 (예정 · 조기환급 신고분 제외)
		• 신규사업자 - 1월~3월 신규자 - 4월~6월 신규자	1월 1일~6월 30일 (예정 · 조기환급 신고분 제외) 개시일~6월 30일 (조기환급 신고분 제외)
2기	법인	• 계속사업자	7월 1일~12월 31일 (예정 · 조기환급 신고분 제외)
		• 신규사업자 (10월 이후 신규자)	개시일~12월 31일 (조기환급 신고분 제외)
	개인 일반과세자	• 계속사업자	7월 1일~12월 31일 (예정 · 조기환급 신고분 제외)
		• 신규사업자 - 7월~9월 신규자 - 10월~12월 신규자	7월 1일~12월 31일 (예정 · 조기환급 신고분 제외) 개시일~12월 31일 (조기환급 신고분 제외)

구 분	유형별	신고대상기간
개인	· 계속사업자	1월 1일~6월 30일
간이과세자	· 신규사업자	7월 1일~12월 31일
	(1월~12월 신규자)	개시일~12월 31일

③ 부가가치세 신고서 작성 방법

부가가치세 신고서 작성은 신고 대상 기간의 실제 사업실적을 신고서에 사업자가 직접 작성해서 제출해야 한다.

구체적인 신고서 작성 방법은 수기로 신고하는 경우 신고 서식에 기재된 작성 방법이나 국세청 홈페이지에 게시된 신고서 작성 방법을 참고하면 되며, 국세청 홈택스 서비스에 가입해서 전자신고를 하면 세무서를 방문하지 않고 편리하게 신고할 수 있다.

신고 시 제출해야 할 서류는 부가가치세 확정신고서 외에 부가가치세법과 조세특례제한법 등에서 정하고 있는 서류를 첨부해서 신고해야 한다.

· 매출·매입처별 세금계산서 합계표

· 부동산임대공급가액명세서 등 각종 신고 부속서류

· 영세율 매출명세서 및 영세율 첨부서류(영세율 해당자)

신고 시 제출해야 할 서류의 종류는 부가가치세 확정신고서 외에 「부가가치세법」과 「조세특례제한법」 등에서 정하고 있는 서류를 첨부해서 신고해야 한다.

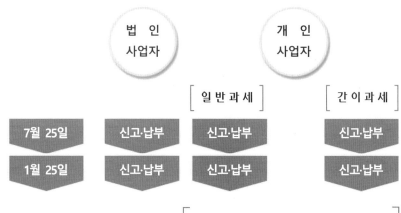

	법 인 사업자	개 인 사업자	
		[일 반 과 세]	[간 이 과 세]
7월 25일	신고·납부	신고·납부	신고·납부
1월 25일	신고·납부	신고·납부	신고·납부

- 법인은 확정신고 시 3개월분을 신고·납부 단, 직전 연도 공급가액 1억 5천만원 미만 예정고지 법인은 6개월분을 신고·납부
- 개인사업자는 확정신고 시 별도로 예정신고를 하지 않는 경우 6개월 실적을 신고하며, 납부 시에는 예정고지액을 차감한 후 납부를 한다.
- 간이과세자는 세금계산서를 발행한 경우 7월 25일 신고·납부를 하지만 세금계산서 발행내역이 없는 경우 1년에 1월 25일 1번만 신고·납부를 한다.

부동산임대업의 부가가치세 과세표준과 산출세액

사업자가 부동산임대용역을 공급하고 전세금 또는 임대보증금을 받는 경우는 "금전 이외의 대가"를 받는 것으로 보아 다음 계산식에 의해서 계산한 금액을 과세표준으로 한다. 이 경우에 있어서 전세금, 임대보증금에 대한 과세표준 계산은 임차자가 당해 부동산을 사용하거나 사용하기로 한 때를 기준으로 해서 계산해야 하며, 임대보증금의 수령일 자와는 무관하다.

과세표준 = 임대료 + 간주임대료 + 관리비
---

1 | 임대료

임대료는 해당 과세기간에 받을 임대료를 말하며, 사업자가 둘 이상의 과세기간에 걸쳐 부동산임대용역을 공급하고 그 대가를 선불 또는 후불로 받는 경우 : 해당 금액을 계약기간의 개월 수로 나눈 금액의 각 과세대상기간의 합계액을 공급가액으로 한다(초월산입, 말월불산입).

임대업자가 임대료를 지급받지 못한 경우 부가가치세 신고·납부

임대업자는 그 대가의 각 부분을 받기로 한 날(계약서상 월세 지급일)에
그 대가를 실제로 받았는지? 여부와 관계없이 세금계산서를 발행하고,
해당 과세기간에 부가가치세를 신고·납부를 해야 한다. 다만, 월세의
전부 또는 일부를 받을 수 없는 경우에는 그 대손이 확정된 과세기간의
매출세액에서 차감할 수 있다.

아들이나 특수관계인에게 저가임대 한 경우 부가가치세 신고·납부

아들이나 배우자 등 특수관계인에게 저가로 임대하는 경우 당해 부동산
임대와 유사한 상황에서 당해 거주자가 특수관계자 외의 불특정다수인
과 계속적으로 거래한 가액 또는 특수관계인이 아닌 제3자 간에 일반적
으로 거래한 가액이 있는 경우에는 그 가액으로 하고, 그러한 가액이 없
는 경우에는 법인세법 시행령 제89조의 규정을 준용한다. 이 경우 임대
실례 가액을 시가로 적용하기 위해서는 당해 부동산과 위치·규모·이용
상황·사용 범위 등의 임대 상황이 유사한 부동산을 찾아서 그 임대실례
가액을 당해 부동산의 시가로 한다.

아들이나 특수관계인에게 무상임대한 경우 부가가치세 신고·납부

사업자가 특수관계인에게 사업용 부동산의 임대용역을 공급하는 것은

용역의 공급으로 보아 공급한 용역의 시가를 과세표준으로 해서 부가가치세가 과세 되며, 시가를 과세표준으로 하는 경우 정상적인 거래 시가와 낮은 대가와의 차액에 대해서 세금계산서를 발급할 의무가 있다.

② 보증금에 대한 간주임대료

전세금이나 임대보증금을 받고 부동산을 세놓는 경우, 월세가 있든 없든 그 전세금 등에 대한 정기예금이자 상당액을 그 임대용역의 공급에 대한 대가로 보게 되는데, 이를 간주임대료라고 한다. 그런데 이 경우 세놓은 사람이 간주임대료에 대한 부가가치세를 세든 사람으로부터 받지 못하는 것이 보통이므로 사실상 세놓은 사람이 부가가치세를 부담하게 된다. 다만, 별도로 양쪽의 합의에 따라 세든 사람이 부담하는 것으로 할 수도 있다.

한편 간주임대료에 대한 세금계산서 발급의무는 없다. 따라서 부가가치세 예정·확정 신고서 작성 시 간주임대료 계산방법에 따라 계산한 금액을 과세표준 및 매출세액란의 기타란에 기재해서 신고하면 된다.

또한, 임대업자가 임대보증금 중 일부를 보증보험증권으로 받아 임대차계약을 체결한 경우, 그 증권에 상당하는 금액은 간주임대료 계산 시 보증금에 포함하지 않는다.

간주임대료(과세표준) = 당해기간의 전세금·임대보증금 × 정기예금이자율 × 과세대상 기간의 일수/365(윤년 366일)

[주] 정기예금이자율 = 예정신고기간 또는 과세기간 종료일 현재 서울특별시에 본점을 둔 은행의 계약기간 1년 만기 정기예금이자율의 평균을 고려해서 국세청장이 정하는 율

밀린 월세(임차료)를 보증금으로 대체하는 경우 간주임대료 계산

계약에 따라 전세금 또는 임대보증금을 밀린 임대료에 충당한 경우 그 금액을 제외한 가액을 전세금 또는 임대보증금으로 해서 간주임대료를 계산한다. 즉, 충당된 부분은 임대보증금에서 제외한다.

예를 들어 보증금 2천만 원에 월세 200만 원으로 계약한 후 3달치 월세가 밀려 이를 보증금으로 충당한 경우 임대보증금을 1,400만 원으로 보아 간주임대료를 계산한다.

부동산 임대업자가 받은 권리금 및 위약금의 부가가치세 신고·납부

부동산 임대사업자가 새로운 임차인으로부터 점포권리금을 받는 경우는 동 금액을 부가가치세 과세표준에 포함하며, 임대차계약의 불이행으로 위약금을 받는 경우는 부가가치세 과세대상이 아니다(기타소득으로 과세한다.).

3 관리비

사업자가 부가가치세가 과세 되는 부동산임대료와 당해 부동산을 관리해 주는 대가로 받는 관리비 등을 구분하지 않고 영수하는 때에는 전체 금액에 대해서 부가가치세가 과세된다.

그러나 임차인이 부담해야 할 보험료, 수도료, 전기료 등 공공요금을 구분 징수해서 납입을 대행하는 경우 당해 금액은 부가가치세 과세대상이 아니다. 여기서 구분징수란 임대인이 징수해서 단순 납부만을 대행하는 경우를 말한다.

- 청소비·난방비 등 순수 관리비 : 공급가액에 포함(부가가치세 과세)
- 전기료·수도료 등 공공요금 대리 징수 납부액 : 공급가액에 불포함(부가가치세 비과세)

건물 전체에 대한 전기요금 세금계산서를 임대업자 명의로 받은 경우 부가가치세

임차인이 부담해야 할 전기료·가스료 등에 대해서, 임대인 명의로 세금계산서를 발급받은 경우, 임대인은 발급받은 세금계산서에 기재된 공급가액의 범위 내에서 임차인 사용분에 대한 공급가액에 대해서 세금계산서를 발급해 주어야 하며(간이과세자, 면세사업자 포함), 발급받은 임차인은 매입세액공제를 받을 수 있다.

이 경우 임대업자가 전기요금에 대한 세금계산서를 발급받고 임차인에게 발급한 세금계산서 상의 공급가액은 부동산임대업자의 부가가치세 과세표준(매출세액)에 포함되며, 부동산임대업자는 임대업자 명의로 발급받은 전기요금 고지서상의 금액 전액을 매입세액공제 받을 수 있다.

예를 들어 전기요금 고지서상의 금액 100만 원(부가가치세 10만 원 별도, 40만 원 임차인분)이 임대업자 명의로 고지된 경우, 임대인은 임차인에게 40만 원(부가가치세 4만 원 별도)에 해당하는 세금계산서를 발급해야 하며, 부가가치세 신고·납부 시에는 40만 원을 과세표준(부가가치세 4만 원)에 포함해서 신고·납부하고, 100만 원에 대한 10만 원을 매입세액을 공제받는 것이다.

그리고 만약 임차인이 세금계산서를 발급받지 않은 경우는 당해 임대사업자는 자신의 실지 해당분의 매입세액만 공제받는 것이다.

위의 예에서 부가가치세 신고·납부 시에는 40만 원을 과세표준(부가가치세 4만 원)에 포함해서 신고·납부를 하지 않고, 임대인 실지 부담분 60만 원에 대한 6만 원의 매입세액공제만 받으면 된다.

이 경우 세금계산서 작성일자는 전기사업자로부터 발급받은 세금계산서의 작성일자와 같은 날로 해야 한다.

4 │ 임차부동산을 재임대한 경우 과세표준 계산

> 과세표준 = 임대료 + 간주임대료 + 관리비
> 간주임대료(과세표준) = (당해 기간의 전세금·임대보증금 - 임차 시 지불한 전세금·임대보증금) × 정기예금이자율 × 과세대상기간의 일수 ÷ 365

이 경우 임차한 부동산 중 직접 자기의 사업에 사용하는 부분이 있는 때에는 위 산식 중 임차 시 지불한 전세금 또는 임차보증금은 다음의 금액을 차감한 금액으로 한다.

> 임차 시 지불한 전세금·임대보증금 = 임차 시 지불한 전세금 또는 임차보증금 × 직접 자기사업에 사용하는 면적 ÷ 임차한 부동산의 총면적

5 │ 겸용주택을 임대하는 경우 과세표준의 계산

과세 되는 부동산 임대용역과 면세되는 주택 임대용역을 함께 공급해서 그 임대 구분과 임대료 등의 구분이 불분명한 경우에는 다음의 순서에 따라 과세표준을 계산한다.

❶ 과세와 면세 부분의 면적을 구분한다. (상가분과 주택분)

❷ 총임대료를 계산한다(임대료 + 간주임대료 + 관리비).

❸ 건물분과 토지분을 안분계산한다.

- 건물분 또는 토지분 임대료 상당액
임대료 총액 × 건물가액 또는 토지가액 ÷ 토지가액과 정착된 건물가액의 합계액
- 건물분 과세표준
건물분 임대료 상당액 × 과세 되는 건물연면적 ÷ 총 건물연면적
- 토지분 과세표준
토지분 임대료 상당액 × 과세 되는 토지연면적 ÷ 총 토지연면적
[주] 건물가액 또는 토지가액은 예정신고기간 또는 과세기간종료일 현재의 기준시가에 따른다.

❹ 건물분 임대료는 면적에 따라 주택분과 상가 분으로 구분하고, 토지분은 주택 부수토지 임대료와 상가 부수토지 임대료로 안분한다. 이중 상가분과 상가 부수토지 임대료에 대해 부가가치세가 과세된다.

⏻ 법인이 부동산임대업을 추가할 때 사업자등록 주의사항

부동산임대업의 경우 부동산의 등기부상 소재지를 사업장으로 본다.

법인이 주업종과 별개로 다른 지번상에 부동산임대업을 추가로 영위할 경우, 해당 임대사업장에 대해 지점 사업자등록을 해야 한다.

법인의 본점 소재지와 동일 번지 상의 일부를 임대하는 경우는 기존 사업자등록증에 임대업을 추가하여 본점에서 세금계산서를 발행할 수 있으나, 본점 이외의 장소에서 임대업을 영위하는 경우는 지점 사업자등록증을 신청하여 지점 사업자번호로 세금계산서를 발행해야 한다.

지점 매출 세금계산서를 본점이 발행한 경우 세금계산서 필요적 기재 사항(① 공급자 등록번호 및 상호, ② 공급받는자 등록번호, ③ 공급가액과 부가가치세액, ④ 작성연월일)을 사실과 다르게 기재한 것으로서 공급자에게는 미등록가산세, 신고 및 납부불성실가산세를, 공급받는 자에게는 매입세액불공제를 처분하고 있다.

법인 입장에서는 동일한 매출액을 지점이 아닌 본점에서 세금계산서를 발행하고 부가가치세를 신고·납부를 하는 것이므로 조세 탈루 등의 부정한 의도가 없는 단순한 과실이라고 생각할 수 있다. 그러나 과세 관청은 공급자에게 필요적 기재사항을 정확히 기재한 세금계산서를 작성·발급할 의무를 부과하고 이를 위반한 때에는 고의, 과실을 고려하지 않고 가산세를 부과 처분하고 있으므로 주의가 필요하다.

구 분	처리 방법
동일번지 상에 부동산임대업을 하는 경우	기존 사업자등록증에 임대업을 추가하여 본점에서 세금계산서를 발행할 수 있다.
다른 번지 상에 부동산임대업을 하는 경우	지점 사업자등록증을 신청하여 지점 사업자번호로 세금계산서를 발행해야 하며, 지점 매출 세금계산서를 본점이 발행한 경우 미등록가산세, 신고 및 납부불성실가산세를 부담한다.

⏱ 밀린 월세(임차료)를 보증금으로 대체하는 경우 간주임대료 계산

계약에 따라 전세금 또는 임대보증금을 밀린 임대료에 충당한 경우 그 금액을 제외한 가액을 전세금 또는 임대보증금으로 해서 간주임대료를 계산한다. 즉, 충당된 부분은 임대보증금에서 제외한다.

예규 및 판례를 보면 계약서 작성 시 임대료를 지급하지 못한 경우 보증금에서 차감한다는 약정을 한 경우엔 미수 임대료를 차감한 보증금을 기준으로 간주임대료를 계산하면 된다. 다만, 그러한 약정이 계약서에 없다면 미수 임대료를 차감하지 아니한 보증금을 기준으로 간주임대료를 계산한 후 신고해야 한다. 다만, 계약서에 이런 약정이 없다면 결과적으로 과소신고 및 납부를 하게 되므로 가산세가 부과될 수 있으니 유의한다.

예를 들어 보증금 2천만 원에 월세 200만 원으로 계약한 후 3달치 월세가 밀려 이를 보증금으로 충당한 경우

2025년 1월 1일~1월 31일 보증금 1,800만원 월세 200만원

2025년 2월 1일~2월 28일 보증금 1,600만원 월세 200만원

2025년 3월 1일~3월 31일 보증금 1,400만원 월세 200만원

으로 간주임대료를 계산한다. 참고로 월세는 못받아도 세금계산서를 계속 발생해야 한다.

임대사업자가 임대료를 지급받지 못하여 임대계약 종료 시 지급받지 못한 임대료 전액을 지급할 보증금과 상계처리하는 경우는 부동산임대공급가액명세서에 당초 계약서에 명시된 보증금을 기재하여야 하는 것이나, 임차인이 월세를 미납한 경우 임대인과의 계약[계약변경]에 의하여 매월 임대료를 임대보증금에서 차감하기로 하고 임대계약 종료시 임대기간동안의 임대료를 차감한 잔액만을 반환하기로 계약한 경우는 위의 사례와 같이 부동산임대공급가액명세서에 변경된 보증금을 기재하는 것이다.

업종별 부가가치세
신고 · 납부

1 \ 부가가치세 주요 서식 작성요령

업종별 부가가치세 신고 시 주요서식의 작성요령을 보려면 국세청 사이트(www.nts.go.kr) ➜ 신고·납부 ➜ 부가가치세 ➜ 주요서식 작성요령을 클릭해 보면 된다.

· 일반과세자 부가가치세 신고서
· 간이과세자 부가가치세 신고서
· 간이과세자 간편신고서(임대업)
· 간이과세자 간편신고서(기타업종)

2 \ 업종별 부가가치세 신고 · 납부사례

업종별 부가가치세 신고사례를 보려면 국세청 사이트(www.nts.go.kr) ➜ 신고·납부 ➜ 부가가치세 ➜ 주요 서식 작성 사례를 클릭해 해당 자료를 다운로드 받으면 참고할 수 있다.

일반과세자

· 부동산임대업
· 음식업
· 도·소매업
· 건설업
· 제조업

간이과세자

· 부동산임대업
· 음식업
· 소매업
· 운수업
· 제조업

부가가치세
무신고 · 무납부 시 가산세

1 신고불성실가산세

부가가치세를 신고하지 않는 경우 산출세액의 20%(영세율이 적용되는 과세표준이 있는 경우 납부세액 + 영세율 과세표준의 1천분의 5), 과소신고 및 초과 환급신고한 경우 그 해당 세액의 10% 또는 초과해서 환급 신고한 경우 환급세액의 10%를 납부세액에 가산하거나 환급세액에서 공제한다(영세율이 있는 경우 과소납부세액의 10% + 영세율 과세표준의 1천분의 5). 다만, 부당하게 신고한 경우는 징벌적 의미로 40%의 가산세율을 적용한다.

2 납부불성실가산세

부가가치세를 납부하지 않았거나 적게 납부한 경우 세액에 납부기한의 다음 날부터 자진납부일 또는 납세고지 일까지의 기간에 1일 0.022%의 율을 적용해서 계산한 금액을 납부세액에 가산해서 징수한다.

초과해서 환급받는 경우 초과해서 환급받은 세액에 환급받은 날의 다음 날부터 자진납부일 또는 납세고지 일까지의 기간에 1일 0.022%의 율을 적용해서 계산한 금액을 납부세액에 가산해서 징수한다.

3 누락신고에 따른 가산세

· 매출누락분 수정신고 시 적용되는 가산세
매출처별세금계산서합계표 미제출 가산세 : 공급가액의 0.5%
· 신고불성실가산세 : 납부(초과 환급)할 세액의 10%(6월 내 신고·납부 시 5% 경감함)
· 납부(환급)불성실가산세 : 과소납부(초과 환급)세액 × 납부기한(환급받는 날)의 다음날부터 자진 납부일까지의 기간 × 0.022%

4 세금계산서 등 불성실가산세

전자세금계산서를 발행하지 않거나 매출처별세금계산서합계표를 제출하지 않은 때, 발급한 전자세금계산서의 필요적 기재 사항의 전부 또는 일부를 기재하지 않았거나 사실과 다른 때, 매출처별세금계산서합계표의 기재 사항이 기재되지 않았거나 사실과 다르게 기재된 때, 매입처별세금계산서합계표상 공급가액을 과다하게 기재한 경우 0.5% 및 전자세금계산서의 지연발급 등에는 공급가액에 대해서 개인과 법인 모두 1%에 상당하는 금액을 납부세액에 가산하거나 환급 세액에서 공제하며, 발행된 전자세금계산서의 발급 명세를 지연해서 제출한 경우도 미전송 0.5%(지연전송은 0.3%)의 가산세가 부과된다. 다만, 지연발급과 지연전송이 모두 해당한 경우는 중복적용을 배제해서 지연발급가산세만 부과한다. 또한, 전자세금계산서를 발행하지 않았거나 위장·가공세금계산서를 발행 또는 수취한 경우는 공급가액의 2%에 해당하는 가산세를 납부해야 한다.

5 영세율과세표준신고불성실가산세

영세율 과세표준을 신고하지 않았거나 미달하게 신고한 때 또는 영세율 매출명세서 및 수출실적명세서 등 영세율 첨부서류를 제출하지 않은 때에는 그 과세표준 또는 미제출 금액의 0.5%를 납부세액에 가산하거나 환급세액에서 공제한다.

🔘 매출누락분 수정신고 시 적용되는 가산세

• 매출처별세금계산서합계표 미제출가산세 : 공급가액의 0.5%
법정신고기한 경과 후 1개 월내에 신고하는 경우 세금계산서합계표제출불성실가산세 50% 경감된다.
• 신고불성실가산세 : 납부할(초과 환급) 세액의 10%
• 납부(환급)불성실가산세 : 과소 납부(초과 환급)세액 × 납부기한(환급 받은 날)의 다음 날부터 자진납부일까지의 기간 × 0.022%
법정신고기한 경과 후 1개월 이내 신고 시 90% 경감, 1~3개월 이내 75% 경감, 3~6개월 이내 50% 경감, 6개월~1년 이내 30% 경감, 1년~1년 6개월 이내 20% 경감, 1년 6개월~2년 이내 10% 경감한다.

🔘 예정신고누락분 확정신고 시 적용되는 가산세

• 매출처별세금계산서합계표 지연제출가산세 : 공급가액의 0.3%

- 신고불성실가산세 : 납부할(초과환급) 세액의 5%
- 납부(환급)불성실가산세 : 과소 납부(초과 환급)세액 × 납부기한(환급받은 날)의 다음 날부터 자진납부 일까지의 기간 × 0.022%

⏻ 세금 낼 돈이 없어도 신고는 반드시 해야 한다.

부가가치세 신고기한이 되었는데도 세금 낼 돈을 준비하지 못해 신고까지 하지 않는 사업자가 가끔 있다. 그러나 신고를 하지 않으면 다음과 같은 불이익을 받게 되므로 납부는 하지 못하더라도 신고는 반드시 해야 한다.

[신고와 무신고의 세액 차이]

도매업을 하는 일반과세자 갑의 2××9년 제1기 사업 현황이 아래와 같을 때 신고를 한 경우와 신고를 하지 않은 경우의 세금부담 비교

▌ 매출액 1억원, 매입액 7천만원
▌ 신고하고 납부하지 않은 세액은 50일 후에 고지서를 발부하고,
　 신고·납부 하지 않은 세액은 180일 후에 고지서를 발부한 것으로 한다.
▌ 매입세액은 경정결정 시 매입 사실이 확인되어 공제 한다.

[비교 차이]

1. 신고한 경우
- 납부세액 = (1억 원 × 10%) - (7천만 원 × 10%) = 3백만 원
- 납부불성실가산세 = 3백만 원 × 50일 × 0.022% = 33,000원
- 총부담 세액 = 3,033,000원

2. 신고하지 않은 경우(일반 무신고인 경우로 계산)
- 납부세액 = (1억 원 × 10%) - (7천만 원 × 10%) = 3백만 원
- 매출처별세금계산서합계표 미제출가산세 = 50만 원(1억 원 × 0.5%)
- 매입처별세금계산서합계표 미제출가산세 = 35만 원(7천만 원 × 0.5%)
- 신고불성실가산세 = 3백만 원 × 20% = 60만 원
- 납부불성실가산세 = 3백만 원 × 180일 × 0.022% = 118,800원
- 총부담세액 = 4,568,800원

이같이 신고를 하지 않으면 나중에 매입세액을 전액 공제받은 것으로 본다고 하더라도 신고한 경우에 비해서 훨씬 더 많은 세금을 부담한다.

부가가치세
신고를 잘못한 경우 수정신고

1 \ 적게 신고한 경우 수정신고를 한다.

수정신고란 이미 신고한 과세표준 및 세액 등이 실제보다 적게 신고한 경우 사업자가 이를 정정해서 신고하는 것을 말한다. 따라서 신고를 하지 않은 사업자는 수정신고를 할 수 없다.

수정신고 방법은 부가가치세 신고서 상단에 수정신고서임을 표기하고 당초 신고 내용을 주서로 기재하고, 수정된 내용을 흑서로 병기하며, 가산세를 스스로 계산해서 기재하고, 납부세액란 옆에 추가 자진 납부세액을 부기해서 신고서를 작성한다.

세금계산서합계표 등 첨부서류가 있는 경우 함께 제출하며, 세금계산서합계표는 수정된 사항을 확인할 수 있도록 기재하고, 추가 자진 납부세액은 납부서를 작성해서 은행에 납부한다.

수정신고는 잘못 신고된 내용에 대해 세무서에서 결정 또는 경정해서 통지하기 전까지 관할 세무서장에게 하면 된다.

법정신고기한이 지난 후 6개월 이내에 수정신고를 하고, 추가로 낼 세금을 납부하는 경우는 과소신고가산세로 50%(기간에 따라 10%~90%) 경감 해준다.

② 많이 신고한 경우 경정청구를 한다.

경정청구란 이미 신고·결정된 과세표준 및 세액 등이 정당한 과세표준 및 세액 등에 비해서 과다한 경우 이를 정정해서 결정 또는 경정하여 줄 것을 촉구하는 납세의무자의 청구를 말한다.

경정청구 방법은 아래와 같으며, 『과세표준 및 세액의 결정(경정)청구서』를 작성해서 당초 신고서 사본 및 경정(결정)청구 사유를 입증할 수 있는 자료를 첨부해서 제출한다.

[과세표준 및 세액의 결정(경정)청구서 작성요령]

⑪ 과세표준금액 : 매출 과세표준의 합계액을 기재

⑫ 산출세액 : 매출세액의 합계액을 기재

⑬ 가산세액 : 경정청구에 따른 가산세가 해당하는 경우 가산세의 합계액을 기재

⑭ 공제·감면세액 : 매입세액 및 각종 공제·감면세액의 합계액을 기재

⑮ 납부할 세액 : 산출세액(⑫) + 가산세액(⑬) - 공제·감면세액(⑭)

경정청구를 하는 경우는 아래의 가산세가 부과된다.

· 매입누락분에 대해서 경정청구를 하는 경우 가산세는 없다.

· 매출 반품 세금계산서 신고누락으로 경정청구 시 세금계산서합계표 제출불성실가산세가 부과된다.

・과소(초과환급)신고・납부(환급)불성실 가산세는 부과되지 않는다.

경정청구는 법정신고기한이 지난 후 5년 이내에 관할 세무서장에게 하면 되며, 경정청구를 받은 세무서장은 청구를 받은 날로부터 2개월 이내에 그 결과를 통지한 후 환급해 준다.

3 부가가치세 신고기한 내 신고를 안 한 경우 기한후신고

부가가치세 신고기한 내에 부가가치세 신고를 안 한 경우 기한후신고를 하면 된다. 여기서 기한후신고란 부가가치세 신고기한 내에 부가가치세 신고를 하지 않은 경우로서 납부해야 할 세액이 있는 사업자가 관할 세무서장이 부가가치세를 결정해서 통지하기 전까지 과세표준과 세액을 신고하는 것을 말한다.

기한후신고를 하는 때에는 매출처별세금계산서합계표 관련 가산세와 신고・납부불성실가산세는 부과되나, 매입처별세금계산서합계표 관련 가산세는 부과되지 않고 매입세액은 공제받을 수 있다. 또한, 기한후신고시에는 신고불성실가산세가 감면되지 않는다.

구 분	가산세	매입세액공제
기한후신고시	납부(감면)	받음
관할 세무서에서 고지 시	납부	못받음

66 전자신고 절차 및 방법 99

① 홈택스 홈페이지에 접속하기(www.hometax.go.kr)

국세청 홈페이지(www.nts.go.kr)에서도 접속할 수 있다.

② 상단 메뉴 중 국세납부 > 세금신고 클릭

③ 왼쪽 신고 세목 선택에서 『부가가치세 신고』 메뉴 클릭

④ 로그인 [세무서에서 부여받은 아이디(사용자번호)와 비밀번호를 입력]

⑤ 본인의 과세유형에 따라 [일반과세자(조기환급, 폐업) 신고서 작성하기] 또는 [간이과세자(폐업) 신고서 작성하기]를 클릭하면 신고서 작성 프로그램이 자동으로 설치된다.

⑥ 신고서 작성 화면에서 신고할 내용을 입력한다.

(가) 기본사항 입력

● 사업자등록번호를 입력하고 『사업자 조회』 버튼을 누르면 세무서에 등록되어 있는 사업자 인적 사항이 자동으로 표시된다.

● 자동으로 표시된 내용 중 변경된 사항이나 틀린 곳이 있을 때는 정정해서 입력하기 바란다(정정해서 입력한 사항은 신고서에만 기록될 뿐이며 사업자등록내용이 정정되는 것은 아니다.).

● 기본사항을 확인한 후 좌측 메뉴에서 해당 항목 메뉴를 직접 클릭하거나 우측하단의 다음 버튼을 누르면 다음 화면으로 이동한다.

(나) 매출세액을 입력한다. 세금계산서 발급 분, 기타분 등의 작성 버튼을 누르면 매출세액을 입력할 수 있다.

(다) 매입세액을 입력한다. 세금계산서 수취 분, 기타공제분 등의 작성 버튼을 누르면 매입세액을 입력할 수 있다.

(라) 경감공제세액, 예정고지, 가산세, 기타 첨부서류를 차례로 입력한다.

⑦ 입력이 끝나면 [신고서작성완료] 버튼을 클릭한다.

⑧ [신고서보내기] 버튼을 클릭하면 작성한 신고서가 전송된다.

⑨ 신고서가 전송되면 접수증이 자동으로 화면에 나타난다. 접수증이 나타나면 신고가 완료된 것이다.

※ 신고서 전송 전에 신고서 전체 보기를 눌러 신고서 및 첨부서류를 출력해서 보관한다.

● 신고기한 이후 신고서 출력 : 부가가치세 전자신고 작성하기에서 전에 신고한 신고서를 불러와서 출력할 수 있음

⑩ 접수증 화면에서 [전자납부] 버튼을 클릭하면 전자 납부 화면으로 이동해서 전자 납부를 할 수 있다.

※ 세금을 금융기관에 직접 납부하고자 하는 경우는 좌측 메뉴 중 『신고서 전체 보기』에서 『납부서』를 선택한 후 출력 버튼을 클릭하면 납부서가 출력된다.

실 무 사 례

⏱ 홈택스에 의한 수정신고·경정청구 및 기한후신고

• 수정신고 및 경정청구 : 법정 신고기한 경과 후 6월 이내의 일정기간 동안 가능(신고 가능 여부는 홈택스에서 반드시 확인)하다.

• 기한후신고 : 법정 신고기한 경과 후 1월 이내에 한한다.

⏱ 예정신고 누락분에 대한 경정청구 기한

부가가치세 확정신고 시 신고하지 않은 예정신고 누락분은 해당 과세기간의 과세표준 및 납부세액으로서 확정신고 대상이 되므로 확정신고에 대한 경정 등의 청구기한 내에 청구할 수 있다.

[수정신고시 가산세 감면]

구 분	가산세 감면
법정신고기한이 지난 후 1개월 이내	90% 감면
법정신고기한이 지난 후 3개월 이내	75% 감면
법정신고기한이 지난 후 3~6개월 이내	50% 감면
법정신고기한이 지난 후 6개월~1년 이내	30% 감면
법정신고기한이 지난 후 1년~1년 6개월 이내	20% 감면
법정신고기한이 지난 후 1년 6개월~2년 이내	10% 감면

🔒 2020년부터 기한후신고도 경정청구와 수정신고를 허용한다.

부가가치세 납부 기한 연장

부가가치세 납부기한 연장을 위해서는 국세청에서 정한 사유에 해당해야 한다.

사유가 적정할 경우 부가가치세 납부기한연장신청서를 관할 세무서에 제출한다. 물론 체납된 세금이 없을 경우에만 가능하며, 부가가치세 납부기한 마지막일 3일 전까지 부가가치세 납부기한 연장신청이 가능하다. 최초 신청 시 3개월까지 연장 가능하고, 해당 연장 사유가 소멸되지 않는다면 관할 세무서장 권한으로 최대 6개월까지 추가로 연장된다.

신청 사유만 타당하다면 3개월간 분납 또는 3개월 후 일시납 중 선택해서 신청할 수 있다. 단, 체납 중인 세금이 있거나 이미 납부 기한 연장 중인 건이 있다면 승인되지 않을 수도 있다.

❝ 분납 신청 내용 입력 ❞

① 분납 구분 : 분납을 신청해야 하는 세목을 선택한다. 일반적으로 자납을 선택하지만, 분납도 가능하다.

1 부가가치세 납부 기한 연장 사유

국세청에서 정한 부가가치세 납부기한 연장 사유는 다음과 같다.

❶ 납세자가 재난 또는 도난으로 재산에 심한 손실을 입은 경우

❷ 납세자가 경영하는 사업에 현저한 손실이 발생하거나 부도 또는 도산의 우려가 있는 경우

❸ 납세자 또는 동거가족이 질병이나 중상해로 6개월 이상의 치료가 필요한 경우 또는 사망하여 상중인 경우

❹ 권한 있는 기관에 장부·서류가 압수 또는 영치된 경우

❺ 정전, 프로그램의 오류, 그 밖의 부득이한 사유로 한국은행 및 체신관서의 정보통신망의 정상적인 가동이 불가능한 경우

❻ 금융회사(한국은행 국고대리점, 국고수납대리점인 금융회사) 또는 체신관서의 휴무 그밖에 부득이한 사유로 인해 정상적인 세금 납부가 곤란하다고 국세청장이 인정하는 때

이렇듯 부가가치세 납부기한 연장 사유는 대부분 '불가피한 사정'을 염두에 두고 있다. 재산에 심한 손실을 입거나, 부도 또는 도산의 우려가 있거나, 납세자 및 가족이 중상해를 입는 등의 경우만 인정해 준다.

구 분	납부기한 연장 사유
천재지변이나 재난	재난 또는 도난으로 재산에 심한 손실을 입은 경우
사업의 현저한 손실	사업에 현저한 손실이 발생하거나 부도 또는 도산의 우려가 있는 경우
질병 또는 중상해	본인 또는 동거가족이 질병이나 중상해로 6개월 이상의 치료가 필요한 경우 또는 사망하여 상중인 경우
장부 및 서류 압수	권한 있는 기관으로부터 장부 및 서류가 압수나 영치된 경우
정전, 프로그램 오류	정전, 프로그램 오류 등으로 한국은행 및 체신관서의 정보통신망의 정상적인 가동이 불가능한 경우
금융회사 휴무	금융회사(한국은행 국고대리점, 국고수납대리점) 또는 체신관서의 휴무로 인해 정상적인 세금 납부가 곤란한 경우

2 부가가치세 납부기한 연장신청 방법

신청은 가까운 세무서나 국세청 홈택스에서 할 수 있다.

'납부기한 등 연장 신청서'를 작성해 관할 세무서에 신청한다.

홈택스의 국세납부 > 증명·등록·신청 > 세금 관련 신청·신고 공통분야 > 신고·납부 기한연장 신청/내역조회 > 신고분 납부기한 연장신청를 통해서 신청이 가능하다.

이때, 주의할 점이 두 가지 있다.

① 납부기한 연장 신청은 기한 만료일 3일 전까지 마쳐야 한다. 그러니 기존 납부기한 안에 부가가치세를 낼 수 없을 것 같다면 미리 연장 신청을 하는 게 좋다.

② 필요한 경우 '납세담보'를 제공해야 한다. '납세담보'란 유예할 세금에 대해 관할 세무서장이 납세의무자에게 금액과 기간을 정해 제공하도록 하는 금전, 국채, 토지 등을 말한다.

단, 모든 납세자가 납세담보를 제공해야 하는 건 아니다. 7천만 원을 초과하는 금액에 대해 납부기한을 연장하는 경우 납세담보를 제공해야 한다. 부가세가 7천만 원을 넘지 않는 경우 납세담보에 대해서는 걱정하지 않아도 된다.

원천징수는 누가, 언제, 어떻게 하나?

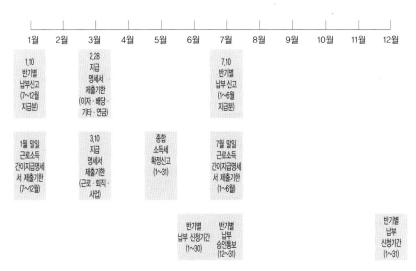

| 1월 | 2월 | 3월 | 4월 | 5월 | 6월 | 7월 | 8월 | 9월 | 10월 | 11월 | 12월 |

1.10
반기별
납부신고
(7~12월
지급분)

2.28
지급
명세서
제출기한
(이자·배당·
기타·연금)

7.10
반기별
납부 신고
(1~6월
지급분)

1월 말일
근로소득
간이지급명세
서 제출기한
(7~12월)

3.10
지급
명세서
제출기한
(근로·퇴직·
사업)

종합
소득세
확정신고
(1~31)

7월 말일
근로소득
간이지급명세
서 제출기한
(1~6월)

반기별
납부 신청기간
(1~30)

반기별
납부
승인통보
(12~31)

반기별
납부
신청기간
(1~31)

❏ 일용근로자 지급명세서 및 간이지급명세서(거주자 사업소득 및 인적용역 기타소득) : 매달
말일 제출, 근로소득은 1월 말과 7월말 2번 제출

❏ 원천징수 : 원천징수의무자는 원천징수대상 소득 지급일이 속하는 달의 다음 달 10일까지
원천징수이행상황신고서를 제출하고 원천징수한 세금 납부

❏ 원천세 반기납부 원천징수의무자는 지급일이 속하는 반기(1월~6월, 7월~12월)의 다음
달 10일까지 원천징수이행상황신고서를 제출하고 원천세를 납부

❑ 연말정산 : 다음 해 2월분 급여를 지급할 때 해당 과세기간 1월부터 12월까지의 총급여액
　 에 대해 실제로 부담할 근로소득 세액을 계산해서 당해 급여에 대해 이미 원천징수해서
　 납부한 세액과 비교하여 정산

❑ 종합소득세 확정신고 : 연말정산시 소득공제 누락 또는 잘못 계산하였거나, 근로소득 이
　 외 종합과세 되는 소득이 있는 경우에는 해당 과세기간의 다음 연도 5월에 종합소득세
　 과세표준 확정신고

❑ 지급명세서 제출 : 원천징수 되는 소득을 지급한 원천징수의무자는 근로·퇴직·사업소득
　 ·봉사료는 다음연도 3월 10일까지, 그외 이자·배당·연금·기타소득 등은 다음연도 2
　 월 말일까지 해당 소득의 지급명세서 제출(다만, 원천징수의무자가 휴업 또는 폐업한 경우
　 는 휴업일 또는 폐업일이 속하는 달의 다음 다음 달 말일까지 제출)

❑ 반기별납부 신청 : 신청(승인)에 의해 반기별 신고·납부 가능(신청시기 : 6월, 12월)
　 ⇨ 신청한 날이 속하는 반기의 다음 달 말일까지 승인 통보

2 　 원천징수는 어떤 세금인가?

원천징수는 소득자에게 소득을 지급하는 자가 소득자의 세금을 미리 징
수해서 국가에 납부하는 제도이다.

소득세, 법인세 및 농어촌특별세 원천징수, 지방소득세 특별징수 등이
이에 해당한다.

구 분		원천징수대상 소득	원천징수 대상 제외 소득
세금 부담자(담세자)		소득자	소득자
세금 납부자		소득을 지급하는 자	소득자
세금 납부 절차	세액계산	소득을 지급하는 자	소득자
	신고서 제출	소득을 지급하는 자	소득자
	납부시기	소득 지급 시마다 납부 (분납 효과 발생)	신고 시기에 납부 (일시 납부에 따른 부담 발생)

국내에서 거주자나 비거주자, 법인에게 세법에 규정한 원천징수 대상 소
득 또는 수입금액을 지급하는 개인이나 법인이 원천징수의무자에 해당
한다.

소득을 지급하는 자가 사업자등록번호 또는 고유번호가 없는 경우에도
원천징수의무자에 해당되어, 원천징수한 세금을 신고·납부 할 의무가 있
다. 예를 들어 사업자등록번호가 없는 개인이 법인에게 차입금에 대한
이자를 지급(비영업대금의 이익)하는 경우 원천징수의무자에 해당되어
법인세를 원천징수 납부해야 한다.

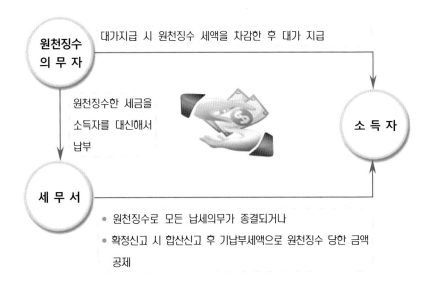

4 원천징수 대상 및 방법

소득세 · 법인세

적용 대상		대상 소득	납부 세목
소득세법	거주자	이자소득, 배당소득, 사업소득, 근로소득, 연금소득, 기타소득, 퇴직소득	해당 소득에 따라 달라짐 (근로소득세, 퇴직소득세 등)
	비거주자	국내원천소득 중 원천징수 대상 소득 (이자, 배당, 선박 등의 임대소득, 사업소득, 인적용역소득, 근로소득, 퇴직소득, 사용료 소득, 토지·건물의 양도소득, 유가증권 양도소득, 기타소득)	
법인세법	내국법인	이자소득, 배당소득(집합투자기구로부터의 이익 중 투자신탁의 이익에 한정)	법인세
	외국법인	국내원천소득 중 원천징수 대상 소득 (이자, 배당, 선박 등의 임대소득, 사업소득, 인적용역소득, 토지·건물의 양도소득, 사용료 소득, 유가증권 양도소득, 기타소득)	

농어촌특별세법

원천징수의무자가 농어촌특별세액 과세대상 소득금액을 지급하는 때에는 농어촌특별세를 징수해서 신고·납부를 한다.

구분	대상소득
이자· 배당소득	• 조세특례제한법에 의해 소득세를 감면받은 경우
근로소득	• 중소기업창업 투자조합출자 등 소득공제를 적용받는 근로자 • 주택자금차입금 이자세액공제를 적용받는 근로자

농어촌특별세 과세표준 및 세액계산

구 분	과세표준	세 액
중소기업창업투자 조합출자 등 소득 공제	<소득공제 금액을 세액으로 환산> ❶ - ❷ 당해 소득공제액에 대해 ❶ 종합소득과세표준에 산입해서 계산한 산출세액 ❷ 종합소득과세표준에 제외해서 계산한 산출세액	과세표준 × 20%
주택자금차입금 이자세액공제	주택자금차입금 이자세액공제금액	
이자·배당소득	조세특례제한법에 의해서 감면받은 이자·배당소득에 대한 소득세의 감면세액	과세표준 × 10%

신고 · 납부방법

(원천징수이행상황신고서) 해당 세목 농어촌특별세란에 세액을 기재해서 제출 ➜ (납부서) 농어촌특별세란에 세액을 기재해서 납부

지방소득세 특별징수

원천징수의무자가 다음에 해당하는 소득세·법인세를 원천징수한 경우 지방소득세를 소득세 등과 동시에 특별징수한다.

소득자	국세 원천징수	지방소득세 특별징수
개 인	○	○
내 국 법 인	○	○
외 국 법 인	○	○

구 분	납세지
근로소득 및 퇴직소득에 대한 소득세 분	근무지를 관할 하는 시·군
이자소득·배당소득 등에 대한 소득세의 원천징수 사무를 본점 또는 주사무소에서 일괄처리 하는 경우 소득세 분	그 소득의 지급지를 관할 하는 시·군

소득 분 지방소득세 표준세율

- 소득세분 : 과세표준에 따른 세율, • 법인세분 : 과세표준에 따른 세율

조세조약에 의해 지방소득세가 포함된 제한세율을 적용하는 경우는 다음과 같은 방법으로 지방소득세를 계산한다.

- 법인(소득)세 = 과세표준(지급액) × 제한세율 × 10/11
- 지방소득세 = 과세표준(지급액) × 제한세율 × 1/11

납부방법

징수일이 속하는 달의 다음 달 10일(반기별 납부대상 원천징수의무자의 경우 반기 마지막 달의 다음 달 10일)까지 지방소득세 특별징수분 납부서 및 영수필통지서[지방세법 시행규칙 별지 제46호 서식]를 작성하여 관할 시·군에 납입한다.

인터넷을 이용한 지방소득세 납부방법

구 분	지방소득세 납부 홈페이지
서울특별시를 제외한 지역	위택스(http://www.wetax.go.kr)
서울특별시	서울시 이택스(http://etax.seoul.go.kr)

무납부 및 미달납부 가산세

구 분	가 산 세
지방소득세의 특별징수의무자가 징수하였거나 징수할 세액을 기한 내에 무납부 또는 미달하게 납부한 경우	그 무납부 또는 미달한 세액의 10%에 상당하는 금액
다만 국가, 지방자치단체와 주한미군이 특별징수의무자인 경우 당해 가산세를 적용하지 않는다.	

5 원천징수세율

원천징수 대상 소득		세 율	비 고
이자	비영업대금의 이익	25%	
	직장공제회초과반환금	기본세율	연분연승법 적용
	실지명의가 확인되지 아니하는 소득	45%	
	금융실명거래 및 비밀보장에 관한 법률 제5조 적용	90%	특정채권 20%
	그 밖의 이자소득	14%	
배당	출자공동사업자의 배당소득	25%	

원천징수 대상 소득		세 율	비 고
	비실명거래금융거래	90%	
	그 밖의 배당소득	14%	
사업	원천징수 대상 사업소득	3%	
	봉사료 수입금액	5%	
근로	근로소득(연말정산)	기본세율	
	매월 분 근로소득	기본세율	간이세액표 적용
	일용근로자 근로소득	6%	
연금	국민연금·직역연금	기본세율	간이세액표 적용
	퇴직연금·사적연금	3~5%, 4%	
	이연퇴직소득의 연금수령	(이연퇴직소득세/이연퇴직소득) ×70(60★)% ★ 연금실제수령연차가 10년 초과시	
기타	복권당첨금 중 3억원 초과분	30%	3억원 이하는 20%
	기타소득(봉사료수입금액을 적용받는 분 제외)	20%	
	연금계좌의 연금외수령	15%	
	종교인소득(연말정산)	기본세율	
	매월분 종교인소득	기본세율	간이세액표 적용
퇴직	퇴직소득	기본세율	연분연승법 적용
법인	이자소득 비영업대금의 이익	25%	
	이자소득 그외	14%	
	배당소득 투자신탁의 이익	14%	

· 소득세·법인세가 과세 되지 않거나 면제되는 소득

· 과세최저한이 적용되는 기타소득 금액(기타소득 금액 5만 원까지)

· 원천징수 배제

원천징수 대상 소득으로서 발생 후 지급되지 않음으로써 소득세가 원천
징수 되지 않은 소득이 종합소득에 합산되어 소득세가 과세된 경우 그
소득을 지급할 때는 소득세를 원천징수하지 않는다.

· 납세의무자가 이미 종합소득 등 과세표준을 신고한 경우

원천징수 대상 소득을 지급하면서 원천징수 하지 않았으나 그 소득금액
이 이미 종합소득 또는 법인세 과세표준에 합산해서 신고하거나 세무서
장 등이 소득세 등을 부과·징수한 경우

질 문	답 변
원천징수 하지 않은 경우 원천징수 의무자의 원천징수세액 납부 여부	이미 소득자가 종합소득세 등 신고 시 합산해서 납부했으므로 추가 납부할 필요 없음
원천징수 등 납부지연	원천징수 등 납부지연가산세 부과
지급명세서 제출 의무	원천징수대상 소득에 대해 원천징수 여부와 관계없이 지급명세서 제출의무 있음
지급명세서를 제출하지 않은 경우	지급명세서 미제출 가산세 적용

· 소액부징수

소득세 또는 법인세의 원천징수에 있어서 당해 세액이 1,000원 미만일

때는 원천징수를 하지 않는다. 다만, 거주자에게 지급되는 이자소득 및 사업소득의 경우 당해 소득에 대한 원천징수 세액이 1,000원 미만이더라도 원천징수를 해야 한다.

일용근로자에게 일당을 한꺼번에 지급하는 경우 소득자별 지급액에 대한 원천징수 세액 합계액을 기준으로 소액부징수 대상 여부를 판단한다. 예를 들어 매일매일 일당을 지급하는 경우 당해 세액이 1,000원 미만일 때는 소액부징수로 원천징수를 안 하나 1주일분을 한꺼번에 지급하면서 당해 1주일분 세액이 1,000원을 넘는 경우 원천징수를 해야 한다.

7 원천징수 시기

원천징수의무자가 원천징수 대상 소득금액 또는 수입금액을 지급하는 때에 원천징수를 한다. 다만, 원천징수 시기 특례가 적용되는 경우 특례 적용시기에 원천징수를 한다.

예를 들어 1월부터 11월까지 근로소득을 12월 31일까지 지급하지 않은 경우 12월 31일에 원천징수를 하고, 12월분 근로소득을 다음연도 2월 말일까지 지급하지 않은 경우 2월 말일에 원천징수를 한다.

8 원천징수세액의 납세지

원천징수의무자	소득세 납세지	법인세 납세지
① 거주자	거주자의 주된 사업장의 소재지. 다만, 주된 사업장 외의 사업장에서 원천징수하는 경우 그 사업장의 소재지 사업장이 없는 경우에는 거주자의 주소지 또는 거소지	

원천징수의무자	소득세 납세지	법인세 납세지
② 비거주자	비거주자의 주된 국내사업장의 소재지 다만, 주된 국내사업장 외의 국내사업장에서 원천징수를 하는 경우는 그 국내사업장의 소재지 국내사업장이 없는 경우에는 비거주자의 거주지 또는 체류지	
③ 법인 · 일반	㉠ (원칙)본점 또는 주사무소의 소재지 ㉡ 법인의 지점·영업소 그 밖의 사업장이 독립채산제에 따라 독자적으로 회계사무를 처리하는 경우 그 사업장의 소재지* (* 독립채산제 사업장의 소재지가 국외에 있는 경우 제외)	본점 또는 주사무소의 소재지 다만, 국내에 본점이나 주사무소가 소재하지 않은 경우 : 사업의 실질적 관리장소 · 법인으로 보는 단체 : 당해 단체의 사업장소재지(사업장이 없는 단체의 경우 대표자 또는 관리인의 주소) · 외국법인 : 당해 법인의 주된 국내사업장 소재지 ㉡에 해당하는 경우 소득세법과 동일
③ 법인 · 본점일괄 납부승인	법인의 지점·영업소 그 밖의 사업장이 독립채산제에 따라 독자적으로 회계사무를 처리하는 경우라도 법인의 본점 또는 주사무소의 소재지를 원천징수 세액의 납세지로 할 수 있음	
③ 법인 · 사업자단위로 등록한 경우		
④ 비거주자의 국내원천소득의 원천징수의무자(① ~ ③의 납세지를 가지지 않은 경우)	• 유가증권 양도소득의 경우 유가증권을 발행한 내국법인 또는 외국 법인 국내사업장의 소재지 • 그 외의 경우 국세청장이 정하는 장소	

원천징수 등 납부지연가산세

국세를 징수해서 납부할 의무를 지는 자가 징수해야 할 세액을 세법에 따른 납부기한까지 납부하지 않거나 과소납부한 때에는 그 납부하지 않은 세액 또는 과소납부한 세액에 대해 가산세를 부과한다.

원천징수의무자가 매월 분 급여에 대해 간이세액표에 의한 세액보다 과소납부한 경우, 원천징수 등 납부지연가산세가 적용된다.

• 원천징수세액 : 미납세액 × 3% + (과소·무납부세액 × 0.022% × 경과일수)와 미납세액의 10% 중 적은 금액
• 지방소득세 : 국세와 달리 그 납입하지 않은 세액 또는 미달한 세액의 10%를 가산세로 납부한다.
(주의) 신고·납부기한 하루만 경과해도 과소·무납부세액의 0.022% 초과 부담한다.

지급명세서제출불성실가산세

지급명세서를 기한 내에 제출하지 않았거나 제출된 지급명세서가 불분명한 경우에 해당하거나, 제출된 지급명세서에 기재된 지급금액이 사실과 다른 경우에는 그 제출하지 않은 지급 금액 또는 불분명한 지급금액의 1%를 산출세액에 가산해서 납부한다. 다만, 제출기한 경과 후 개인사업자는 3개월 이내, 법인사업자는 1개월 이내에 제출하는 경우는 지급금액의 0.5%를 납부한다. 가산세는 과세기간 단위로 1억원(중소기업·

사업자가 아닌 자는 5천만 원)을 한도로 한다.

🍊🍊 지급명세서 제출시기 💬💬

1. 지급명세서 제출시기

구 분	소득지급시기	제출기한
근로·퇴직·사업·봉사료	1월 ~ 12월	다음 연도 3월 10일
일용근로소득	1월 ~ 12월	다음 달 말일
그 밖의 이자·배당·기타·연금소득	1월 ~ 12월	다음 연도 2월말

2. 간이지급명세서 제출시기

구 분	소득지급시기	제출기한	가산세
간이지급명세서(근로) ❶ 상용근로자에게 지급하는 근로소득 ❷ 원천징수대상 사업소득	1월~6월 6월~12월	7월 31일 다음 해 1월 31일	1. 간이지급명세서 미제출 금액 × 0.25% 2. 제출된 간이지급명세서 불분명 또는 허위제출금액 ×
사업소득 및 인적용역 기타소득 간이지급명세서	1월~12월	매달 말일 제출	0.25% 지연제출시에는 0.125% 적용
간이지급명세서는 연말정산 지급명세서 등과는 별도로 제출하는 것이다. 따라서, 연말정산 지급명세서는 종전과 동일하게 제출해야 한다. 단 사업소득 및 인적용역 기타소득 간이지급 명세서를 매달 제출한 경우 지급명세서의 제출을 생략할 수 있다.			

기타소득의 원천징수

1 기타소득의 종류

기타소득은 이자소득·배당소득·사업소득·근로소득·연금소득·퇴직소득 및 양도소득 외의 소득을 말한다.

- 상금·현상금·포상금·보로금 또는 이에 준하는 금품
- 복권·경품권 기타 추첨권에 의하여 받는 당첨금품
- 「사행행위 등 규제 및 처벌특례법」에서 규정하는 행위에 참가해서 얻은 재산상의 이익
- 「한국마사회법」에 따른 승마투표권, 「경륜·경정법」에 따른 승자투표권, 「전통소싸움경기에 관한 법률」에 따른 소싸움 경기투표권 및 「국민체육진흥법」에 따른 체육진흥투표권의 구매자가 받는 환급금
- 저작권법에 의한 저작권 또는 저작인접권을 상속·증여 또는 양도받은 자가 그 저작권 또는 저작인접권을 타인에게 양도하거나 사용하게 하고 받는 대가
- 영화필름, 라디오·텔레비전 방송용 테이프 또는 필름의 자산 또는 권리의 양도·대여 또는 사용의 대가로 받는 금품

· 광업권·어업권·산업재산권·산업정보, 산업상 비밀, 상표권·영업권(**점포 임차권 포함**), 토사석(土砂石)의 채취허가에 따른 권리, 지하수의 개발·이용권 그 밖에 이와 유사한 자산이나 권리를 양도하거나 대여하고 그 대가로 받는 금품

· **물품 또는 장소를 일시적으로 대여하고 사용료로서 받는 금품**

· 지역권·지상권(지하 또는 공중에 설정된 권리 포함)을 설정하거나 대여하고 받는 금품

· **계약의 위약 또는 해약으로 인하여 받는 위약금과 배상금**

· 유실물의 습득 또는 매장물의 발견으로 인하여 보상금을 받거나 새로 소유권을 취득하는 경우 그 보상금 또는 자산

· 소유자가 없는 물건의 점유로 소유권을 취득하는 자산

· 거주자·비거주자 또는 법인과 특수관계에 있는 자가 그 특수관계로 인하여 당해 거주자·비거주자 또는 법인으로부터 받는 경제적 이익으로서 급여·배당 또는 증여로 보지 않는 금품. 다만, 우리사주조합원이 당해 법인의 주식을 그 조합을 통해서 취득한 경우는 그 조합원이 소액주주에 해당하는 자인 때에는 그 주식의 취득가액과 시가와의 차액으로 인해서 발생하는 소득을 제외

· 슬롯머신(비디오게임 포함) 및 투전기 기타 이와 유사한 기구를 이용하는 행위에 참가해서 받는 당첨 금품·배당금품 또는 이에 준하는 금품

문예·학술·미술·음악 또는 사진에 속하는 창작품(정기간행물에 게재하는 삽화 및 만화와 우리나라의 창작품 또는 고전을 외국어로 번역하거나 국역하는 것 포함)에 대한 **원작자로서 받는 소득(원고료, 저작권사용료인 인세, 미술·음악 또는 사진에 속하는 창작품에 대하여 받는 대가)**

· **재산권에 관한 알선수수료**

· **사례금**

· 소기업 · 소상공인 공제부금의 해지일시금

· 다음의 어느 하나에 해당하는 인적용역을 일시적으로 제공하고 지급받는 대가

가. **고용관계없이 다수인에게 강연을 하고 강연료 등 대가를 받는 용역**

나. 라디오 · 텔레비전방송 등을 통한 해설 · 계몽 또는 연기의 심사 등을 하고 보수 또는 이와 유사한 성질의 대가를 받는 용역

다. 변호사 · 공인회계사 · 세무사 · 건축사 · 측량사 · 변리사 그 밖의 전문적 지식 또는 특별한 기능을 가진 자가 당해 지식 또는 기능을 활용해서 보수 또는 그 밖의 대가를 받고 제공하는 용역

라. 그 밖에 고용관계없이 수당 또는 이와 유사한 성질의 대가를 받고 제공하는 용역

· **법인세법에 의해서 기타소득으로 처분된 소득**

· 연금계좌의 운용실적에 따라 증가된 금액과 그 밖에 연금계좌에 이체 또는 입금되어 해당 금액에 대한 소득세가 이연(移延)된 소득으로서 대통령령으로 정하는 소득금액을 그 소득의 성격에도 불구하고 연금외수령한 소득

· 퇴직 전에 부여받은 주식매수선택권을 퇴직 후에 행사하거나 고용관계없이 주식매수선택권을 부여받아 이를 행사함으로써 얻는 이익

· 뇌물

· 알선수재 및 배임수재에 의하여 받는 금품

· 개당 · 점당 또는 조당 양도가액이 6천만 원 이상인 서화 · 골동품(양도일 현재 생존해 있는 국내 원작자의 작품은 제외)의 양도로 발생하는 소득

2 기타소득의 수입시기

· 광업권·어업권·산업재산권·산업정보, 산업상 비밀, 상표권·영업권 (점포임차권을 포함), 토사석(土砂石)의 채취허가에 따른 권리, 지하수의 개발·이용권, 그 밖에 이와 유사한 자산이나 권리를 양도하거나 대여하고 그 대가로 받는 금품(자산 또는 권리를 대여한 경우의 기타소득은 제외) : 그 대금을 청산한 날, 자산을 인도한 날 또는 사용·수익일 중 빠른 날. 다만, 대금을 청산하기 전에 자산을 인도 또는 사용·수익하였으나 대금이 확정되지 아니한 경우 그 대금 지급일

· 계약금이 위약금·배상금으로 대체되는 경우의 기타소득 : 계약의 위반 또는 해지가 확정된 날

· 법인세법의 규정에 의해서 기타소득으로 처분된 소득 : 그 법인의 해당 사업연도의 결산확정일

· 그 외의 기타소득 : 그 지급받은 날

3 원천징수 세액

원천징수의무자가 기타소득을 지급하는 때에는 그 기타소득금액에 원천징수세율을 적용해서 계산한 소득세를 원천징수한다.

◖◖ 기타소득 원천징수 세액 ◗◗

기타소득 지급액 - 필요경비 = 기타소득금액

기타소득금액 × 20% = 원천징수 세액

예를 들어 원고료 100만원을 받았다면 소득금액은 100만원 - (100만원 × 60%) = 40만원

기타소득금액

기타소득금액은 해당 과세기간의 총수입금액에서 이에 소요된 필요경비를 공제한 금액으로 하며, 필요경비에 산입할 금액은 해당 과세기간의 총수입금액에 대응하는 비용으로서 일반적으로 용인되는 통상적인 것의 합계 금액이다.

기타소득 필요경비

전체금액을 필요경비에 인정하는 경우

· 승마투표권·승자투표권 등 구매자에게 지급하는 환급금 : 그 구매자가 구입한 적중된 투표권의 단위투표금액

· 슬롯머신 등을 이용하는 행위에 참가하고 받는 당첨금품 등 : 그 당첨금품 등의 당첨 당시에 슬롯머신 등에 투입한 금액

80%만 필요경비로 인정하는 경우

다음의 어느 하나에 해당하는 경우 거주자가 받은 금액의 80%에 상당하는 금액을 필요경비로 본다. 다만, 실제 소요된 경비가 80%를 초과하면 그 초과하는 금액도 필요경비에 포함한다.

❶ 공익법인의 설립·운영에 관한 법률의 적용을 받는 공익법인이 주무관청의 승인을 받아 시상하는 상금 및 부상과 다수가 순위 경쟁하는 대회에서 입상자가 받는 상금 및 부상

❷ 계약의 위약 또는 해약으로 인하여 받는 위약금과 배상금 중 주택입주 지체상금

60%만 필요경비로 인정하는 경우

❶ 광업권·어업권·산업재산권·산업정보, 산업상 비밀, 상표권·영업권(점포

임차권 포함), 이와 유사한 자산이나 권리를 양도하거나 대여하고 그 대가로 받는 금품

❷ 통신판매중개업자를 통해 물품 또는 장소를 대여하고 연간 수입금액 500만 원 이하의 사용료로 받는 금품(연 500만원 초과시 : 전액 사업소득으로 과세)

❸ 공익사업과 관련된 지역권·지상권(지하 또는 공중에 설정된 권리 포함)을 설정하거나 대여하고 받는 금품

❹ 문예·학술·미술·음악 또는 사진에 속하는 창작품 등에 대한 원작자로서 받는 원고료, 인세 등의 소득

• 정기간행물에 게재하는 삽화 및 만화와 우리나라의 고전 등을 외국어로 번역하거나 국역하는 것 포함

• 원고료, 저작권 사용료인 인세, 미술·음악 또는 사진에 속하는 창작품에 대하여 받는 대가

❺ 인적용역을 일시적으로 제공하고 지급받는 대가

• 고용 관계없이 다수 인에게 강연하고 강연료 등 대가를 받는 용역

• 라디오·텔레비전방송 등을 통하여 해설·계몽·연기의 심사 등을 하고 보수 등의 대가를 받는 용역

• 변호사·공인회계사·세무사·건축사·측량사·변리사, 그 밖의 전문적 지식이나 특별한 기능을 가진 자가 그 지식 등을 활용하여 보수 등 대가를 받고 제공하는 용역

• 그 밖에 고용 관계없이 수당 또는 이와 유사한 성질의 대가를 받고 제공하는 용역

❻ 기타소득으로 보는 서화·골동품의 양도로 발생하는 소득의 경우
거주자가 받은 금액의 80%(90%)에 상당하는 금액과 실제 소요된 경비

중 큰 금액을 필요경비로 함

[주] 서화·골동품의 양도가액이 1억원 이하이거나 보유기간이 10년 이상
인 경우

4 기타소득 원천징수 세율

기타소득금액에 20%를 곱한 금액을 원천징수한다. 다만, 복권 및 복권
기금법 제2조에 따른 복권 당첨금 등에 해당하는 소득금액이 3억 원을
초과하는 경우 그 초과하는 분에 대해서는 30%를 적용한다.

5 종합과세와 분리과세

기타소득에 대한 세금의 납부는 세 종류로 나누어진다.

첫째, 원천징수로 모든 세무상 절차가 종결되는 것이 있고,

둘째, 원천징수와 별도로 나중에 종합소득세 신고를 해야 하는 소득이
있는가 하면,

셋째, 일정 금액 이상의 경우 원천징수를 통한 종결과 종합소득세를 선
택할 수 있는 소득이 있다.

기타소득의 세금납부방법

분리과세   종합과세   분리과세 또는 종합과세

무조건 분리과세

다음의 기타소득은 원천징수에 의해 납세의무 종결

➡ 서화·골동품의 양도로 발생하는 기타소득

➡ 복권 및 복권기금법 제2조에 규정된 복권의 당첨금

➡ 승마투표권, 승자투표권, 체육진흥투표권 등의 구매자가 받는 환급금

➡ 슬롯머신 등을 이용하는 행위에 참가하여 받는 당첨금품 등

➡ 연금외수령한 기타소득

무조건 종합과세

다음의 기타소득은 원천징수 대상이 아니므로 종합소득 과세표준을 계산할 때 합산

➡ 뇌물, 알선수재 및 배임수재에 의하여 받는 금품

선택적 분리과세

➡ 무조건 분리과세·종합과세 대상을 제외한 기타소득금액의 합계액이 300만 원 이하이면서 원천징수된 경우 종합소득 과세표준에 합산할 것인지 분리과세로 납세의무를 종결할 것인지 선택 가능

➡ 계약의 위약 또는 해약으로 인하여 받는 위약금·배상금으로 계약금이 위약금·배상금으로 대체되는 경우

➡ 종업원 등 또는 대학 교직원이 근로와 관계없거나 퇴직 후 지급받는 직무발명보상금

6 기타소득세를 안 내도 되는 경우(기타소득의 과세최저한)

다음의 어느 하나에 해당하는 경우는 당해 소득에 대한 소득세를 과세하지 않는다.

· 「한국마사회법」에 따른 승마투표권, 「경륜·경정법」에 따른 승자투표권, 「전통소싸움경기에 관한 법률」에 따른 소싸움 경기투표권 및 「국민체육진흥법」에 따른 체육진흥투표권의 구매자가 받는 환급금으로서, 매건 마다 승마투표권 · 승자투표권 · 소싸움 경기투표권 · 체육진흥투표권의 권면에 표시된 금액의 합계액이 10만 원 이하이고 단위투표금액당 환급금이 단위투표금액의 100배 이하인 경우

· 슬롯머신(비디오게임 포함) 및 투전기 기타 이와 유사한 기구를 이용하는 행위에 참가하여 받는 당첨금품 · 배당금품 또는 이에 준하는 금품이 매건 별로 500만원 미만인 경우

· 그 외의 **기타소득금액이 매 건마다 5만원 이하인 경우**

예를 들어 강연료 등 일시적인 인적용역 제공 대가로 125,000원을 받은 경우 기타소득금액은 5만 원 [125,000원(기타소득) - 7만 5천원(필요경비)]으로 과세최저한에 해당한다.

7 원천징수영수증 발급

원천징수의무자는 이를 지급하는 때에 그 소득금액 기타 필요한 사항을 기재한 원천징수영수증을 그 받는 자에게 발급해야 하며, 이때 당해 소득을 지급받는 자의 실제 명의를 확인해야 한다.

원고료, 고용 관계없이 다수 인에게 강연하고 강연료 등의 대가를 받는 용역, 라디오·텔레비전방송 등을 통해서 해설·계몽 또는 연기의 심사 등을 하고 보수 또는 이와 유사한 성질의 대가를 받는 용역의 경우 100만 원(필요경비를 공제하기 전의 금액) 이하를 지급하는 경우는 지급받는 자가 원천징수영수증의 발급을 요구하는 경우를 제외하고는 이를 발급하지 않을 수 있다.

8 지급명세서 제출

제출자

소득세 납세의무가 있는 개인에게 기타소득에 해당하는 금액을 국내에서 지급하는 자는 지급명세서를 제출해야 한다. 이 경우 국내에서 지급하는 자에는 법인을 포함하며, 소득금액의 지급을 대리하거나 그 지급을 위임 또는 위탁받은 자, 원천징수 세액의 납세지를 본점 또는 주사무소의 소재지를 하는 자와 부가가치세법에 의한 사업자 단위 과세사업자를 포함한다.

지급명세서 제출 제외 대상

· 비과세되는 기타소득
· 복권·경품권 그 밖의 추첨권에 의해서 받는 당첨금품에 해당하는 기타소득으로서 1건당 당첨 금품의 가액이 10만 원 이하인 경우
· 「한국마사회법」에 따른 승마투표권, 「경륜·경정법」에 따른 승자투표권, 「전통소싸움경기에 관한 법률」에 따른 소싸움 경기투표권 및 「국민

체육진흥법」에 따른 체육진흥투표권의 구매자가 받는 환급금에 해당하는 기타소득으로서 1건당 환급금이 500만 원 미만(체육진흥투표권의 경우 10만 원 이하)인 경우

· 과세최저한이 적용되는 기타소득. 다만, 다음의 경우 과세최저한에 적용되더라도 지급명세서를 제출해야 한다.

가. 문예·학술·미술·음악 또는 사진에 속하는 창작품(정기간행물에 게재하는 삽화 및 만화와 우리나라의 창작품 또는 고전을 외국어로 번역하거나 국역하는 것 포함)에 대한 원작자로서 받는 원고료, 저작권사용료인 인세(印稅), 미술·음악 또는 사진에 속하는 창작품에 대해서 받는 대가

나. 다음의 인적용역을 일시적으로 제공하고 지급받는 대가

- 고용 관계없이 다수인에게 강연하고 강연료 등의 대가를 받는 용역

- 라디오·텔레비전방송 등을 통하여 해설·계몽 또는 연기의 심사 등을 하고 보수 또는 이와 유사한 성질의 대가를 받는 용역

- 변호사·공인회계사·세무사·건축사·측량사·변리사 그 밖의 전문적 지식 또는 특별한 기능을 가진 자가 당해 지식 또는 기능을 활용하여 보수 또는 그 밖의 대가를 받고 제공하는 용역

- 그밖에 용역으로서 고용 관계없이 수당 또는 이와 유사한 성질의 대가를 받고 제공하는 용역(재산권에 관한 알선수수료, 사례금 및 위의 가에서 규정하는 용역 제외)

제출 시기

· 그 지급일이 속하는 연도의 다음 연도 2월 말일까지

· 원천징수의무자가 휴업 또는 폐업한 경우는 휴업일 또는 폐업일이 속
하는 달의 다음다음 달 말일까지

원천징수로 종결할까? 종합소득에 합산해서 신고할까?

소득금액이 연 300만 원 미만이라면 본인 의사에 따라 종합과세나 분리과세 중 유리한
것을 선택하도록 하고 있다.

이때 둘 중 하나를 선택하는 기준은 한계세율이다. 만일 근로소득 등 종합소득에 대한
한계세율이 지방소득세를 제외한 원천징수 세율(20%)보다 높으면 분리과세, 낮으면
종합과세를 선택하는 것이 유리하다. 예를 들어 근로소득 등 종합소득세율을 24% 적용
받는다면 기타소득금액을 합산하지 않는 것이 더 유리하다. 합산하게 되면 20%가 아닌
24%가 적용되기 때문이다.

● 종합소득 기본세율 24% 적용부터 : 분리과세가 유리
● 종합소득 기본세율 24% 이하 적용 : 종합과세가 유리

기타소득의 필요경비, 과세최저한, 분리과세 한도

구 분	필 요 경비율	과세최저한 (원천징수 안 함)	기 타 소득세	분리과세 한 도
2018년 4월 이전	80%	250,000원	4.4%	1,500만원
2018년 4월~12월	70%	166,666원	6.6%	1,000만원
2019년 이후	60%	125,000원	8.8%	750만원

사업소득의 원천징수

1   원천징수 대상 사업소득

다음의 원천징수 대상 사업소득을 지급하는 경우 이를 지급하는 자는 소득세를 원천징수해야 한다.

- 의료보건용역(수의사의 용역 포함). 다만, 약사법에 의한 약사가 제공하는 의약품의 조제 용역의 공급으로 발생하는 사업소득 중 의약품 가격이 차지하는 비율에 상당하는 금액에 대해서는 원천징수에서 제외된다.
- 저술가·작곡가 등이 직업상 제공하는 인적용역

2   원천징수의무자

사업자, 법인세의 납세의무자, 국가·지방자치단체 또는 지방자치단체조합, 민법 기타 법률에 의해서 설립된 법인, 법인격 없는 법인으로 보는 단체 등은 원천징수 대상 소득을 지급할 때 원천징수를 해서 지급하는 달이 속하는 달의 다음 달 10일까지 신고·납부를 해야 한다.

3 | 원천징수 세액

원천징수 대상 사업소득의 수입금액을 지급하는 때에는 그 지급금액에 3%를 곱한 금액으로 한다.

👀 사업소득 원천징수세액 💬

사업소득 수입금액 × 3% = 원천징수세액

원천징수의무자는 원천징수한 소득세를 그 징수일이 속하는 달의 다음 달 10일까지 원천징수 관할 세무서·한국은행 또는 체신 관서에 납부해야 한다. 반면, 반기납부 원천징수의무자는 원천징수한 소득세를 그 징수일이 속하는 반기의 마지막 달의 다음 달 10일까지 납부한다.

4 | 원천징수영수증 발급

· 원천징수의무자는 사업소득에 대한 수입금액을 지급하는 때에 그 수입금액 등을 기재한 원천징수영수증을 발급해야 한다.
· 사업소득에 대해 연말정산 하는 경우 연말정산일이 속하는 달의 다음 달 말일까지 사업소득 연말정산 분에 대한 원천징수영수증을 발급한다.

5 지급명세서의 제출

· 사업소득 지급액에 대한 간이지급명세서를 매달 말일 제출해야 한다. 매달 간이지급명세서를 제출한 경우 지급명세서의 제출을 생략할 수 있다.

· 원천징수대상 사업소득을 국내에서 지급하는 자는 지급명세서를 그 지급일이 속하는 연도의 다음 연도 3월 10일까지 제출한다.

· 연말정산 대상 사업소득에 대한 수입금액을 지급하지 않아 지급시기 의제 규정이 적용되는 경우는 해당 과세기간의 소득금액 또는 수입금액에 대한 과세연도 종료일이 속하는 연도의 다음연도 3월 10일까지 제출한다.

· 원천징수의무자가 휴업 또는 폐업한 경우는 휴업일 또는 폐업일이 속하는 달의 다음다음 달 말일까지 지급명세서를 제출한다.

· 다음의 경우 연간 지급된 소득금액 또는 수입금액의 합계액에 대한 지급명세서를 제출한다.

- 「국민건강보험법」에 의한 국민건강보험공단 또는 「산업재해보상보험법」에 의한 근로복지공단이 「의료법」에 의한 의료기관 또는 「약사법」에 의한 약국에게 요양급여비용 등을 지급하는 경우

- 「방문판매 등에 관한 법률」에 의하여 다단계판매업자가 다단계판매원에게 후원수당을 지급하는 경우

● 사업소득 : 용역의 제공이 고용 관계없이 독립된 자격으로 계속적, 반복적으로 직업상 용역을 제공하고 성과에 따라 지급받는 금액은 사업소득에 해당하는 것으로 지급하는 자는 사업소득의 3%(0.3% 지방소득세 별도)를 원천징수하는 것이며,

● 기타소득 : 고용 관계없이 독립된 자격으로 일시적, 우발적으로 용역을 제공하고 받는 수당 등은 기타소득에 해당하는 것으로 기타소득의 60%를 필요경비로 공제한 기타소득 금액의 20%(2% 지방소득세 별도)를 원천징수 해야 한다.

2억원에 대해서 기타소득과 사업소득으로 처리하는 경우 세금효과를 비교해보면 다음과 같다.

▌소득금액 : 2억원 - (2억 원 × 60%) = 8,000만 원

▌원천징수금액 : 8,000만 원 × 22% = 1,760만 원

▌과세방법 : 위의 기타소득 금액(8,000만 원)은 300만 원이 넘는다. 따라서 소득금액 8,000만 원을 근로소득 등 다른 소득에 합산해서 과세하고 이미 납부한 1,760만 원은 기납부세액을 공제한다.

▌소득금액 : 2억원 - 실제 들어간 필요경비

▌원천징수금액 : 2억원 × 3.3%(사업소득 원천징수) = 660만 원

▌과세방법 : 사업소득은 무조건 종합과세하는 소득이다. 따라서 소득금액을 다른 소득에 합산해서 과세하고 이미 납부한 660만 원은 기납부세액으로 공제한다.

이처럼 같은 금액이라 하더라도 어떻게 분류하느냐에 따라 세금의 차이를 낳게 된다. 이러한 차이는 필요경비와 협력 의무에서 비롯된다. 즉 기타소득으로 보면 필요경비도 60%로 인정받을 수 있을 뿐 아니라 장부를 작성해야 할 의무도 없다. 하지만 사업소득으로 보면 필요경비는 실제 들어간 것을 장부로 입증해야 하며, 입증할 수 없다면 정부가 정한 기준을 이용해야 한다. 이 경우 필요경비율이 60%에 훨씬 미치지 못하게 되어 결국 세금이 많이 늘어날 수밖에 없다.

⏻ 세금부담 계약을 한 경우 원천징수방법

$$과세표준 = 지급금액 \times \frac{1}{1 - 원천징수\ 세율}$$

각종 소득의 순액지급보장 계약 시 해당 세율을 뺀 비율로 총액화 역산해서 해당대가를 총액 반영하고 약정된 순액을 지급하며, 국내 원천세금은 지급회사가 자기 비용 원가로 회계에 반영한다(순지급액 10만 원인 경우로 가정).

❶ 해외기업으로 사용료 소득 지급 시 : 제한세율 10%를 뺀 0.9(=1−0.1)로 역산한다. : 100,000원 ÷ 0.9 = 111,110(총대가)원

❷ 강사료 등 국내에 지급하는 일시·우발적 기타소득으로서 법정필요경비 80%가 있는 소득 지급 : 0.912(=1 − 0.088)로 역산함. : 100,000원 ÷ 0.912 =109,650원

❸ 경품 지급 시 제세공과금도 지급 자가 부담하는 경우 법정필요경비 없는 소득 0.78(=1− 0.22)로 역산한다. : 100,000원 ÷ 0.78 = 128,200원

❹ 국내 독립 자유직업 인에게 사업소득 지급 : 0.967(=1− 0.033)로 역산한다 : 100,000원 ÷ 0.967 = 103,410(총대가)원

⏻ 개인과 법인 간의 자금거래에 대한 원천징수

구 분	원천징수
개인이 법인에 대여	• 이자지급 시 원천징수 해야 한다(27.5%). • 무상대여 ➡ 개인 측 : 대금업을 하는 경우에만 부당행위계산 적용. 즉, 이자소득은 부당행위계산 대상이 아니다. ➡ 법인 측 : 시가보다 낮은 이율의 차입이므로 부당행위계산이 적용되지 않는다. • 무상대여 시 증여세 ➡ 결손금이 있는 법인의 경우 최대주주 증여세 대상이 될 수 있다(가능성 낮음).

구 분	원천징수
법인이 개인에 대여	• 이자지급 시 원천징수 해야 한다(27.5%). 단, 이미 신고한 법인의 과세표준에 포함된 미지급 소득은 원천징수 하지 않아도 된다. • 무상대여 ➡ 특수관계 없는 자 : 정당한 사유 없이 시가의 30% 차액에 대해서 기업업무추진비 또는 비지정 기부금으로 본다. ➡ 특수관계자 : 시가와의 차액이 3억원 이상이거나 시가의 5% 이상의 경우 차액을 익금산입한다. • 무상대여 시 증여세 ➡ 특수관계자에게 대부금액이 1년간 1억원 이상인 경우로서 당좌대출이자율 이하로 대부 시 적용한다.
법인이 법인에 대여	법인이 개인에 대여한 경우와 동일하게 처리

⏻ 비영업대금의 이익 원천징수 세액 신고 방법

1. 원천징수 방법
• 국내에서 거주자나 비거주자에게 비영업대금의 이익을 지급하는 자는 그 거주자나 비거주자에게 소득세를 원천징수한다.
원천징수세율 : 25%(지방소득세 포함 27.5%)
• 비영업대금의 이익을 내국법인에게 지급하는 자는 원천징수의무자가 되어 그 금액을 지급하는 경우는 지급하는 금액에 25%의 세율을 적용하여 계산한 금액에 상당하는 법인세를 원천징수한다.

2. 원천징수세액에 대한 신고방법
(1) 거주자에게 비영업대금의 이익을 지급하여 소득세를 원천징수하는 경우
원천징수이행상황신고서의 이자소득(A50)란에 소득지급(인원, 총지급액), 징수세액(소득세 등)을 포함하여 작성하고, 원천징수이행상황신고서 부표의 비영업대금의 이익(C16)란에 소득지급(인원, 총지급액), 징수세액(소득세 등)을 작성하여야 한다.

(2) 내국법인에게 비영업대금의 이익을 지급하여 법인세를 원천징수하는 경우
원천징수이행상황신고서의 내·외국법인원천(A80)란에 소득지급(인원, 총지급액), 징수세액(소득세 등)을 포함하여 작성하고, 원천징수이행상황신고서 부표의 내국법인 비영업대금의 이익(C75)란에 소득지급(인원, 총지급액), 징수세액(소득세 등)을 작성하여야 한다.

(3) 법인이 위임계약에 따라 개인의 이자소득세 신고를 대신해주는 경우
원천징수 위임대리계약을 한 경우 이자소득에 대한 원천징수의무자는 자금대여자인 법인이 할 수 있다. 이 경우 원천징수이행상황신고서의 원천징수의무자란에는 법인의 인적사항을 기재 후 이자소득을 개재하는 곳에 기재하고(법인의 원천징수이행상황신고서에 포함), 이자소득에 대한 지급명세서 작성 시에도 징수의무자란에는 법인의 인적사항을 기재하고 소득자란에도 법인의 인적사항을 기재하는 것(법인의 지급명세서와 별도로 기재하여 제출)이다.
원천징수한 세액의 납세지는 법인의 본점 또는 주사무소의 관할 세무서로 한다. 원천징수 의무를 위임받아 신고하는 경우도 다른 방법이 있는 것이 아니라 기존에 하던 방식대로 신고하면 된다. 다만, 원천징수의무자가 원천징수를 하지 아니한 경우로서 납세의무자가 그 법인세액을 이미 납부한 경우는 원천징수의무자에게 원천징수의무를 불이행하였으므로 이에 대한 원천징수납부지연실가산세 및 지급명세서미제출 가산세는 적용된다.

급여에서 어떤 세금을
얼마나 공제하고 지급하나?

1 세법에서 말하는 근로자의 분류

세법상 근로자는 크게 상용근로자와 일용근로자로 나누어 세법을 적용하고 있다. 반면, 외국인 근로자에 대해서는 특별히 특례 규정을 두어 내국인과 별도로 적용하고 있다.

일용근로자
- 한 직장에서 3개월 미만 근로자
- (일당 - 15만 원) × 2.7% × 일한 일수

상용근로자
- 일용근로자를 제외한 근로자
- 간이세액표에 따라 근로소득세 징수

외국인근로자
- 비거주자인 외국인 근로자
- 간이세액표를 적용하는 방법 또는 19% 단일세율을 적용하는 방법 중 선택

위에서 보는 바와 같이 근로자에게 급여를 지급할 때 급여에서 각종 세금과 공과금을 차감한 후 지급하는데 이를 세법에서는 원천징수라고 한다. 원천징수는 국가를 대신해서 사업주가 하는 것이다.

그리고 급여지급 시 공제하는 세금은 근로자의 종류에 따라 공제하는 방법이 다른 데 세법에서 규정하고 있는 근로자는 상용근로자, 일용근로자, 외국인 근로자가 있다. 여기서 일용근로자는 (급여 – 15만 원) × 2.7% × 일당을 공제하고, 상용근로자는 간이세액표에 따라 세금을 공제하며, 외국인 근로자는 총급여의 19% 또는 간이세액표에 의한 세금 중선택한 금액을 세금으로 납부할 수 있도록 하고 있다.

총급여액

－

급여지급시 공제하는 세금	매월급여 : 근로소득세 + 지방소득세
	퇴 직 시 : 퇴직소득세 + 지방소득세
급여지급시 공제하는 4대 보험	국민연금 + 건강보험(노인장기요양보험료 포함) + 고용보험

＝

근로자가 실제로 받는 급여

2 일용근로자의 근로소득세 공제방법

세법에서 말하는 일용근로자란 1일 또는 시간으로 급여를 계산해서 받는 근로자(일당, 파트타임, 아르바이트 등)로서 동일 고용주에게 3월(건설공사 종사자는 1년) 이상 계속 고용되어 있지 않은 근로자를 말한다.

따라서 비록 일용근로자라고 해도 3개월 이상이 되는 월부터 상용근로자로 변경(상용근로자로 변경된 경우 1월 1일~12월 31일의 소득을 합해서 연말정산도 해야 함)되어 간이세액표에 따라 근로소득세를 공제한다. 물론 이를 회피하고자 입사와 퇴사를 반복하는 경우도 동 기간을 합산해서 기간을 계산한다.

💬 일용근로자의 판단기준과 3개월의 의미 💬

일용근로자를 판정함에 있어 당초 근무 계약 시 3월 이상 근무할 조건으로 취업하였으나 3월 미만에 퇴직한 경우도 상용근로자로 급여지급 시 근로소득 간이세액표를 적용한다. 여기서 3월 이상 근무란 매일 근로를 제공하지 않더라도 월 단위로 계속 근로 제공시 근로 월수로 본다.

3월이란 고용일 수(90일)에 의해서 계산한 기간이나, 1년을 통산해서 3개월이 아니고, 역에 의해서 계산한 기간을 말하는 것으로 간헐적으로 근무를 하였다고 하더라도 3월 이상의 기간에 걸쳐 동일한 고용주에게 고용된 경우 이를 상용근로자로 본다.

그리고 일용근로자의 경우에는 다음의 금액을 공제해서 지급일이 속하는 다음 달 말일에 원천징수이행상황신고서에 기재해 신고·납부를 한다. 물론 국세청 홈택스를 통해서도 신고할 수 있다.

또한, 원천징수 시에는 상대방에게 원천징수영수증을 발행해 주어야 하며, 동 원천징수영수증(지급명세서)은 모아서 다음 달 말일 관할 세무서에 신고해야 한다. 따라서 1년에 12번 신고를 하는 것이다.

결론적으로 원천징수 신고·납부는 1년에 12번(반기별 납부자는 2번), 지급명세서의 제출은 12번을 하는 것이다.

일용근로자 원천징수액 = [일용근로소득(일당) - 15만원] × 6% - 근로소득세액공제([일용근로소득(일당) - 15만원] × 6% × 55%)

또는 (일당 - 15만원) × 2.7% × 일한 일수

[절세 상식] 1회 지급 시 납부세액이 1,000원 미만의 경우는 납부하지 않아도 된다.

일용근로자와 관련해 처리해야 할 사항

세무상 처리 사항

매달 급여에서 원천징수 후 다음 달 10일 원천징수이행상황신고서에 기재해서 세무서에 신고하고, 세금은 은행에 납부

매월 지급명세서 제출
근로내용확인신고서 제출시 미제출

4대 보험 처리 사항

일용근로자도 원칙적으로 4대 보험에 모두 가입해야 한다. 반면, 시간 단위로 일하는 근로자의 경우 월 60시간 이상 근무하는 경우 가입해야 한다.

원천징수이행상황신고서

소득자 소득구분		코드	원 천 징 수 명 세				
			소득지급(과세 미달, 일부 비과세 포함)		징수세액		
			④ 인원	⑤ 총지급액	⑥ 소득세등	⑦ 농어촌특별세	⑧ 가산세
근로소득	간이세액	A01					
	중도퇴사	A02					
	일용근로	A03	1	2,400,000	10,800		
	연말정산	A04					
	가감계	A10					

일용근로소득 지급명세서(지급자 제출용)
[일용근로소득 지급명세서(원천징수영수증) 분기별 제출집계표]

1. 분기별 원천징수 집계현황

⑧귀속연도		⑨지급분기		□1/4분기(1~3월) □2/4분기(4~6월) □3/4분기(7~9월) □4/4분기(10~12월)			
⑩ 일용근로자수 (⑰번에 기재된 칸의 개수)		⑪ 제출자료건수 (⑫번에 기재된 칸의 개수)		⑫ 총지급액 합계 (㉓번란 합계)	⑬ 비과세소득 합계 (㉔번란 합계)	원천징수세액 합계	
						⑭소득세(㉕번 합계)	⑮지방소득세 (㉖번 합계)
1명		1건		2,400,000		10,800	1,080

2. 소득자 인적사항 및 일용근로소득 내용[일용근로소득 지급명세서(원천징수영수증)에 기재한 지급내역과 동일하게 작성합니다]

⑯ 번호	⑰ 성명 ⑱ 전화 번호	⑲ 외국인 여부	⑳ 주민등록번호	㉑ 지급월	귀속 ㉒ 근무월 근무일수		㉓총지급액 (과세소득)	㉔비과세소득	원천징수세액	
									㉕소득세	㉖지방소득세
1	홍길동		701002- 1016111	11월	10월	20일	2 400 000		10 800	1 080

근로계약상 근로제공에 대한 시간 또는 일수나 그 성과에 의하지 않고 월정액에 의해서 급여를 지급받는 경우는 그 고용기간에 불구하고 일용근로자가 아닌 자, 즉 상용근로자의 근로소득으로 본다.

학교의 외부강사나, 아르바이트생에게 지급하는 임금은 근로소득, 기타소득, 사업소득 중 어느 소득에 해당하나?

고용계약에 의해서 지급받는 강사료는 근로소득에 해당하며, 일시적으로 강의를 하고 지급받는 강사료는 기타소득에 해당하고, 독립된 자격으로 계속적, 반복적으로 강의를 하고 지급받는 강사료는 사업소득에 해당한다.

이때 고용관계가 있는가는 근로자가 업무, 작업에 대한 거부를 할 수 있는지, 시간적·장소적 제약을 받는지, 업무수행 과정에 있어서 구체적인 지시를 받는지, 복무규정의 준수 의무가 있는가 등 민법 제655조에 따라 종합적으로 판단해야 하며,

계속적·반복적인가는 소득지급자의 지급 횟수 등을 기준으로 판단하는 것이 아니라 당해 용역을 제공하는 사람(소득자)을 기준으로 사실 판단해야 한다.

일용근로자도 의료비·교육비·신용카드 사용 금액을 공제받을 수 있는지?

일용근로자는 특별소득공제, 특별세액공제 및 그 밖의 소득공제를 적용받을 수 없다.

3 상용근로자의 근로소득세 공제방법

상용근로자는 간이세액표에 의해서 원천징수를 해 다음 달 10일까지 원천징수 세액을 신고·납부 해야 하며, 원천징수로 모든 세무상 문제가 종결되는 것이 아니라 다음 해 2월에 급여지급 시 1월부터 12월까지의 급여를 합해서 연말정산 절차를 거쳐 정산금액을 3월 10일까지 신고·납부를

한다.

여기서 간이세액표란 부양가족수와 월급여를 기준으로 납부해야 할 근로소득세와 지방소득세(특별징수)를 계산해 놓은 속산표로 이는 매년 홈택스 사이트를 통해 제공해 주고 있다.

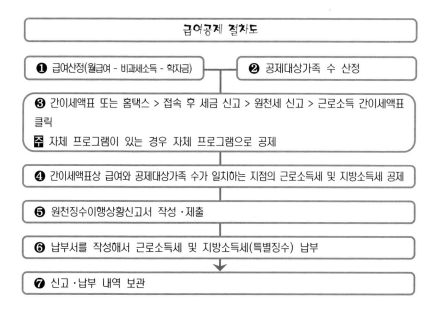

급여공제 절차도

❶ 급여산정(월급여 - 비과세소득 - 학자금)   ❷ 공제대상가족 수 산정

❸ 간이세액표 또는 홈택스 > 접속 후 세금 신고 > 원천세 신고 > 근로소득 간이세액표 클릭
죄 자체 프로그램이 있는 경우 자체 프로그램으로 공제

❹ 간이세액표상 급여와 공제대상가족 수가 일치하는 지점의 근로소득세 및 지방소득세 공제

❺ 원천징수이행상황신고서 작성 · 제출

❻ 납부서를 작성해서 근로소득세 및 지방소득세(특별징수) 납부

❼ 신고 · 납부 내역 보관

간이세액표는 공제대상 가족 수(본인 포함)만으로 공제 인원을 계산해 조견표를 적용한 후 조견표 금액에서 전체 공제대상 가족 중 8세 이상 20세 이하 자녀 수에 따라 아래의 금액을 차감한 후 원천징수한다.
❶ 월급여와 전체 공제대상 가족 수(본인 포함)에 해당하는 조견표상 금액을 구한다.
❷ 전체 공제대상 가족 중 8세 이상 20세 이하 자녀가 있는 경우 인원수에 따라 ❶에서 산정된 금액에서 차감한다. 다만, 공제한 금액이 음수인 경우의 세액은 0원으로 한다.
가. 8세 이상 20세 이하 자녀가 1명인 경우 : 12,500원
나. 8세 이상 20세 이하 자녀가 2명인 경우 : 29,160원

다. 8세 이상 20세 이하 자녀가 3명 이상인 경우 : 29,160원 + 2명 초과 자녀 1명당 25,000원

월급여액

월급여액은 실제로 한 달간 받는 급여의 총액에서 비과세 및 학자금을 차감한 금액을 말한다. 따라서 우선은 세법에서 규정하고 있는 비과세의 종류를 알아야 한다.

참고로 월급여액(비과세소득 제외)이 1,000만 원을 초과하는 경우 간이세액의 계산방법이 변동이 있으므로 국세청 제공 간이세액표를 다운받아 적용 방법을 확인해야 한다.

공제대상가족의 수

공제대상가족수 = 실제 공제대상가족수(❶ + ❷ + ❸)

간이세액표 적용 시 공제대상가족의 수는 다음의 인원수의 합을 말한다.
❶ 본인은 무조건 1인이다.
❷ 연간 소득금액이 100만 원이 넘지 않는 배우자는 1인이 된다.
전업주부는 무조건 해당하나 근로소득만 있는 맞벌이의 경우 배우자의 연급여액이 500만 원 미만인 경우, 다른 소득의 경우 수입금액에서 필요경비를 차감한 금액이 100만 원을 안 넘는 경우 포함되는 1인에 해당한다. 예를 들어 본인과 배우자 둘이 살면서 배우자는 전업주부의 경우 공제대상 가족의 수는 본인 + 배우자 2인이 된다. 반면 배우자가 연봉

500만 원을 넘게 받는 맞벌이 부부의 경우 배우자는 공제대상가족의 수에 포함이 안 되므로 공제대상 가족의 수는 본인 1인이 된다.

❸ 같이 사는 부양가족 중 다음에 해당하는 인원수의 합

[실제 공제대상가족수]

관 계	일반명칭	연령제한	생계제한	소득제한	소득자(배우자)	배우자 (소득자)
직계존속	아버지(계부), 어머니(계모), 조(외)부모, 증조(외)부모	만 60세 이상자	생계를 같이하는 부양가족	연 100만 원 이하	친부모+시부모 +장인·장모	친부모 + 시부모 + 장인·장모
직계비속	자녀, 손자, 외손자	만 8세~20세 이하자			자녀 자식	자녀 자식
형제자매	동기간, 시누이, 시동생, 처남, 처제	만 8세~20세 이하, 만 60세 이상자			형, 누나, 동생, 처남, 처제	언니, 오빠·동생, 시누이, 시동생
입 양 자	자녀	만 8세~20세 이하 자			양자녀	양자녀
장 애 인	모든 관계	연령제한 없음			직계 존·비속, 입양자, 형제자매 모든 관계	

간이세액표의 정확한 적용 방법을 알려면 매년 1월 말에서 2월 초 사이에 홈택스 > 국세납부 > 세금 신고 > 원천세 신고 > 근로소득 간이세액표 클릭 후 간이세액표를 다운받아 참조하면 된다.

상여금이 있는 달의 근로소득세 원천징수

지급대상 기간이 있는 상여

지급대상 기간이 있는 상여금 등을 지급하는 때의 원천징수하는 소득세
= (❶ × ❷) - ❸

❶ $\left(\dfrac{\text{상여 등의 금액 + 지급대상 기간의 상여 등 외의 급여의 합계액}}{\text{지급대상 기간의 월수}}\right)$ 에 대한

간이세액표의 해당 세액

❷ 지급대상 기간의 월수

❸ 지급대상 기간의 상여 등 외의 급여에 대해 이미 원천징수해서 납부한 세액(가산세액 제외)

월급여액(비과세소득과 과세 되는 학자금 제외)이 5,010천원인 근로자의 공제대상 가족의 수가 5명, 상여금이 600%로써 2개월에 한 번씩 상여금을 지급받는 경우

 해 설

❶ $\left[\dfrac{5,010,000원 + 10,020,000원}{2}\right]$ 에 대한 간이세액표의 해당 세액

= 7,515,000원에 대한 간이세액표의 해당 세액은 602,950원

월급여액(천원) [비과세및학자금제외]		공제대상가족의수										
이상	미만	1	2	3	4	5	6	7	8	9	10	11
7,500	7,520	846,100	797,090	662,950	632,950	602,950	572,950	542,950	512,950	482,950	462,470	443,720

❷ 2

❸ 월급여액(비과세소득과 과세 되는 학자금 제외)이 5,010천원인 근로자의 공제대상 가족의 수가 5명인 경우 원천징수세액은 200,350원

월급여액(천원) [비과세및학자금제외]		공제대상가족의수										
이상	미만	1	2	3	4	5	6	7	8	9	10	11
5,000	5,020	335,470	306,710	237,850	219,100	200,350	181,600	162,850	144,100	125,350	106,600	87,850

지급하는 때의 원천징수하는 소득세의 계산 (❶×❷) - ❸

= (602,950원 × 2) - 200,350원

= 1,005,550원(지방소득세 105,550원은 별도 납부)

원천징수이행상황신고서							
소득자 소득구분		코드	원 천 징 수 명 세				
			소득지급 (과세 미달, 일부 비과세 포함)		징수세액		
			④ 인원	⑤ 총지급액	⑥ 소득세 등	⑦ 농어촌특별세	⑧ 가산세
근로소득	간이세액	A01	1명	10,020,000원	1,005,550원		
	중도퇴사	A02					
	일용근로	A03					
	연말정산	A04					
	가감계	A10	1명	10,020,000원	1,005,550원		

지급대상기간이 없는 상여

지급대상기간이 없는 상여 등을 지급하는 때의 원천징수하는 소득세의 계산 = 그 상여 등을 받은 과세기간의 1월 1일부터 그 상여 등의 지급일이 속하는 달까지를 지급대상기간으로 해서 지급대상기간이 있는 상여의 방법으로 계산한다.

이 경우 과세기간에 2회 이상의 상여 등을 받았을 때는 직전에 상여 등을 지급받은 날이 속하는 달의 다음 달부터 그 후에 상여 등을 지급받은 날이 속하는 달까지를 지급대상기간으로 해서 세액을 계산한다.

지급대상기간 계산

· 지급대상기간이 1년을 초과하는 경우는 1년으로 보고, 1월 미만의 끝수가 있는 경우에는 1개월로 본다.

· 지급대상기간의 마지막 달이 아닌 달에 지급되는 상여 등은 지급대상기간이 없는 상여 등으로 본다.

· 지급대상기간이 서로 다른 상여 등을 같은 달에 지급하는 경우 지급대상기간을 다음과 같이 계산한다.

$$\text{지급대상기간} = \frac{\text{같은 달에 지급받은 상여 등의 지급대상기간의 합계}}{\text{같은 달에 지급받은 상여 등의 개수}}$$

상여금계산의 특례

상여 등의 금액과 그 지급대상기간이 사전에 정해진 경우(금액과 지급대상기간이 사전에 정해진 상여 등을 지급대상기간의 중간에 지급하는 경우 포함)에는 매월분의 급여와 상여 등의 금액을 그 지급대상기간으로 나눈 금액을 합한 금액에 대해서 근로소득 간이세액표에 의한 매월 분 세액을 징수할 수 있다.

예를 들어 월급여액(비과세소득과 과세되는 학자금 제외)이 5,010천원인 근로자의 공제대상 가족의 수가 5명, 상여금이 600%로써 2개월에 한 번씩 상여금을 지급받는 경우 501만원 + 501만원 /2월 = 7,515,000원 에 대한 간이세액표의 해당 세액을 징수할 수 있다는 의미이다.

월급여액(천원) [비과세및학자금제외]		공제대상가족의수										
이상	미만	1	2	3	4	5	6	7	8	9	10	11
7,500	7,520	846,100	797,090	662,950	632,950	602,950	572,950	542,950	512,950	482,950	462,470	443,720

급여 원천징수 세액의 선택 적용

근로자가 본인의 연간 세 부담 수준에 맞게 원천징수 세액을 근로소득 간이세액표에 따른 세액의 80% 또는 120%로 선택할 수 있다(선택하지 않은 경우는 100% 적용).

4 외국인근로자의 근로소득세 공제방법

외국인 근로자가 국내에서 근무함으로써 매월 지급받는 근로소득에 대해서 소득세를 원천징수하는 경우 근로소득 간이세액표에 의해 원천징수하는 방법과 해당 근로소득에 19%를 곱한 금액을 원천징수하는 방법 중 선택해서 적용할 수 있다.

매월 급여에 19%를 곱한 금액을 원천징수하는 방법을 적용받고자 하는 외국인 근로자(원천징수 신청일 현재 대한민국 국적을 가지지 않는 사람만 해당)는 근로를 제공한 날이 속하는 달의 다음 달 10일까지 "단일세

율 적용 원천징수신청서"를 원천징수의무자를 거쳐 원천징수 관할 세무
서장에게 제출해야 한다.

> 월급여액 1,200만 원이고, 부양가족 5명(본인 및 만 8세~20세 이하 자녀 2명 포함)
> 인 외국인 근로자의 원천징수세액은?

방법 1과 방법 2 중 적은 금액 납부

방법1

간이세액표 적용 : 1,458,140

방법2

19% 단일세율 원천징수 적용 ➡ 원천징수세액 2,280,000원

비과세를 포함한 월급여액에 19% 단일세율 적용

1,200만 원 × 19% = 2,280,000원

간이세액표를 적용하는 방법	19% 단일세율 원천징수 적용

둘 중 선택적용

원천징수이행상황신고서							
소득자 소득구분		코드	소득지급(과세미달, 일부 비과세 포함)		원 천 징 수 명 세 징수세액		
			④인원	⑤총지급액	⑥소득세등	⑦농어촌특별세	⑧가산세
근로소득	간이세액	A01	1명	12,000,000원	1,837,630원		
	중도퇴사	A02					
	일용근로	A03					
	연말정산	A04					
	가감계	A10	1명	12,000,000원	1,837,630원		

중소기업에 취업하는 청년에 대한 소득세 감면

중소기업기본법상 중소기업(주점 및 비알콜 음료점업, 금융보험업, 공공기관 등 일부 업종은 제외)에 취업하는 청년, 노인 및 장애인, 경력단절 여성은 그 중소기업체로부터 받는 근로소득을 취업 일로부터 5년이 되는 날이 속하는 달까지 소득세를 감면한다(원천징수 안함). 여기서 청년이란 근로계약체결일 현재 연령이 근로계약 체결일 현재 연령이 15~34세 이하(병역이행 기간(최대 6년)을 차감 후 연령이 34세 이하인 사람 포함)인 사람을 말한다.

예를 들어 현재 나이 만 31세인 경우 31세 - 군 복무기간 2년 = 29세로서 감면적용 대상에 해당한다. 최대출자자자와 직계존비속, 임원, 일용근로자, 건강보험료 또는 국민연금 납부 사실이 확인되지 않는 자는 대상에서 제외된다.

구 분	감면금액
2012년 1월 1일 ~ 2013년 12월 31일 취업한 경우	100% 감면
2014년 1월 1일 ~ 2015년 12월 31일 취업한 경우	50% 감면
2016년 1월 1일 ~ 2017년 12월 31일 취업한 경우	70% 감면
2018년 1월 1일 ~	90% 감면

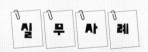

⏻ 일용근로자 잡급에 대한 세무조사 시 검토사항

1. 일용근로자에게 지출한 잡급을 손금으로 인정받기 위해서는 이에 대한 입증서류를 비치해 두어야 한다. 즉, 현장별로 노무비지급대장에 직책, 성명, 주민등록번호, 출역사항, 출역일수, 노무비 단가 등을 기록하여 양수인의 도장이나 서명을 받아야 한다. 또한, 신분증 사본을 보관해야 하며, 지급 시에 가급적 일용근로자 본인의 금융계좌에 예치하는 방법을 사용하면 더욱 확실한 입증 방법이다.

2. 가공 인건비 계상 여부

① 현장에 투입된 일용근로자의 주민등록번호를 확인해서 전산 조회한 결과 재산상황, 연령, 주소지, 사업자 유무, 근로자 유무 등을 파악해서 사실 근무 여부를 파악한다.

② 기상청의 연간 강수량 등을 파악해서 공사 종류별로 공사가 불가능한 시기에 인건비를 계상하였는지? 여부를 검토한다.

③ 공사 종별로 노무비의 평균 지출액을 파악해서 과다계상여부를 검토한다.

④ 타 공사 현장의 인건비를 계상하였는지? 여부를 파악한다.

3. 일 급여액의 축소 및 분산 여부 확인

일용근로자에 대한 일 급여액의 근로소득공제가 15만 원이므로 이를 회피하기 위해 일 급여를 15만 원으로 과소신고를 하거나 실제 근무하지 않은 가공인물로 나눠 처리하거나 출역일수를 연장해서 분산처리하는 경우이다. 이 경우 실제 지급된 일 급여액이 확인되면 손금으로 인정받을 수 있으나 반면 확인되지 않는 경우 원천징수 세액과 원천징수납부지연가산세가 추징될 수 있다.

4. 가공세금계산서의 수취 여부 확인

일용근로자에 대한 현장 인건비 지출에 대한 관리 소홀로 이에 소요된 경비를 가공세금계산서로 대체하였는지? 여부를 확인하는 것이다. 이 경우 사실이 확인되면 사실과 다른 세금계산서 수취에 해당되어 매입세액공제 및 가산세를 추징하고, 가공원가로 법인세 추징 및 귀속 불분명시 대표자 상여처분을 받게 되어, 손금불산입 및 상여처분은 면하게 될 것이다.

세금을 내지 않는 비과세급여

식사와 식대와 관련한 비과세

❶과 ❷ 중 큰 금액을 비용처리 한다. ❶과 ❷ 모두 비용처리 시 ❷는 과세한다.

❶ 근로자가 사내급식 또는 이와 유사한 방법으로 제공받는 식사 기타 음식물

사용자가 기업 외부의 음식업자와 식사·기타 음식물 공급계약을 체결하고 그 사용자가 발급하는 식권에 의해서 제공받는 식사·기타 음식물로서 당해 식권이 현금으로 환금할 수 없는 때에는 이와 유사한 방법으로 제공받는 식사·기타 음식물로 본다.

❷ 식사 기타 음식물을 제공받지 않는 근로자가 받는 월 20만 원 이하의 식대 : 식대가 사규 또는 급여 지급기준 등에 식대에 대한 지급 기준이 정해져 있어야 한다.

• 식대가 연봉계약서 등에 포함되어 있고,
• 회사의 사규 등에 식대에 대한 지급기준이 정해져 있는 경우로서,

- 현물 식사(사내급식 또는 이와 유사한 방법으로 식사 또는 기타 음식물)를 제 공받지 않아야 하며,
- 월 20만 원까지 비과세 처리한다.

식대 20만원만 제공	식대 20만원 + 현물식사를 제공
회사가 급여 처리를 해도 식대보조금으로 세금을 납부하지 않고 비과세 처리된다.	현물식사는 비과세되나 식대 20만원은 과세된다.

예를 들어 월 20만 원의 비과세 식대보조금을 책정해 두고 매일 회사경비로 식사하는 경우(또는 사장님이 식사를 사주는 경우) 월 20만 원은 비과세가 아닌 과세로써 당연히 근로소득세를 납부해야 하나, 식대 보조금은 비과세 처리하고 현물 식사비는 법정지출증빙에 의해 비용처리를 해버리는 경우 당장은 걸리지 않아도 세무조사 시 발각되면 식대 보조금은 근로소득세가 추징될 수 있다. 따라서 당초부터 월 20만 원과 현물식대 금액을 비교해 큰 금액을 회사경비 처리 후 직원은 비과세 처리하도록 한다.

❝ 식대의 비과세 실무사례 ❞

구 분	비과세 여부
휴일 또는 야간근무 등 시간 외 근무를 하는 경우 제공받	다른 근로자와 함께 일률적으로 식대보조금을 지급받고 있는 근로자가 휴일 또는 야간근무 등 시간외근무

구 분	비과세 여부
는 식사·기타 음식물	를 하는 경우 별도로 제공받는 식사·기타 음식물은 비과세되는 급여에 포함한다. 즉, 20만 원 한도와 별도로 비과세 금액에 포함된다.
출산휴가기간 등 일정 휴가기간에 급여에 포함해 지급하는 식대	휴가기간 중에 식대 명목으로 지급받는 금액은 비과세되는 식대로 볼 수 없으므로 근로소득세가 과세되는 것이다.
직원의 식사를 구내식당 등에서 저가로 제공하는 경우	종업원에게 식대를 저가로 판매하는 경우는 부당행위계산부인 규정이 적용되지 않는다.
일용근로자 식대	일용근로자가 근로를 제공하는 날에 고용주로부터 지급받는 모든 급여는 그 지급방법이나 명칭에 불구하고 일 급여(일당)에 해당하는 것이므로 사내지급규정에 의거 근로일수에 따라 일정액을 지급하는 여비 및 숙식비는 일용근로자의 일급여에 포함되는 것이며, 동 여비 및 숙식비 중 식대에 해당하는 금액으로서 실비상당액(월15만 원)은 소득세가 비과세되는 것이다.
식대의 매입세액공제	간식비, 점심 식대가 사업과 관련해서 지출되었고, 세금계산서(신용카드매출전표, 현금영수증 포함)를 발급받은 경우라면 공제할 수 있다. 다만, 기업업무추진비 및 이와 유사한 비용의 지출과 관련된 매입세액은 공제되지 않는다.
연봉제에서 식대 비과세 적용	비과세 대상 식사대가 연봉계약서에 포함되어 있고, 지급기준이 정해져 있는 경우에는 비과세가 가능할 것이나, 이에 해당하지 않으면 과세대상이다. 즉, 연봉계약서에 식사대가 포함되어 있지 않고, 급여 지급기준에 식사대에 대한 지급기준이 정해져 있지 않은 경우는 식대는 과세된다.

구 분	비과세 여부
외부 음식업자와 식사 제공계약을 체결하고 식권을 제공하는 경우	사용자가 외부 음식업자와 식사 제공계약을 체결하고 현금으로 환금할 수 없는 식권을 근로자에게 주는 경우는 비과세되는 식사ㆍ기타 음식물로 본다. 따라서 현금으로 환금할 수 있는 식권을 제공하는 경우는 과세된다.
두 회사로부터 각각 식대를 받는 경우	근로자가 2 이상의 회사에 근무하면서 식사대를 매월 각 회사로부터 중복해서 지급받는 경우에는 각 회사의 식사대 합계 금액 중 월 20만 원 이내의 금액만 비과세한다.
위탁급식업체의 식대를 일부는 직원이 부담하고, 일부는 회사가 지급하는 경우도 식사대 명목으로 받는 금액을 20만 원까지는 비과세받을 수 있는지?	사용자로부터 식사 기타 음식물을 제공받지 않는 근로자가 회사의 사규 또는 급여 지급기준 등에 의해 지급받는 월 20만 원 이하의 식사대는 비과세 되는 것이나, 식사 기타 음식물을 제공받고 있는 근로자가 별도로 식사대를 지급받는 경우는 식사 기타 음식물에 한해서 비과세 되는 급여에 해당한다.
다른 근로자와 함께 일률적으로 급식수당을 받는 근로자가 야간근무 등 시간외근무를 하는 경우 별도로 제공받는 식사 기타 음식물	다른 근로자와 함께 일률적으로 급식수당을 받는 근로자가 야간근무 등 시간외근무를 하는 경우 별도로 제공받는 식사 기타 음식물은 비과세되는 급여에 포함된다.
근로소득지급명세서 신고시 전근무지 비과세 항목 기재 여부	근로소득지급명세서상 비과세란에 자가운전보조금은 제외된다. 전근무지 지급명세서상 기재된 경우는 현 근무지에서 제외하면 된다. 그러나 포함해서 기재하더라도 가산세가 없으므로 크게 문제 될 것은 없다.

2 자가운전보조금의 비과세

자가운전보조금 (또는 차량유지비)가 비과세되기 위해서는 아래의 요건이 모두 충족이 되어야 한다. 즉, 아래의 요건이 충족되는 경우 해당 직원은 20만 원까지 비과세되고 회사는 특별한 증빙이 없어도 비용으로 인정이 된다.

그러나 아래의 요건을 충족하지 않으면서 차량유지비 명목으로 매달 지급하는 비용은 세금계산서나 신용카드매출전표와 같은 법정지출증빙을 받지 않은 경우 비용으로 인정받지 못하게 되며, 해당 직원은 급여로 보아 근로소득세를 납부해야 한다.

- **근로소득자만 비과세된다.**

    자가운전보조금은 근로소득자만 비과세 되며, 다른 소득(사업소득(개인회사 사장도 비적용), 부동산임대소득 등)에는 비과세되지 않는다. 외국인 근로자에게도 적용되며, 생산직 근로자에게도 적용된다.

- **종업원(법인 대표이사, 출자임원, 비출자임원, 직원 포함)의 자기 소유 차량이어야 한다.**

    차량이 종업원 단독 소유 또는 배우자와 공동소유인 경우에만 비과세된다.

    타인 명의 차량 또는 차량이 없는 종업원에 대한 자가운전보조금은 과세 된다. 따라서 차량등록증 등을 제출받아 사실관계를 확인할 필요가 있다.

구 분	비과세 여부
타인 (배우자, 장애인, 가족을 포함한다) 명의 차량	비과세 불가

구 분		비과세 여부
공동명의	부부 공동명의 차량	비과세 가능
	배우자 외의 자와 공동명의 차량	비과세 불가

- **종업원이 직접 운전해야 한다.**

  종업원이 직접 운전하는 경우에만 자가운전보조금이 비과세된다.

  종업원 소유 차량을 회사에 제공해서 다른 종업원이 사용하고 지급받는 자가운전보조금은 과세된다.

- **자가운전보조금을 지급받는 종업원이 시내출장비 등을 실비로 별도로 지급받으면 안 된다.**

  시내출장에 소요되는 실제 경비를 별도로 받으면서 월액의 자가운전보조금을 받으면 시내출장 실제 경비는 비용인정이 되나 자가운전보조금은 근로소득에 포함된다.

- **회사의 업무수행에 이용하는 것이어야 한다.**

  사용자(법인이나 개인사업자)의 업무수행에 이용하고 받는 자가운전보조금만 비과세된다.

  단순히 종업원이 출퇴근의 편의를 위해서 지급받는 출퇴근 보조비 및 주차비용은 자가운전보조금 명목으로 지급하더라도 과세된다. 따라서 일반적으로 영업직 등의 차량유지비는 의심의 소지가 작으나 업무수행에 차량이 필수적으로 필요 없는 관리직의 경우 의심의 소지가 많다.

- **당해 사업체가 미리 정한 지급규정(사규) 등에 의해 지급하는 것이어야 한다.**

  사규에 지급규정 없이 무작정 지급하는 금액은 인정되지 않으며, 지급규정을 초과한 금액, 지급대상자가 아닌 자에게 지급하는 것도 인정되지 않는다. 사규에는 자가운전보조금의 지급 대상자 범위를 외근직 영업직원 등으로 분명히 정해두어야 한다. 가령 모든 직원에게 월 정액으로 자가운전보조금을 지급하는 것으로 정해두면 비과세되지 않을 수 있다. 따라서 차량운행일지 등을 작성해서 보관한다.

• **월 20만 원까지만 비과세 처리한다.**

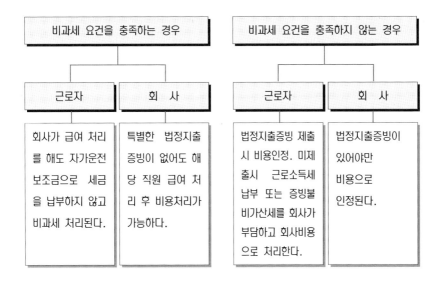

비과세 요건을 충족하는 경우		비과세 요건을 충족하지 않는 경우	
근로자	회 사	근로자	회 사
회사가 급여 처리를 해도 자가운전보조금으로 세금을 납부하지 않고 비과세 처리된다.	특별한 법정지출증빙이 없어도 해당 직원 급여 처리 후 비용처리가 가능하다.	법정지출증빙 제출 시 비용인정. 미제출 시 근로소득세 납부 또는 증빙불비가산세를 회사가 부담하고 회사비용으로 처리한다.	법정지출증빙이 있어야만 비용으로 인정된다.

해외출장여비의 실비변상적 급여의 범위

• 회사의 업무수행을 위해서 근로자가 해당 회사의 해외 출장비 지급 기준에 따라 지급받는 출장비로 출장목적, 출장비, 출장기간 등을 고려해서 실지 드는 비용을 충당할 정도의 범위 내에서 지급하는 경우 실비변상적 성질의 급여에 해당되어 비과세한다.

- 종업원의 업무수행을 위한 해외출장으로 인해서 실제 소요된 항공료·숙박비를 선지출하고 해당 법인으로부터 그 지출한 금액을 정산해서 지급받는 경우로서 해당 해외출장비용이 소득세법에서 규정한 증빙(예 : 신용카드매출전표, 현금영수증, 세금계산서, 계산서)에 의해서 확인되는 때에는 동 금액은 해당 종업원의 근로소득에 해당하지 않는다.

차량을 소유하지 않은 종업원의 자기차량운전보조금 비과세 여부?

차량을 소유하고 있지 않은 종업원에게 지급하는 자기차량운전보조금은 비과세되지 않는다.

2 이상의 회사에 다니면서 자기차량운전보조금을 각각 지급받은 경우

근로자가 2 이상의 회사에 근무하면서 각각 지급받은 자기차량운전보조금은 지급하는 회사를 기준으로 월 20만 원 이내의 금액을 비과세하는 것이다.

장거리 출퇴근 근로자에게만 지급하는 교통보조금

직원의 출퇴근 편의를 위해서 지급하는 교통보조금은 과세대상 소득에 해당한다.

임원이 지급받는 20만원 이내의 자기차량운전보조금

비과세 식사대 및 실비변상적인 급여로 비과세 근로소득으로 보는 자기차량운전보조금에 대한 비과세 규정은 임원도 적용할 수 있으므로 월 20만 원 이내의 금액은 비과세된다.

3 출산·보육(가족수당)의 비과세

출산수당은 근로자 본인 또는 배우자의 출산과 관련하여 출생일 이후 2년 이내에 공통 지급규정에 따라 사용자로부터 지급(2회 이내)받는 급여 전액을 비과세한다. 다만, 기업 출산지원금을 조세회피에 활용하는 것을 막기 위해 사업주 또는 지배주주의 친족에게 지급하는 경우는 비과세 대상에서 제외한다.

반면 보육수당에 대하여는 출산수당과 별도로 월 20만 원 이내의 금액을 비과세한다.

보육(가족수당)의 비과세 실무사례

- 만 6세 이하의 판단은 매월 하는 것이 아니라 해당 과세기간의 개시일을 기준으로 한다.
- 만 6세 이하의 자녀 2인을 둔 경우에도 자녀수에 상관없이 월 20만 원 이내의 금액만 비과세한다.
- 사용자가 분기마다 보육수당을 지급하는 경우 지급 월에 20만 원 이내의 금액만 비과세
- 맞벌이 부부가 만 6세 이하의 자녀 1인에 대해서 각 근무처로부터 보육수당을 수령하는 경우 각각 월 20만 원 이내의 금액 비과세
- 근로자가 2 이상의 회사에 근무하면서 만 6세 이하 자녀보육수당을 매월 각 회사로부터 중복해서 지급받는 경우는 각 회사의 보육수당 합계금액 중 월 20만 원 이내의 금액에 대해서 소득세를 과세하지 않는다.
- 동일한 직장에 근무하는 맞벌이 부부가 만 6세 이하의 자녀 1인에 대해서 각각 보육수당을 수령하는 경우는 소득자별로 월 20만 원 이내의 금액을 비과세하는 것이다.
- 사내근로복지기금으로부터 자녀 양육비용을 지원받는 근로자가 만 6세 이하의 자녀 보육과 관련해서 사용자로부터 받는 급여로서 월 20만 원 이내의 금액 비과세

4. 학자금의 비과세

근로자(임원 포함)의 초·중등교육법 및 고등교육법에 의한 학교(외국에 있는 이와 유사한 교육기관을 포함한다)와 근로자직업능력개발법에 의한 직업능력개발훈련시설의 입학금·수업료·수강료 기타 공납금 중 아래의 3가지 요건을 모두 충족해야 비과세된다(당해 연도에 납입 할 금액을 한도로 한다).

- 근로자가 종사하는 사업체의 업무와 관련 있는 교육·훈련을 위해 지급받는 학자금으로,
- 당해 업체의 규칙 등에 정해진 지급규정에 따라 지급되고,

- 교육훈련기간이 6월 이상인 경우는 교육훈련 후 교육기간을 초과해 근무하지 않는 경우 지급받은 금액을 반환하는 조건일 것

 학자금의 비과세 실무사례

비과세 학자금	비과세 되지 않는 학자금
→ 대학원에 납입한 학자금 → 출자임원에 대한 학자금 → 해외 MBA과정에 납입한 교육훈련비	→ 사설 어학원 수강을 지원하는 교육훈련비 → 자체회비 및 교재비 → 자녀학자금 → 학비보조금(또는 연수비)

5 생산직 근로자 시간외근무수당의 비과세

아래의 3가지 요건을 모두 충족해야 비과세된다.

- 생산직, 공장, 광산근로자, 어선원, 운전원 및 관련 종사자 중 직전 연도 총급여가 3,000만 원 이하로써 월정액급여가 210만 원 이하인 근로자의

월정액급여에 포함되는 급여	월정액급여에 포함되지 않은 급여
❶ 매월 정기적으로 받는 식사대 ❷ 연간상여금 지급총액을 급여지급 시에 매월 분할해서 지급받는 경우	❶ 부정기적으로 지급받는 연차수당. 다만, 통상적으로 매월 지급되는 급여에 해당하는 때에는 월정액급여의 범위에 포함 ❷ 매월 업무성과를 평가하고 실적 우수자를 선정해서 성과급상여금 지급약정에 의해 지급하는 상여금 ❸ 국민연금법에 의한 사용자 부담금

- 연장시간근로급여, 야간근로급여 및 휴일근로급여 등 통상급여에 더해서 받는 급여로서

- 추가되는 금액 중 연 240만 원(광산근로자 및 일용근로자의 경우 : 전액)까지 의 금액은 전액 비과세한다.

 공장 또는 광산에서 근로를 제공하는 자의 비과세 실무사례 💬

- 공장이란 제조시설 및 그 부대시설을 갖추고 한국표준산업분류에 의한 제조업을 경영하기 위한 사업장을 말하는 것으로, 해당 사업장에 고용되거나 파견된 근로자로서 제조·생산 활동에 참여해서 근로를 제공하는 자는 이에 포함되는 것이나, 그 외 건설업체 등의 직원으로서 공장 시설의 신설 및 증·개축업무 또는 유지·보수용역을 제공하는 자는 동 규정에 의한 공장에서 근로를 제공하는 자에 포함되지 않는다.

- 건설업을 경영하는 업체의 건설 현장에서 근로를 제공하는 일용근로자는 공장에서 근로를 제공하는 자에 해당하지 않으므로 동 건설 일용근로자에게 지급되는 야간근로수당 등은 비과세되지 않는다.

- 생산직 근로자의 범위에는 제조업을 경영하는 자로부터 제조공정 일부를 도급받아 용역을 제공하는 소사장제 업체에 고용되어 공장에서 생산직에 종사하는 근로자도 포함된다.

- 작업반장·작업조장 또는 직공 반장의 직위에 있는 근로자가 자기통제 하의 생산 관련 다른 종사자와 함께 직접 그 작업에 종사하면서 그 작업의 수행을 통제하는 직무를 함께 수행하는 경우는 생산직 근로자로 보는 것이며, 단위작업의 수행에 직접적으로 참여하지 않고 통제 및 감독업무만을 수행하는 경우는 생산직 근로자의 범위에 속하지 않는다.

6 연구보조비 및 연구활동비 비과세

다음 중 어느 하나에 해당하는 자가 받는 연구보조비 및 연구활동비 중 월 20만 원 이내의 금액은 비과세한다.

- 유아교육기관, 초·중등 및 고등교육기관의 교원이 지급받는 연구보조비나 연구활동비 : 교원에 한한다.
- 정부·지자체 출연연구기관 연구원과 직접적으로 연구활동을 지원하는 자(단, 건물의 유지·보수와 식사제공이나 차량의 운전에 종사하는 자는 제외) : 대학교원에 준하는 자격을 가진 자에 한한다.
- 중소기업·벤처기업 부설 연구소 연구원이 받는 연구비 : 연구원에 한한다.

연구보조비 및 연구활동비의 비과세 실무사례

- 학교 교원이 아닌 사무직원에게 지급하는 연구보조비(유사급여)는 비과세에 해당하지 않는다.
- 정부·지자체 출연연구기관의 행정부서에 근무자는 직접적으로 연구활동을 지원하는 자에 해당한다.
- 초·중등교육법에 따른 교육기관이 학생들로부터 받는 방과 후 학교 수업료를 교원에게 수업 시간당 일정 금액으로 지급하는 금액은 비과세 대상 연구보조비에 해당하지 않는다.

7 일직료 · 숙직료의 비과세

다음의 두 가지 요건을 만족하는 일직료·숙직료는 비과세한다.

- 회사의 사규 등에 의해서 지급기준이 정해져 있고,
- 사회통념상 타당하다고 인정되는 범위 내의 금액. 여기서 사회통념상 타당한 금액이란 일반적으로 생각해서 과도한 금액이 아닌 적절한 금액으로 누가 봐도 객관적인 금액이라고 생각되는 금액을 말한다.

8 육아휴직급여의 비과세

장해급여·유족급여·실업급여·육아휴직급여 등은 비과세한다.

9 국외 등에서 근로를 제공하고 받는 급여 비과세

다음의 두 가지 요건을 만족하는 경우 비과세한다.

- 해외 또는 북한지역에 주재하면서 근로를 제공하고 받는
- 월 100만원. 다만, 국외 등의 건설 현장, 원양어업 선박, 국외 등을 항행하는 선박 등에서 근로를 제공하고 받는 보수의 경우 월 500만 원

종업원의 부임수당 비과세 실무사례

- 전근하는 종업원이 지급받는 부임수당 중 이사에 소요되는 비용 상당액은 과세대상 근로소득에 해당하지 않는 것이나, 이사에 소요되는 비용 상당액을 초과하는 부분과 숙박비 등 명목으로 지급받는 금액은 근로소득에 해당한다.
- 외국인 근로자가 근로계약 이행을 위해 국내 입국 시 소요되는 항공료 또는 근로의 제공 완료 후 출국할 때 소요되는 항공료 등을 해당 회사에서 지급하는 경우 금액은 실비변상적 성질의 급여에 해당하지 않는다.

해외근무에 따른 귀국휴가여비 비과세 실무사례

- 국외에 근무하는 내국인 근로자 또는 국내에 근무하는 외국인 근로자의 본국 휴가에 따른 여비는 다음의 조건과 범위 내에서 비과세되는 실비변상적 급여로 본다.
  이 경우 실제 귀국 휴가에 따라 지급받는 소요경비를 의미하는 것이며, 실제 본국 휴가를 사용하지 않는 근로자에게 지급하는 귀국 휴가 여비 상당액은 과세대상이다.

1. 조건

가. 회사가 사규 또는 고용계약서 등에 본국 이외의 지역에서 1년 이상 근무한(1년 이상 근무하기로 정한 경우를 포함) 근로자에게 귀국 여비를 회사가 부담하도록 되어 있을 것

나. 해외 근무라고 하는 근무환경의 특수성에 따라 직무수행상 필수적이라고 인정되는 휴가일 것

2. 실비변상적 급여로 보는 범위

왕복교통비(항공기 운항 관계상 부득이한 사정으로 경유지에서 숙박한 경우 그 숙박료를 포함한다)로서 가장 합리적 또는 경제적이라고 인정되는 범위 내의 금액에 한하며, 관광여행이라고 인정되는 부분의 금액은 제외된다.

출장·연수 등의 국외근로소득 비과세 포함 여부

국외근로소득은 해외 또는 북한지역에서 주재하면서 근로를 제공하고 대가로 받는 급여를 말한다.

● 근로의 대가를 국내에서 지급받는 경우도 포함하나, 출장·연수 등을 목적으로 출국한 기간동안의 급여는 국외 근로소득에 해당하지 않는다.

● 내국법인에 고용된 거주자인 외국인 근로자가 국외에 파견되어 국외에서 근로를 제공하는 경우도 국외 근로소득을 적용한다.

● 국내업체가 외국회사와의 계약에 따라 국내업체 소속 직원을 외국에 파견해서 장비 등의 설치가동에 관한 용역을 제공하고 그 대가를 받는 경우 해당 해외파견 직원이 파견기간 중 받는 근로소득은 비과세 대상인 국외 근로소득에 해당한다.

10 핸드폰 사용료의 비용인정 요건

핸드폰 사용료는 다음의 3가지 요건을 충족해야 비과세 처리된다.

● 회사의 사규 등에 의해서 지급기준이 정해져 있고,

● 일반적으로 영업직원에 한해 지급하며(전 직원에게 지급하는 조건인 경우 내근직원은 업무용 사용을 입증해야 한다.)

- 업무용에 한해 비용인정 된다(개인용도와 업무용을 최대한 구분해 두어야 한다.).

11 \ 단체순수보장성보험료, 퇴직보험료 등

- 종업원의 사망·상해 또는 질병을 보험금의 지급사유로 하고 종업원을 피보험 자·수익자로 하는 보험 또는 만기에 납입보험료를 환급받지 않는 단체 순수 보장성 보험, 만기에 납입보험료를 초과하지 않는 범위 안에서 환급하는 단체 환급부 보장성 보험의 보험료
- 연 70만원 이하의 금액
  - ➜ 연 70만원을 초과하는 금액은 과세대상 근로소득이다.

12 \ 출퇴근용 통근버스

종업원이 출·퇴근을 위해서 차량을 제공받는 경우 운임에 상당하는 금액
➜ 차량제공 대신 출·퇴근보조금을 받는 금액은 근로소득에 해당하여 근로소득세를 납부해야 한다.

13 \ 회사 사택을 이용하는 경우 소요비용

- 주주 또는 출자자가 아닌 임원(주권상장법인의 주주 중 소액주주인 임원을 포함)과 임원이 아닌 종업원(비영리법인 또는 개인의 종업원 포함) 및 국가·지방자치단체로부터 근로소득을 지급받는 자
  - ➜ 출자임원(상장법인의 소액주주 임원 제외)은 근로소득
- 다음의 사택 범위에 해당해야 한다.

사용자 소유 주택을 종업원 등에게 무상 또는 저가로 제공하는 주택 또

는 사용자가 직접 임차해서 종업원 등에게 무상으로 제공하는 주택(해외에 소재하는 주택도 포함하며, 주택규모에 대한 제한은 없다.)

→ 종업원이 일부의 금액을 부담하거나 회사에서 무상 또는 저리로 대여 받은 후 종업원 명의로 임대차 계약 시에는 사택에 해당하지 않는다.

· 사용자 소유주택 : 무상 또는 저가 제공주택

· 사용자 임차주택 : 무상 제공주택

참고로 다음의 경우에는 사택으로 보지 않는다.

· 입주한 종업원이 전근·퇴직 또는 이사한 후 당해 사업장의 종업원 중에서 입주희망자가 없거나

· 당해 임차 주택의 계약 잔여기간이 1년 이하인 경우로서 주택임대인이 주택임대차계약의 갱신을 거부하는 경우를 포함한다.

🍩 사택의 비과세 실무사례 💬

• 사택에 거주하던 근로자가 인사이동으로 출·퇴근이 불가능한 원거리로 전근되었으나 가족이 질병 요양·취학 등 부득이한 사유로 함께 이주하지 못하고 사택에 계속 거주하는 경우, 해당 사택을 받음으로써 얻는 이익은 해당 근로자의 근로소득으로 보지 않는다.

• 호텔은 주택에 해당하지 않으므로 주주가 아닌 임원 등을 위해서 지급한 호텔 임차비용은 근로소득에 해당한다.

• 전기료·수도료·가스료 등 생활과 관련한 개인적 비용을 회사가 대신 부담해 주는 경우 동 비용은 해당 근로자의 근로소득으로 본다.

• 대표이사에게 사택을 제공하는 경우 당해 대표이사가 주주가 아니거나, 소액주주에 해당하는 경우로서 제공받는 사택이 근로소득에서 제외되는 사택의 범위에 해당하는 경우는 세법상 문제가 없으나, 출자임원에 해당하는 경우는 법인이 소유(임차)한 주택(사택)을 무상으로 제공받을 시 부당행위계산 부인규정이 적용된다.

14 경조사와 관련한 경조사비

경조사비 지급규정, 경조사 내용, 법인의 지급능력, 종업원의 직위, 연봉 등을 종합적으로 고려해 사회통념 상 타당한 범위 내의 금액

→ 이를 초과하는 금액은 급여로 처리 후 근로소득세를 납부한다.

구 분	세무상 처리
출산축의금	회사에서 출산축의금을 받는 금액은 전액 비과세한다.
생일축하금과 명절선물	종업원이 받는 생일축하금과 설날 등 특정한 날에 받는 선물은 근로소득이 과세된다.

15 선물비용

임직원에게 창립기념일, 명절, 생일 기타 이와 유사한 때에 지급하는 선물용품은 원칙적으로 급여에 해당하므로 근로소득으로 과세하는 경우는 법정지출증빙을 받을 필요가 없으나 실무자들이 근로소득으로 과세하지 않고 복리후생비로 처리를 해버리는 경우가 많다.

그러나 복리후생비로 회계처리 시에는 법정지출증빙을 받아야 하며, 근로소득세 과세와 별도로 선물을 지급하는 때에 부가가치세가 과세된다. 이 경우 부가가치세 과세표준은 시가이며, 세금계산서는 작성·발행되지 않는다. 단, 연 10만원 이내의 임직원 선물비용은 개인적 공급으로 보지 않으므로 부가가치세가 과세되지 않는다.

구 분	세무상 처리
근로소득세 과세여부	자사 생산제품을 제공시 수령자에게는 근로소득에 해당한다. 근로소득세를 원천징수 시 근로소득 대상 금액은 원가가 아닌 판매가 액 즉 시가가 된다.
비용인정 여부	사회통념상 타당한 범위내의 금액은 비용인정 된다.
부가가치세 과세여부	금전이나 상품권 등으로 지급하는 경우는 과세대상이 아니나, 현물로 지급하는 경우 개인적 공급으로서 부가가치세 과세대상이다. 단 임직 원별로 연 10만 원까지는 과세하지 않는다.

16 부서별 회식비

구 분	세무상 처리
회식비로 회식을 한 경우	법정지출증빙을 받아서 비용 처리한다.
회식비를 받아서 회식을 안 하고 나누어 가진 경우	법정지출증빙을 받을 필요는 없으나 각 직원의 급여로 보아 근로소득세를 원천징수·납부해야 비용인정이 가능하다.

17 직원 병원비

구 분	세무상 처리
업무상 직원 본인 병원비	비과세
업무무관 직원 본인 병원비	근로소득세 신고·납부
직원 가족 병원비	근로소득세 신고·납부
병원의 임직원 가족 병원비 경감액	근로소득세 신고·납부

구 분		세무상 처리
건강검진비	임직원 차별	임원과 직원과의 차이금액은 과세될 수 있다.
	임직원 무차별	비과세
사내복지기금 지원 의료비		비과세

18 학원수강료, 도서구입비 보조액

구 분		세무상 처리
개인이 학원을 다니는 경우	업무 관련이 있는 학원비로써 내부규정에 의한 지급	회사 : 계산서나 신용카드매출전표, 현금영수증 중 하나를 법정지출증빙으로 받아서 비용처리 개인 : 근로소득세 부담이 없음
	업무와 관련이 없는 학원비	회사 : 계산서나 신용카드매출전표, 현금영수증 중 하나를 법정지출증빙으로 받지 않아도 됨(근로소득세 원천징수 후 복리후생비 또는 교육훈련비가 아닌 해당 직원 급여로써 비용처리) 개인 : 해당 직원이 근로소득세를 부담해야 한다.
회사가 업무와 관련해 강사 등을 초빙하거나 외부 학원을 이용해서 직접 대가를 지급하는 경우		회사 : 계산서나 신용카드매출전표, 현금영수증 중 하나를 법정지출증빙으로 받아서 비용처리 개인 : 근로소득세 부담이 없음

○ 직원에게 지원하는 휴가비의 세무상 처리방법

직원들의 휴가 시 회사에서 여행경비를 지원하는 경우 지원하는 휴가비는 해당 근로자의 근로소득으로 처리해야 하며, 복리후생비에 해당하지 않는다. 즉, 복리후생비는 직원에게 직접 지급되는 급여, 상여 등과는 달리 직접 지급되지 않고 근로환경의 개선 및 근로 의욕의 향상 등을 위해서 지출하는 노무비적인 성격을 갖는 비용으로 직원 개인의 소득을 구성하는 것이 아니므로 개인소득세의 부과 대상이 되지 않는다는 점이 근로소득과 구분된다.

따라서 휴가비는 개인의 소득을 구성하므로 근로소득으로 원천징수 해야 한다.

○ 차량유지비, 여비교통비 명목 지출비용의 세무처리

<table>
<tr><th colspan="3">구 분</th><th>처리방법</th></tr>
<tr><td rowspan="3">회사나
자기
소유차량
직접운행</td><td rowspan="3">자기소유
차량운행</td><td>자가운전보조금
지급</td><td>월 20만 원까지는 소득세 비과세(차량유지비로 처리함)된다. 20만원 초과 금액은 해당 직원의 근로소득으로 처리한다.</td></tr>
<tr><td>실비의
현금 지급</td><td>지출증빙과 지출내역명세서 구비 시 여비교통비로 처리한다.</td></tr>
<tr><td>자가운전보조금
+ 별도 실비의
교통비 지급</td><td>별도 업무상 실비(시내교통비) 지급 시 자가운전보조금은 근로소득으로 합산한다. 다만, 업무상 시외출장비는 지출 증빙 시 여비 교통비로써 비용처리가 인정된다.</td></tr>
<tr><td rowspan="2">배우자
공동명의
소유차량
운행</td><td>실비 지급</td><td>지출증빙과 내부지출결의서 구비 시 여비 교통비 등으로 비용인정 된다.</td></tr>
<tr><td>자가운전
보조금 지급</td><td>월 20만 원까지 소득세 비과세가 가능하다
(완전 타인 명의는 과세).</td></tr>
<tr><td>회사
차량운행</td><td>실비 지급</td><td>지출증빙과 내부지출결의서 구비 시 차량유지비로 비용인정 된다.</td></tr>
</table>

구 분			처리방법
자기소유 차량 없는 종업원		자가운전보조금 지급	해당 직원의 근로소득에 해당한다.
	출퇴근용 교통비	현금 지급	해당 직원의 근로소득으로 처리한다.
		현물 지급	교통카드, 회수권 등 대중교통수단 실비의 현물지급액은 여비교통비로 비용인정 된다.
	출장교통비	현금 지급	구체적 법정지출증빙이나 내부지출결의서 구비 시 여비교통비로서 비용인정 된다(근로소득에 합산하지 않는다.). 택시비는 구체적 승차내역(거리, 용도, 금액)을 명시한 후 비용으로 처리한다.
		현물 지급	실비의 현물 지급은 여비교통비로 비용인정 된다.
		자가운전보조금	개인의 근로소득에 해당한다.

선택적 복지제도(복지카드)의 세금처리

선택적 복지제도와 관련한 유권해석(서면 l팀-5l6, 2006.4.24.)에 따르면, 선택적 복지제도 운영지침에 따라 복지후생 제도를 시행하면서 각 종업원에게 개인별로 포인트를 부여해서 이를 사용하게 하는 경우, 당해 포인트 사용액(비과세소득 및 근로소득으로 보지 않는 것은 제외)은 근로소득으로 과세 된다.

또한, 선택적 복지제도 운영 지침에 따른 복지포인트의 경우 지출 항목이나 금액이 사회통념에 크게 벗어나 과다하거나 부당하다고 인정되지 않는다면 법인의 손금으로 인정된다.

복지카드가 임직원 개개인의 신용카드(개인명의의 신용카드)에 해당하는 경우, 연말정산 시 소득공제를 받을 수 있으나(서면 l팀-1114, 2006.8.14), 법인명의의 카드인 경우는 당해 복지카드 사용액은 종업원의 "신용카드 등 사용금액"에 포함되지 않는다(서면 l팀-348, 2007. 3. l4.).

결론적으로 복지카드는 회사의 복지정책 상 개개인의 취향에 따라 일정한 금액

내에서 개인이 알아서 지출하도록 선택의 폭을 준 것이지 세법상으로는 실질지출 내역에 따라 해당 지출이 과세인지 비과세인지 판단을 하고 이에 따라 과세를 하는 것이다.

그러나 사내복지기금의 수익금에서 지원하는 금액은 근로소득에 포함하지 않으나, 출연금에서 직접 지급하는 경우는 과세된다. 따라서 회사에서 사내근로복지기금에 출연한 뒤 이를 다시 종업원의 복지카드로 사용한다면 이는 회사가 회삿돈으로 기금을 통해 우회해주는 것에 불과하므로 비과세소득으로 규정한 경우를 제외하고는 근로소득세가 과세되는 것이다.

구 분	과세대상 여부	소득공제 여부
소득세법상 과세대상 지출	과세대상으로 근로소득세를 납부해야 한다.	개인명의의 신용카드인 경우 소득공제가 가능하나 법인카드인 경우 소득공제가 불가능하다.
소득세법상 비과세 대상 지출	비과세 대상으로 근로소득세를 납부 안 해도 된다.	
단, 사내복지기금의 출연금이 아닌 수익금으로 복지카드를 지원하는 경우는 근로소득으로 보지 않는다.		

⏻ 업무 외의 원인으로 휴직한 자가 지급받은 생계보조금

노사 간 단체협약에 의해 업무 외의 원인으로 인한 부상·질병 등으로 휴직한 자가 받는 급여 및 업무상 부상 등으로 요양 중에 있는 자가 「산업재해보상보험법」에 의한 휴업급여 등과는 별도로 매월 받는 생계보조금(위자료의 성질이 있는 급여 제외)은 과세대상 근로소득에 해당한다.

⏻ 출산휴가급여 중 고용보험법상 회사가 부담하도록 규정한 금액

출산휴가급여 중 일부 기간에 대해 회사지급분인 경우에도 고용보험법에 따라 회사에서 의무적으로 지급하는 경우는 비과세소득에 해당한다. 즉, 육아휴직수당이 "고용보험법" 또는 "사립학교교직원 연금법"의 규정에 따라 받는 육아휴직수당에 해당하는 경우는 비과세되는 근로소득에 포함되나, "고용보험법" 또는 "사립학교교직원 연금법"의 규정에 의한 육아휴직수당이 아닌 경우에는 과세 근로소득에 해당하는 것이다.

근로소득세의 신고와 납부방법

근로소득세는 원칙적으로 매달 10일 신고·납부를 해야 하나 상시 고용 인원 20인 이하인 사업자는 신청에 의해 반기에 한 번씩 납부할 수도 있다. 따라서 영세사업자는 반기별 납부제도를 이용하는 것이 편리하다.

1 매달 신고와 납부를 하는 방법 : 원칙

구 분		신고·납부 기간
급여를 매달 정상적으로 지급하는 경우		급여를 매달 정상적으로 지급하는 경우 지급일이 속하는 달의 다음 달 10일까지 신고·납부를 한다.
급여를 불규칙 또는 1년 안에 지급 하지 않는 경우	1월~11월분	근로소득을 지급해야 할 원천징수의무자가 1월부터 11월까지의 근로소득을 해당 과세기간의 12월 31일까지 지급하지 아니한 경우에는 그 근로소득을 12월 31일에 지급한 것으로 보아 근로소득세를 원천징수한다.
	12월분	원천징수의무자가 12월분의 근로소득을 다음 연도 2월 말일까지 지급하지 않은 경우는 그 근로소득을 다음 연도 2월 말일에 지급한 것으로 보아 근로소득세를 원천징수한다.

구 분	내 용
대상	상시 고용인원 20인 이하인 사업자는 신청(승인)에 의해 반기별로 원천징수세액 신고·납부가 가능하다. 다만, 금융 및 보험업은 제외된다.
신고·납부 시기	<table><tr><td>지급시기</td><td>신고·납부시기</td></tr><tr><td>1월부터 6월까지</td><td>7월 10일까지</td></tr><tr><td>7월부터 12월까지</td><td>다음 연도 1월 10일까지</td></tr></table>
	다만, 신고·납부 기한이 공휴일, 토요일, 근로자의 날인 때에는 그날의 다음 날을 기한으로 한다.

3 신고·납부 시 제출해야 하는 서류

매달 회사의 급여지급 내역과 원천징수 내역을 신고하는 서식	각 개인의 소득별 원천징수 사실을 증명하는 서식	매달 납부한 근로소득 내역을 개인별로 집계해둔 서식
원천징수이행상황신고서 : 간이세액, 일용근로, 중도퇴사, 연말정산으로 나누어서 신고	원천징수영수증(지급명세서 : 매년 3월 10일 제출. 각 지급명세서 내역과 매달 신고한 원천징수이행상황신고서의 내역이 일치해야 한다.	소득자별근로소득원천징수부 : 매달 지급받은 급여와 근로소득세 납부내역 및 공제대상가족의 내역과 비과세 급여내역, 4대 보험 납부내역

구 분	가산세 내용
매달 원천징수액 신고 시 제출해야 하는 서류	원천징수이행상황신고서 : 매달 또는 반기별 원천징수 신고 시 제출
매달 원천징수 내역을 집계해둔 서식 (신고시 제출하지 않고 회사 보관)	소득자별근로소득원천징수부 : 매년 연말정산 시 원천징수 내역을 파악하는 참고 자료
지급명세서(원천징수영수증)	근로소득 지급명세서(원천징수영수증) : 소득별 원천징수 내역[소득자 보관용(원천징수 소득을 지급받는 자 보관용), 발행자 보관용(회사 보관용), 발행자 보고용(세무서 제출용)]으로 구성되어 이중 세무서 발행자 보고용을 매년 1번 세무서에 제출하는 것이다.
매달 원천징수액 납부시 제출해야 하는 서류	근로소득세 : 납부서 지방소득세 : 지방소득세 특별징수분 납입서

4 원천징수 지급명세서의 제출

국내에서 거주자 및 비거주자에게 이자·배당·근로·퇴직·기타소득 또는 원천징수대상 사업소득에 대한 수입금액을 지급하는 자(본점일괄납부 승인자 등 포함)는 지급명세서를 지급일이 속하는 연도의 다음연도 2월 말일(근로, 퇴직, 원천징수대상 사업소득·봉사료는 3월 10일)까지 제출 하는 것이며, 휴업 및 폐업자는 휴업일 또는 폐업일이 속하는 달의 다음 다음 달 말일까지 제출해야 한다. 다만, 일용근로자의 지급명세서는 지 급일이 속하는 달의 다음 달 말일까지 관할 세무서에 제출해야 하며, 해 당연도 귀속 일용근로소득을 12월 31일까지 미지급한 때도 지급명세서는 다음연도 1월 말일까지 반드시 제출해야 한다.

지급명세서를 제출기한 내 제출하지 않거나, 불분명하게 제출하였을 때는 지급금액 또는 불분명한 금액의 1%에 상당하는 금액을 소득세(법인세)에 가산해서 징수한다. 다만, 원천징수의무자가 개인의 경우 제출기한 경과 후 3개월 이내에 제출하는 경우와 원천징수의무자가 법인의 경우 제출기한 경과 후 1개월 이내에 제출하는 경우는 0.5%에 상당하는 금액을 소득세(법인세)에 가산해서 징수한다.

5 원천징수의무 불이행시 납부하는 가산세

매달 원천징수의무를 불이행 시에는 원천징수 등 납부지연가산세를 납부해야 한다.

구 분	가산세 내용
적용대상	원천징수의무자가 원천징수 하였거나 원천징수 해야 할 세액을 납부기한까지 미납부하거나 미달 납부한 경우
가산세액	적은 금액(❶, ❷) ❶ 미납부세액 × 경과일수 × 0.022% + 미납부세액 × 3% ❷ 미납부세액 × 10%

실무사례

⏻ **근로소득에 대해 원천징수 한 소득세는 어떻게 납부하는지요?**

원천징수의무자는 소득자에게 소득을 지급할 때 소득세를 징수하고 원천징수이 행상황신고서(소득세법 시행규칙 별지 제21호 서식)를 작성해서 그 징수일이 속하는 달의 다음 달 10일까지 원천징수 관할 세무서에 제출하고 해당 원천징 수 세액을 국세징수법에 의한 납부서와 함께 원천징수 금융기관에 납부한다.

⏻ **원천징수이행상황신고서를 어떻게 작성해야 하는지요?**

원천징수대상 소득을 지급하는 원천징수의무자가 납부(환급)세액이 있든 없든 무 조건 원천징수이행상황신고서를 작성해서 제출해야 한다.

• 귀속연월이 다른 원천징수 대상 소득을 같은 월에 함께 지급하는 경우 원천 징수이행상황신고서는 귀속연월 별로 각각 별도로 작성해서 제출한다.

• 원천징수이행상황신고서에 대한 자세한 작성 방법은 국세청 홈페이지 (www.nts.go.kr) > 국세 정책/제도 > 통합자료실 > 국세청 발간 책자 > 분 야별 해설 책자 > 전체 > 원천징수이행상황신고서 작성요령을 참조하면 된다.

⏻ **인정상여 소득처분이 있는 경우 원천징수이행상황신고서와 지급명세서를 수정해서 제출해야 하는지요?**

소득처분으로 인해서 증가된 금액과 세액은 원천징수이행상황신고서의 수정 대 상이 아니며, '소득처분이 있는 때'에 소득을 지급한 것으로 보아 소득처분으 로 인한 증가액 및 추가 납부세액에 대해 별도의 원천징수이행상황신고서를 작 성·제출하고 납부한다. 여기서 '소득처분이 있는 때'란, 소득금액 변동통지서 를 받은 날(경정 등), 법인세 신고기한 종료일(정기신고), 수정신고일(수정신고) 을 말한다.

• 법인 소득금액을 신고함에 있어서 처분되는 배당·상여·기타소득
⇨ 해당 법인의 법인세 과세표준 및 세액의 신고기일(법인세 신고기한 종료일)
• 법인세 과세표준금액을 수정신고함에 있어서 처분되는 배당·상여·기타소득
⇨ 수정신고일

<인정상여 소득처분 시 원천징수이행상황신고서 작성요령>

1. 연말정산이 종료된 귀속연도분을 소득처분하는 경우

- ① 신고구분 : 소득처분 선택
- ② 귀속연월 : 당초 연말정산시 귀속연월(통상, 해당 귀속연도 다음연도 2월)
- ③ 지급연월 : 소득처분이 있는 때가 속하는 연월을 기재
- A04(연말정산) ④ 인원 : 소득처분 인원, ⑤ 지급액 : 소득처분 금액, ⑥ 소득세 등 : 연말정산 수정분 추가납부세액
- A90(수정신고)란은 기재하는 것이 아님

2. 연말정산이 종료되지 않은 귀속연도분을 소득처분 하는 경우

지급대상기간이 없는 상여로 보아 근로소득세를 원천징수해서 다음 달까지 신고·납부

🔘 올해 신규 개업한 사업자인데 반기별 납부대상이 될 수 있는지요?

반기별 납부 적용대상자는 직전연도 상시 고용인원이 평균 20명 이하인 경우이므로, 올해 신규사업자는 반기별 납부 적용대상자에 해당하지 않으며, 직전 연도 신규사업자로 반기별 납부 요건을 충족한 경우에 반기별 납부 대상이 될 수 있다.

🔘 반기별 납부승인 및 포기신청 방법은?

1. 반기별 납부승인

반기별 납부승인을 얻고자 하는 원천징수의무자는 6월(6월 1일~6월 30일) 또는 12월(12월 1일~12월 31일) 중에 원천징수 관할 세무서장에게 「원천징수 세액 반기별 납부승인신청서(소득세법시행규칙 별지 제21호의 2서식)」를 제출해야 하며, 신청을 받은 관할 세무서장은 원천징수의무자의 원천징수 세액 신고·납부의 성실도 등을 참작해서 승인 여부를 결정한 후 7월 또는 다음 연도 1월 말일까지 이를 통지한다. 반기별 납부승인 신청은 홈택스(www.hometax.go.kr) 또는 서면을 통해 가능하며, 홈택스를 이용하는 경우 「국세증명·사업자등록·세금관련 신청/신고 > 원천세 관련 신청·신고 > 원천징수세액 반기별 납부 승인 신청」을 눌러 신청하면 된다.

관할 세무서장은 직전 연도 중 3회 이상 체납한 사실이 있는 자, 신고서를 제출

하지 않거나 늦게 제출하는 등 원천징수 의무의 이행이 매우 불성실하다고 인정되는 자, 소비성 서비스업종, 국가·지방자치단체, 납세조합 등 특별히 원천징수 이행상황을 매월 관리할 필요가 있다고 인정되는 경우는 승인하지 않을 수 있다.

2. 반기별 납부포기

반기별 납부 포기 신고는 홈택스(www.hometax.go.kr) > 국세납부 > 증명·등록·신청 > 원천세 관련 신청·신고 > 원천징수세액 반기별 납부 포기 신청를 제출하면 된다.

반기 중에 포기신청서를 제출한 경우는 포기신청서를 제출한 월의 다음 달 10일까지 당해 반기의 첫 번째 월부터 포기신청서를 제출한 월까지의 징수분에 대해 1장의 원천징수이행상황신고서를 따로 작성해서 제출하고, 해당 원천징수 세액을 납부해야 한다.

⏻ 반기별 납부자의 원천징수이행상황신고서 작성방법

반기별 납부 사업자의 경우 원천징수이행상황신고서의 "인원" 과 "지급액" 란 작성방법은 다음과 같다.

1. "인원" 란 작성방법
- 간이세액(A01)은 반기의 마지막 월의 인원을, 중도퇴사(A02)는 반기 중 퇴사자의 총인원을, 일용근로(A03)는 월별 순 인원의 6개월 합계 인원을 기재하는 것이며,
- 사업소득(A25)·기타소득(A40)은 지급명세서 제출 대상 인원(순인원)을, 퇴직(A20)·이자(A50)·배당(A60)·법인원천(A80)은 지급명세서 제출 대상 인원을 기재한다.

2. "지급액" 란 작성방법
신고·납부대상 6개월 합계액을 기재한다.

⏻ 반기별 납부자가 연말정산 환급액이 발생한 경우 처리 방법

반기별 납부 사업자의 근로소득 연말정산시기(다음 연도 2월 급여지급 시 또는 퇴직하는 달의 근로소득을 지급하는 때)와 근로소득 지급명세서 제출 기한(다음 연도 3월10일까지)은 월별 납부 사업자와 동일하다. 다만, 연말정산 결과 납부 세액이 발생한 경우 소속 근로자의 연말정산 세액에 대한 신고는 다음연도 상반기 원천징수분에 대한 신고기한인 7월 10일까지 하는 것이다. 반면, 연말정산 환급세액이 발생한 경우 3월 10일까지 1~2월분 원천징수 세액 및 연말정산

세액을 기재한 원천징수이행상황신고서를 제출하고, 원천징수 세액 환급신청을 할 수 있다. 이 경우 환급신청 후 7월 10일에 제출하는 원천징수이행상황신고서에는 이미 신고한 연말정산분과 1~2월분을 제외하고 작성한다.

⏱ 본점과 지점이 있는 법인은 소득세를 어디에서 원천징수·납부 해야 하나?

법인의 원천징수 납세지는 법인의 등기부상의 본점 또는 주사무소 소재지이나, 법인이 독립채산제에 의해서 독자적으로 회계사무를 처리하는 경우는 그 사업장의 소재지에서 원천징수 · 납부한다. 다만, 다음 중 하나에 해당하는 경우는 그 법인의 본점 또는 주사무소의 소재지에서 원천 징수 · 납부 하면 편리하다.

① 국세청장으로부터 본점일괄납부 승인을 얻은 경우(소득별로 승인 가능)

본점일괄납부승인을 받고자 하는 경우는 '원천징수 세액 본점 일괄 납부 승인신청서' 에 신청일이 속하는 연도의 직전 연도의 본 · 지점 세목별 원천징수납부명세서를 첨부해서 본점 관할 세무서장에게 제출하면 된다.

② 부가가치세법에 의하여 사업자 단위 과세 사업자로 승인을 얻은 경우

사업자 단위 과세 사업자로 승인을 받은 법인의 경우에는 본점일괄납부승인을 받은 것으로 본다.

⏱ 대한민국 국적의 거주자가 내국법인의 해외지점에서 파견근무를 하면서 급여를 내국법인의 국내에 있는 본점에서 지급받는 경우

거주자가 내국법인의 해외지점에서 근로를 제공하고 받는 급여는 원천징수대상 근로소득에 해당하고 해당 급여를 지급하는 때에 원천징수해야 하고, 연말정산 시기에 연말정산을 해야 한다.

거주자가 국외에서 근로를 제공하고 받은 근로소득에 대해서 외국에서 외국소득세액을 납부하였거나 납부할 것이 있는 때에는 외국납부세액으로 공제한다.

⏱ 국내 모회사의 직원(거주자에 해당)이 해외 자회사에 파견되어 근로를 제공하고 해외 자회사에서 급여를 받는 경우

국내 모회사에게 고용된 거주자가 해외 자회사에 파견되어 근로를 제공하고 그 해외 자회사로부터 지급받는 급여는 원천징수 대상이 아닌 해외 현지에서의 근로소득(구, 을종근로소득)에 해당하므로 국내 모회사에서 원천징수 의무가 없다. 다만, 국내 모회사의 직원이 거주자에 해당하므로 해당 직원은 국내 · 국외원천소득에 대해 종합소득과세표준 확정신고를 할 의무가 있다.

중도퇴사자의 연말정산

근로자는 퇴직하는 달의 월급을 받을 때, 1월 1일부터 퇴직일이 속하는 달의 급여를 모두 합해서 미리 연말정산을 하게 되는데, 이를 중도퇴사자 연말정산이라고 한다.

중도퇴사 시에는 연말정산 간소화 서비스를 통해 간편하게 의료비, 교육비, 카드사용 내역, 주택자금공제 등의 자료를 수집할 수가 없으므로 관련 자료(영수증 등)를 직접 모아 회사에 제출해야 정확한 연말정산이 가능하다.

그러나 자료 수집의 어려움으로 인해 중도 퇴사하는 직장인들은 근로자이면 누구나 받을 수 있는 기본적인 공제항목 (근로소득공제, 부양가족공제, 표준세액공제 등)만 적용받아 약식으로 연말정산을 한 후 퇴사하는 경우가 대부분이다.

근로자가 퇴사하고, 같은 해에 다른 직장에 입사했다면 근로자는 이전 직장에서 받은 급여 확인을 위해 전 직장에서 근로소득 원천징수 영수증을 발급받아 현재의 직장에 제출해야 한다.

반면, 현재의 회사에서 지난해 1년간 계속 다녔으면 해당 근로자는 지난 1년간의 받은 급여를 전부 합산하여 연말정산을 한다.

그리고 지난해에 퇴사하고서 여러 사정으로 인해 같은 해에 다른 직장으로 이직하지 않고, 해를 넘긴 경우로서 추가로 공제받을 금액이 있는 경우 종합소득세 확정신고(5월)를 함으로써 추가로 환급액이 발생할 수 있다.

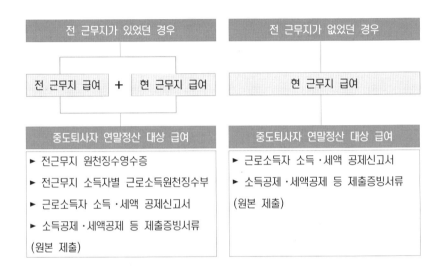

구 분	업무처리
전직장이 있었던 경우	근로소득 원천징수 영수증, 소득자별 근로소득원천징수부를 발급받아 현재의 직장에 제출한 후 연말정산
현재의 직장만 있는 경우	1년간의 현 직장에서 받은 급여를 전부 합산해서 연말정산을 한다.
연말정산 시 공제를 다 받지 못한 경우	종합소득세 확정신고(5월)를 함으로써 추가로 환급금액이 발생

1 \ 중도퇴직자 연말정산금액의 납부 및 환급

중도 퇴사자에 대해서 연말정산을 한 결과 납부액은 납부하고 환급액은 환급해 주어야 하는데, 여기서 반드시 유의해야 할 사항은 환급이 발생하는 경우 새로운 사업장에서 환급받는 것이 아니라 퇴사하는 회사에서 반드시 환급해서 퇴사시켜야 한다는 점이다. 즉, 퇴사자는 새로운 직장에서 환급받을 수 없고 중도퇴사 시 퇴사하는 직장에서만 환급받을 수 있다.

2 \ 중도퇴사자 연말정산을 누락한 경우

중도퇴직자는 퇴직하는 달의 급여를 지급할 때 원천징수의무자가 연말정산을 하는 것이며, 정산을 누락한 경우 원천징수의무자는 원천징수이행상황신고서의 수정신고를 통해서 정산해야 하고 정산된 근로소득원천징수영수증을 발급해야 한다.

봉급생활자의 연말정산

봉급에 대한 세금은 매월 월급을 줄 때 그 소속기관이나 사업자(원천징수의무자)가 우선 간이세액표에 의해 원천징수하고, 다음 해 2월분 월급을 줄 때 1년분의 정확한 세금을 정산하게 된다. 이를 연말정산이라고 한다. 즉, 근로소득을 지급하는 자(원천징수의무자)가 다음연도 2월분의 근로소득 또는 퇴직자의 퇴직하는 달의 근로소득을 지급하는 때에 해당 과세기간의 총급여액에 대한 근로소득 세액을 세법에 따라 정확하게 계산한 후, 매월 급여지급 시 근로소득 간이세액표에 의해서 이미 원천징수 납부한 세액과 비교, 많이 징수한 금액은 돌려주고 부족하게 징수한 경우는 추가 징수해서 납부하는 절차를 말한다.

봉급 이외에 다른 소득이 없으면 연말정산으로 납세의무가 종결되고, 다른 소득이 있으면 연말정산을 한 후 다른 소득과 봉급을 합산해서 다음 해 5월에 종합소득세 확정신고를 하고 세금을 납부해야 한다.

반면, 근로자가 제출한 각종 소득공제 서류가 연말정산 결과에 정확히 반영되었는지? 여부는 근로소득원천징수영수증에 의해 확인할 수 있다.

· 원천징수영수증은 원천징수의무자(회사)로부터 발급받아 확인할 수 있다.

· 원천징수의무자가 해당연도의 근로소득 지급명세서를 다음연도 3월 10일까지 국세청에 제출한 경우는 2개월 후인 5월부터 「국세청 홈택스 > 국세납부 > 지급명세·자료·공익법인 > (근로·사업 등) 지급명세서 제출 > 근로·퇴직소득 > 근로소득 지급명세서 제출/내역 조회

1 근로소득의 연말정산 시기와 방법

구 분	연말정산 시기
계속근로자의 근로소득 연말정산시기는?	원천징수의무자는 계속 근로자에 대해 소득을 지급한 해의 다음 해 2월분 급여를 지급하는 때에 연말정산을 해야 한다. 2월분 급여를 2월 말일까지 지급하지 않았거나 2월분 급여가 없는 경우에도 2월 말까지 연말정산을 해야 한다.
중도에 회사를 퇴직한 퇴직자와 휴직자는 연말정산을 언제, 어떻게 할 수 있나요?	중도 퇴직자는 퇴직하는 달의 급여를 받는 때에 연말정산을 한다. ● 의료비, 교육비, 신용카드 등 각종 공제를 받기 위해서는 퇴직하는 달의 급여를 받기 전까지 관련 서류를 원천징수의무자에게 제출해야 한다. 이 경우 기부금을 제외한 특별세액공제 및 특별소득공제는 근무기간에 지출한 비용만 공제할 수 있다. ● 퇴직하는 근로자가 원천징수의무자에게 소득공제신고서를 제출하지 않은 경우 회사는 근로소득공제, 본인에 대한 기본공제, 표준세액공제, 근로소득 세액공제만을 반영해서 연말정산 세액을 계산한다. ● 퇴직하는 근로자는 퇴직하는 회사로부터 반드시 원천징수영수증을 수령해서 원천징수 세액 적정 여부 및 환급 여부를 확인해야 한다. 근로소득원천징수영수증의 "⑰ 차감징수세액" 란의 금액이

구 분	연말정산 시기
	(-)인 경우 해당 금액이 근로자가 환급받을 금액이므로 이 경우 근로자는 퇴직하는 회사로부터 반드시 해당 금액을 수령해야 한다.
	● 퇴직 시 소득공제 증명서류를 제출하지 못해 일부 소득공제를 받지 못한 경우에는 다음 해 5월에 주소지 관할 세무서에 종합소득세 과세표준 확정신고를 통해 추가로 소득공제를 받을 수 있다(다만, 퇴직하는 회사로부터 교부받은 원천징수영수증의 "⑭ 결정세액"이 "0"인 경우 추가로 소득공제 받을 금액은 없는 것이다.). ● 중도 퇴직자의 총급여액이 1,060만 원 미만의 경우 소득공제 증명서류 제출 없이 이미 원천징수한 세액에 대해 모두 환급을 받을 수 있으므로 별도로 소득공제 증명서류를 준비할 필요가 없다.
휴직자의 연말정산	휴직자는 계속 근로자와 동일하게 다음 해 2월에 연말정산을 한다.
중도에 회사를 퇴직한 후 다른 회사에 재취업하였는데 연말정산은 어떻게 해야 하나요?	퇴직자가 연도 중에 다시 취업한 경우는 현재 근무지에서 전근무지 근로소득을 합산해서 연말정산을 할 수 있도록 전근무지에서 근로소득원천징수영수증과 소득자별 근로소득원천징수부 사본을 발급받아 현 근무지 원천징수의무자에게 제출해야 한다.
관계회사 전출입 직원의 연말정산은 어떤 회사에서 해야 하나요?	사용인이 현실적인 퇴직으로 보지 아니하는 「당해 법인과 직접 또는 간접으로 출자 관계에 있는 법인」으로 전출 시에는 근로소득에 대한 연말정산을 안 하고 전입법인에서 연말에 통산해서 연말정산을 하는 것이다. 이때 지급명세서상 "근무처별 소득명세(⑨~⑯)" 란의 전근무지 소득과 현근무지 소득을 반드시 구분 기재해야 한다.

구 분	연말정산 시기
근로자가 둘 이상의 근무지에서 급여를 지급받는 경우 연말정산 방법은?	근무지가 둘 이상인 근로자는 반드시 소득을 합산해서 연말정산을 해야 한다. 근무지가 둘 이상인 근로자는 종(전) 근무지의 근로소득원천징수영수증(소득자별 근로소득원천징수부 사본 포함)을 주된 근무지의 원천징수의무자에게 제출해야 하며, 이를 토대로 주된 근무지 원천징수의무자는 주(현)근무지와 종(전)근무지의 소득을 합산해서 연말정산을 해야 한다. 연도 중 회사를 옮긴 경우에도 현 근무지 원천징수의무자가 전근무지의 근로소득을 합산해서 연말정산 해야 한다.

2 근로소득 연말정산 세액의 계산

원천징수의무자가 해당 과세기간의 다음연도 2월분 근로소득을 지급하는 때에 연말정산 실시 후 다음 달 10일까지 신고·납부 한다. 다만, 근로자가 중도 퇴직하는 경우 퇴직하는 달의 근로소득을 지급하는 때 연말정산을 실시한다.

- 1월~12월 근무자 : 연말정산
- 1월~12월 중 퇴사자 : 퇴사 시점에 연말정산
- 12월 31일 퇴사자 : 퇴사 시점에 연말정산
- 1월~2월 퇴사자 : 전 연도분 연말정산 및 중도 퇴사자 연말정산 각각 실시. 전 연도분을 혹시 공제받지 못한 경우 5월에 종합소득세 신고

단계	결과	계산방법
1단계	총급여액	연간급여액 - 비과세소득
2단계	근로소득금액	총급여액 - 근로소득공제
3단계	차감소득금액	근로소득금액 - (❶ + ❷ + ❸) ❶ 인적공제(기본·추가공제) ❷ 연금보험료공제(국민·퇴직연금) ❸ 법정보험료, 주택자금, 신용카드 공제 등
4단계	과세표준	차감 소득금액
5단계	산출세액	과세표준에 기본세율을 적용해서 계산
6단계	결정세액	산출세액 - 세액감면 - 세액공제
7단계	차감징수세액	결정세액 - 기납부세액

~~~~~~

1. 총급여액

과세기간(1월 1일~12월 31일) 동안 발생한 근로소득을 「연간 근로소득」이라 하고, 「연간 근로소득」에서 「비과세소득」을 제외한 금액을 「총급여액」이라고 한다.

> 총급여액 = 연간 근로소득 - 비과세소득

2. 근로소득금액

「근로소득금액」은 「총급여액」에서 「근로소득공제」에 해당하는 금액을 차감한 금액을 말한다.

> 근로소득금액 = 총급여액 - 근로소득공제

~~~~~~

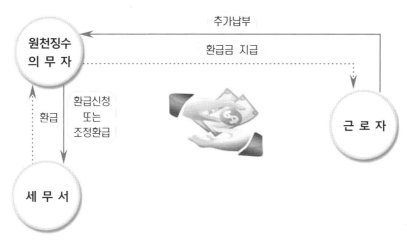

연말정산 환급금 지급

추가납부

원천징수
의 무 자

환급금 지급

근 로 자

환급

환급신청
또는
조정환급

세 무 서

| 3 | 연말정산 때 공제받지 못한 것이 있으면 확정신고 나 경정청구를 통해 세금을 환급받을 수 있다. |

연말정산을 하다 보면 업무에 쫓겨 증빙서류를 제때 제출하지 못하거나 법을 잘 몰라 공제 대상이 있는데도 공제를 받지 못한 경우가 있다.

예를 들어 보면 다음과 같은 경우가 해당할 것이다.

· 경로우대공제를 받지 아니한 경우(70세 이상 100만 원 추가공제)

· 공제 대상 보험료와 의료비가 있는데도 공제받지 아니한 경우

· 유치원아, 영유아 및 취학 전 아동의 유치원비, 보육비용 또는 학원 수강료에 대한 교육비 공제를 받지 아니한 경우

이런 경우 연말정산이 끝났다고 그대로 방치 해두면 소득공제를 받지 못해서 안 내도 될 세금을 내게 된다.

이럴 때는 세법에서 정한 기간 내에 관할 세무서에 연말정산 시 빠뜨린

소득공제 사항을 추가로 신고하면 이에 해당하는 세금을 돌려받을 수 있다.

법정신고기간 ❶과 ❷ 중 택일 가능

❶ 종합소득세 확정신고 : 다음 해 5월 1일부터 31일까지
❷ 경정청구 : 연말정산 세액 또는 원천징수 세액의 납부기한 경과 후 5년간(2024년 귀속 : 2025년 6월~2030년 5월)

청구요건

연말정산 세액 및 원천징수 세액을 납부하고 지급명세서를 법정 제출기한 내에 제출한 경우

제출서류

· 당초 제출 분 서류(지급명세서, 소득공제신고서, 관련 증빙서류)
· 확정신고 또는 경정청구 서류(지급명세서 수정작성 분, 추가공제 관련 증빙 서류)

청구 가능자

근로소득자 본인 및 원천징수의무자 등

관할 세무서

· 근로자의 경우 주소지 관할 세무서

· 원천징수의무자의 경우 사업장 관할 세무서

그러나 5월에 확정신고를 하거나 이후 경정청구를 하려면 근로자가 직접 관할 세무서를 찾아가 신고서를 작성해서 제출해야 하는 번거로움이 있고, 세무사를 통해 신고하게 되면 수수료를 지급해야 하므로 연말정산을 할 때 공제사항을 빠뜨리지 않았는지 꼼꼼히 챙기는 것이 더 중요하다.

관할 세무서에 직접 가는 것이 불편한 경우에는 홈택스에 접속해서 전자신고를 하거나(확정신고 기간에만 가능) 국세청 홈페이지(www.nts.go.kr)로 들어가 종합소득세 확정신고 서식을 내려받아 신고내용을 기재한 다음 연말정산 증빙서류와 함께 우송해도 된다.

실 무 사 례

⏻ **12월 31일자로 퇴사하는 직원의 연말정산은 어떻게 하나요?**

12월 31일자 퇴사자의 경우 연말정산을 어디서 받아야 할지 애매하게 생각한다. 이 경우 12월 31일을 너무 신경 쓰지 말고, 다른 달 중도퇴사자 원천세 신고 시와 동일하게 퇴사 월의 급여지급 시 중도퇴사자 연말정산을 하면 된다.

그런데 12월 31일 퇴사자의 경우 안타깝게도 제대로 된 정산을 받지 못한다. 기존에 다니던 회사나 다음 해에 이직할 회사가 있더라도 두 회사 모두에서 자료 부족으로 정확한 연말정산을 받을 수 없다. 즉, 정확한 정산을 받기 위해서는 다음 해 5월에 직접 국세청 홈택스 사이트에서 연말정산을 해야 한다는 것이다.

기존 다니던 회사는 12월 31일 자로 퇴사 처리하며, 중도퇴사자 연말정산을 한 후 근로소득 원천징수 영수증을 발급함으로써 그 책임이 끝나는 것이며, 1월 1일부로 새로이 입사한 회사는 그 전해의 소득에 대해서 아무런 내역도 없어 연말정산 자체를 해줄 수 없다.

간혹 귀속 월과 지급일을 다르게 신고하는 회사라면 12월 귀속분 급여를 1월에 지급하게 되고(12월분 1월 10일 지급의 경우), 이 경우 2월 10일까지 원천세 신고를 하므로 연말정산 서류를 2월 10일까지 다 챙겨서 제출하면 제대로 연말 정산을 받을 수 있으니, 그때는 별도로 5월에 확정신고를 하지 않아도 된다.

하지만 대부분 회사는 퇴사 시점에 바로 정산해서 지급하기 때문에 연말정산 서류를 받아서 반영하기 힘들다. 따라서 정확한 정산을 받기를 원하면 반드시 연말정산 서류를 챙겨서 5월에 종합소득세 신고ㆍ납부를 해야 한다.

만약, 홈택스로 신고하기 힘든 경우에는 관련 서류를 챙겨서 세무서를 방문하면 작성을 도와주니 관할 세무서를 방문해서 신고하면 된다.

🔘 연말정산 결과 환급세액이 발생한 경우 환급신청은 어떻게 하나요?

원천징수의무자(회사)는 연말정산 결과 환급세액이 발생한 경우 그 환급 세액은 원천징수해서 납부할 세액에서 조정환급하거나, 관할 세무서에 환급신청을 할 수 있다.

● 조정환급은 다른 원천세목(소득세, 법인세, 농특세) 간에도 가능하며, 원천징 수한 세액간의 조정환급은 원천징수이행상황신고서 "⑨ 당월조정환급세액" 란과 「2. 환급세액 조정의 "⑱ 조정대상 환급세액" 및 "⑲ 당월조정 환급세액 계"」 란에 충당ㆍ조정내역을 기재해서 신고한 경우에 한해서 인정된다. 따라서 신고 서에 정확하게 기재하지 않고 임의로 납부할 세액에서 환급할 세액을 차감해서 납부하게 되면 차감한 금액만큼 과소하게 납부하게 되어 원천징수납부불성실가 산세가 부과된다.

● 근로자에게 환급할 세액이 원천징수해서 납부할 세액을 초과함에 따라 근로자 에게 환급금을 원활하게 지급하기 위해 환급신청하는 경우는 원천징수의무자가 원천징수이행상황신고서(원천징수세액환급신청서)의 ㉑ 환급신청액란에 환급신 청금액("㉑차월이월환급세액" 란에 기재된 금액 중에서 환급 신청하고자 하는 금액)을 기재하고, 원천징수세액환급신청서 부표, 기납부세액명세서, 전월미환급 세액 조정명세서 및 지급명세서 등을 작성해서 관할 세무서에 제출해야 한다.

근로자의 경우 연말정산 결과 발생한 환급금은 근로자의 개별적인 환급신청 없 이 원천징수의무자(회사)가 근로자에게 직접 지급하는 것이다.

🔘 연도 중에 퇴사한 자로 연말정산 환급금을 돌려받고자 하는데 회사에서 차 일 피일 미루고 있다. 회사 대신 세무서에서 환급금을 지급받을 수 없나요?

연말정산세액 계산 결과 발생한 근로자의 환급금은 원천징수의무자가 근로자에게 지급하는 것이다.

연말정산 세액계산 결과 발생된 근로소득세 환급세액을 원천징수의무자가 지급하지 않으면 근로자는 원천징수의무자에게 청구권이 발생 되어 환급금은 체불임금과 동일한 방법으로 받을 수 있다.

⏻ 회사가 부도로 폐업한 경우 근로자가 연말정산 환급을 받을 수 있는지요?

연말정산 환급금은 회사가 근로자에게 지급한다. 다만, 원천징수의무자(회사)가 근로자에게 환급금을 지급하기 위해서 관할 세무서장에게 연말정산 환급신청을 한 후, 폐업 등으로 소재 불명 됨에 따라 당해 환급세액을 원천징수의무자를 통해서 근로자에게 환급되도록 하는 것이 사실상 불가능한 경우에는 원천징수 관할 세무서장이 당해 환급세액을 근로자에게 직접 지급할 수 있다. 다만, 이 경우 환급세액은 근로자가 실제 부담해서 납부된 세액에 한해서 근로자에게 환급하는 것이다.

⏻ 원천징수의무자가 근로자의 근로소득에 대해 연말정산을 하지 않은 경우?
(회사 측에서 연말정산을 해주는 게 아니고, 개인적으로 하라고 하는데)

원천징수의무자가 근로자(일용근로자 제외)의 당해연도의 근로소득에 대해서 연말정산을 해야 함에도 불구하고 근로소득 세액의 연말정산을 하지 않은 때에는 원천징수 관할 세무서장은 즉시 연말정산을 하고 그 소득세를 원천징수의무자로부터 징수한다.

원천징수의무자가 근로소득 세액의 연말정산을 하지 않고 행방불명이 된 때에는 원천징수 관할 세무서장은 당해 근로소득이 있는 자에게 종합소득 과세표준확정신고를 해야 한다는 것을 통지한다.

⏻ 4대 보험이 모두 적용되는 일용근로자도 연말정산을 할 수 있는지요?

일용근로자는 4대 보험 적용 여부와 관계없이 연말정산 대상에 해당하지 않는다. 다만, 명칭상 일용근로자이지만 실질적으로 3개월 이상 계속근로한 경우 세법상 상용근로자로 보므로 이 경우에는 연말정산을 해야 한다.

⏻ 연말정산대상 소득은 4대 보험이 적용되는 급여분만 해당하나요?

연말정산 대상 소득은 일용근로소득을 제외한 모든 근로소득이다. 따라서 4대 보험 적용 여부와 관계없이 일용근로소득을 제외한 원천징수 대상 근로소득은 연말정산을 해야 한다.

임원의 인건비 처리와 관련해 유의할 사항

임원의 인건비에 대해서는 법인세법에서 규제하고 있는바 잘못할 경우 부당과소신고가산세의 대상이 될 수 있으므로 조심해야 한다.

1 \ 급여와 관련해 주의사항

· 비상근임원(사외이사 등)에게 지급시 과다 지급한 경우 부당행위계산 부인이 될 소지가 있다 : 반드시 지급 규정을 만들고 그 범위 안에서 지급해야 한다.

· 합명, 합자회사의 노무출자 사원에게 지급하는 보수 : 노무출자사원은 노무 자체가 출자대상이므로 향후 결산 마감 이후 이익처분을 통해 출자 대가를 받아야 한다.

· 지배주주 및 그와 특수관계가 있는 임직원 등에게 정당한 사유 없이 동일 직위의 다른 임직원보다 많이 지급하는 경우 그 금액은 부당행위계산부인의 대상이 된다.

2 \ 상여금 지급 시 주의 사항

· 임원상여금 중 급여 지급 기준 초과 금액은 손금불산입 되므로 반드

시 정관, 주총, 이사회 등의 결의에 따라 결정된 지급기준에 의해 지급한다. ➜ 연초에 주총에서 임원에 대한 급여·상여 등의 총액을 결정해 주총회의록에 남겨놓는 방법이 가장 좋다.

· 일반적인 성과급의 경우에는 근로자와 사전서면 약정이 있고 이에 따라 근로자에게 지급될 시에는 비용으로 인정되나 임원이 아닌 사용인에 한한다. ➜ 이사의 경우 급여 지급 기준상의 상여 외의 일반적인 성과급의 지급 대상이 되지 않는다.

· 이사가 성과급을 받을 수 있는 경우는 주식매수선택권을 부여받는 경우에 한한다.

3 \ 퇴직급여 지급 시 주의 사항

· 정관이나 정관에서 위임된 퇴직급여지급규정을 반드시 만들어야 한다.
· 지급규정 없는 경우 퇴직 직전 1년간 총급여액의 10%에 근속연수를 곱한 금액 한도 내에서만 손금으로 인정된다.

4 \ 기타 주의 사항

· 특정 임원을 위한 만기환급금 없는 종신보험을 법인이 가입하고 보험료 부담 또한 하는 경우 : 손금불산입 되고 해당 임원에 대한 상여처분된다.
· 특정 임원에게만 업무성과에 따라 특별 상여 지급 시 : 손금불산입 되고 상여로 본다.
· 특정 임원들 골프장 이용료 대납시 : 손금불산입 되고 상여로 처분된다.

⏱ 임원 급여·상여 등의 비용인정 조건

❶ 정관의 규정 또는 주주총회·사원총회 등에 의해서 결의된 지급한도액의 범위 내일 것

예를 들어 주주총회의 결의에서 임원의 보수액은 연액 1천만 원 이내에 함이라고 정했다면 이 금액을 초과하는 금액은 비용으로 인정되지 않는다.

❷ ❶의 한도 내의 금액이라도 임원 개개인의 지급액이 그 임원의 직무의 내용, 그 법인의 수익 및 그 사용인에 대한 급여지급 상황, 동종업종 및 유사규모 회사의 상황 등을 종합적으로 고려해 과도한 경우 비용인정이 안 된다.

가. 직무의 내용(예 : 사장, 전무, 상무, 이사 등)

나. 직무에 종사하는 정도(상금 또는 비상금)

다. 경과연수

라. 그 법인의 업종·규모·소재지·수익의 상황 및 사용인에 대한 급여의 지급상황

마. 그 법인과 동종 사업을 영위하는 법인으로 그 사업의 규모 및 수익의 상황 등이 유사한 것의 임원에 대한 보수의 지급상황 등

원천징수이행상황신고서 등 원천징수 필수서식 작성요령

원천징수와 관련한 원천징수이행상황신고서 등 주요 서식의 작성 요령을 보려면 국세청 사이트(www.nts.go.kr) ➜ 국세신고안내 ➜ 원천징수(연말정산) 안내를 이용하면 된다.

소득공제신고서 작성요령

연말정산 계산사례

01. 근로소득자소득공제신고서 (1쪽)

02. 근로소득자소득공제신고서 (2쪽)

03. 근로소득자소득공제신고서 (3쪽)

04. 근로소득자소득공제신고서 (4쪽)

05. 근로소득자소득공제신고서 (5쪽)

근로소득 원천징수영수증 작성요령

근로소득 원천징수영수증 (1쪽)

근로소득 원천징수영수증 (2쪽)

근로소득 원천징수영수증 (3쪽)

근로소득 원천징수영수증 (4쪽)

원천징수이행상황신고서 작성 요령

원천징수이행상황신고서 본표

원천징수이행상황신고서 부표(3쪽)

원천징수이행상황신고서 부표(5쪽)

수정신고서 작성방법 및 제출요령

사례별 원천징수이행상황신고서 작성방법

소득자료제출집계표 작성 요령

원천징수세액환급신청서 작성예시

납부서 작성요령

지급명세서 제출 및 신고·납부

원천징수 세액의 신고와 납부

원천징수이행상황신고서를 작성해서 홈택스 또는 우편으로 원천징수 관할 세무서에 그 징수일이 속하는 달의 다음 달 10일까지 제출(우편 제출 시 10일 자 소인이 찍혀 있으면 기한 내 신고로 인정)한 후 납부서에 원천징수한 세액을 기재해서 금융기관에 납부한다.

원천징수이행상황신고서는 원천징수 해서 납부할 세액이 없는 소득자에게 지급한 금액도 포함해서 작성해야 한다.

1 수기에 의한 신고와 납부

원천징수이행상황신고서 및 납부서는 국세청 홈페이지에서 검색해서 내려받기를 통해 사용할 수 있다.

국세청 홈페이지(www.nts.go.kr) ➡ 국세정책/제도 ➡ 세무서식 ➡ [서식이름]에서 원천징수이행상황신고서, 납부서 검색

2 홈택스(www.hometax.go.kr)를 이용한 전자신고

납세자 또는 세무대리인이 세법에 의한 신고 관련 서류를 자신의 PC에서 작성한 후 인터넷을 통해서 전자신고가 가능하다. 신고방식은 「신고서 작성 방식」과 세무회계 프로그램 사용자를 위한 「신고서변환방식」으로 구분하며, 홈택스 회원으로 가입해서 이용(공인인증서 없는 경우에도 가능)할 수 있다.

> 홈택스 홈페이지(www.hometax.go.kr) ➡ 세금 신고 ➡ 원천세 신고

전자신고를 한 납세자가 자동으로 입력된 납부 정보를 확인하고, 거래 은행을 선택해서 계좌번호와 계좌 비밀번호만 입력하면 전자 납부가 가능하다(홈택스 홈페이지 ➡ 납부 고지·환급 ➡ 세금 납부).

과세 관청이 고지하거나, 납세의무자가 신고한 세액 중 1천만 원 이하(부가해서 과세 되는 농특세·교육세, 가산세 포함)의 모든 국세는 신용카드 국세납부 홈페이지(www.cardrotax.or.kr)를 통해 신용카드 납부가 가능하다.

월 급여 지급 시 간이세액표상 세액으로 징수하지 않고, 임의대로 일정액을 징수한 후 연말정산시 정산해도 무방한지요?

매월 근로소득 지급시 반드시 근로소득 간이세액표에 의해 원천징수를 해야 하므로, 원천징수의무자가 임의로 매월 일정액을 원천징수할 수 없다. 만약 간이세액표에 의한 원천징수 세액과 일정액으로 원천징수한 세액과의 차액이 발생해서 과소납부(간이세액표의 세액 > 임의로 원천징수한 일정액)된 경우에는 차액을 추가로 납부해야 하며, 이 경우 원천징수납부지연가산세를 부담해야 한다.

반대로 과다납부 된 경우에는 차액을 수정 신고하고 다음 달 납부할 세액에서 차가감 조정환급하게 된다.

구 분	세무상 처리
간이세액표의 세액 > 임의로 원천징수한 일정액	차액을 추가로 납부해야 하며, 원천징수납부불성실가산세를 부담해야 한다.
간이세액표의 세액 < 임의로 원천징수한 일정액	수정 신고하고 다음 달 납부할 세액에서 차가감 조정환급한다.

퇴직소득세의 신고와 납부

퇴직소득은 거주자, 비거주자 또는 법인의 종업원이 현실적으로 퇴직함으로써 받는 퇴직소득만 해당한다. 이때 현실적인 퇴직이란 다음의 사유로 퇴직급여 지급 규정, 취업규칙 또는 노사 합의에 따라 퇴직금을 실제로 받는 경우를 말한다. 다만, 사용인이 해당 법인과 직접 또는 간접으로 출자 관계에 있는 법인으로 전출하는 경우는 현실적인 퇴직으로 보지 않을 수 있다.

· 종업원이 임원이 된 경우
· 법인의 합병·분할 등 조직변경 또는 사업양도가 이루어진 경우
· 법인의 상근 임원이 비상근임원이 된 경우
· 종업원이 근로자퇴직급여보장법에 따라 계속 근로한 기간에 대한 퇴직금을 미리 정산해서 받는 경우
· 법인의 임원이 급여의 연봉제 전환에 따라 향후 퇴직금을 정산해서 받는 경우
· 법인의 임원이 정관 또는 정관에서 위임된 퇴직급여지급규정에 따라 무주택자의 주택구입자금마련 등의 사유로 그때까지의 퇴직금을 정산해서 받는 경우(중간정산시점부터 새로 근속연수를 기산해서 퇴직금을 계

산하는 경우만 해당한다.)

다음에 해당하는 경우는 현실적인 퇴직에 포함한다.

· 법인의 직영차량 운전기사가 법인소속 지입차량의 운전기사로 전직하는 경우

· 근로자가 사규 또는 근로계약에 따라 정년퇴직을 한 후 다음 날 해당 사용자의 별정직 사원(촉탁)으로 채용된 경우

그리고 다음에 해당하는 경우는 현실적인 퇴직으로 보지 않는다.

· 임원이 연임된 경우

· 법인의 대주주 변경으로 인해서 계산의 편의, 기타 사유로 전 근로자에게 퇴직금을 지급한 경우

· 기업의 제도·기타 사정 등을 이유로 퇴직금을 1년 기준으로 매년 지급하는 경우(퇴직금을 미리 정산해서 받는 경우를 제외한다.)

· 비거주자의 국내사업장 또는 외국법인의 국내 지점의 근로자가 본점(본국)으로 전출하는 경우

· 정부 또는 산업은행 관리기업체가 민영화됨에 따라 전 근로자의 사표를 일단 수리한 후 재채용한 경우

· 2 이상의 사업장이 있는 사용자의 근로자가 한 사업장에서 다른 사업장으로 전출하는 경우

· 법인이 근로자퇴직급여보장법에 따라 사용인의 퇴직금을 사업연도 종료일을 기준으로 중간정산하기로 하였으나 그 지급시기와 방법이 구체적으로 확인되지 않아서 해당 퇴직금을 실제로 지급하지 않은 경우

❶ 공적연금 관련법에 따라 받는 일시금

국민연금법 제88조에 따라 사용자가 국민연금 기금에 납부하는 종업원의 퇴직금전환금을 포함하며, 이 경우 퇴직금전환금은 당해 근로자가 현실적으로 퇴직할 때 받는 것으로 봄

❷ 사용자 부담금을 기초로 하여 현실적인 퇴직을 원인으로 지급받는 소득

· 종업원의 퇴직을 보험금의 지급 사유로 하고 종업원을 피보험자와 수익자로 하는 보험(단체퇴직보험)의 보험금

· 퇴직보험 또는 퇴직일시금신탁의 보험금 또는 신탁반환금

❸ 그 밖에 ❶ 및 ❷와 유사한 소득으로서 대통령령으로 정하는 소득

구 분		세무상 처리	손금산입
임원	❶ 퇴직 전 3년간 평균급여(퇴직한 날부터 소급해서 3년 동안 지급받은 총급여의 연평균환산액) × 1/10 × 근속연수(2012.1.1. 이후의 근무기간/12) × 3배 + 퇴직 전 3년간 평균급여(퇴직한 날부터 소급해서 3년 동안 지급받은 총급여의 연평균환산액) × 1/10 × 근속연수(2020.1.1. 이후의 근무기간/12) × 2배	퇴직소득	손금산입
	❶을 초과하는 금액	근로소득	손금산입
평균급여 : 퇴직한 날부터 소급하여 3년(근무기간이 3년 미만의 경우는 개월 수로 계산한 해당 근무기간을 말하며, 1개월 미만의 기간이 있는 경우에는 이를 1개월로 본다)동안 지급받은 총급여의 연평균환산액 근속연수 : 1년 미만의 기간은 개월 수로 계산하며, 1개월 미만의 기간이 있는 경우에는 이를 1개월로 본다.			
일반직원은 자체 퇴직급여규정과 근로기준법 중 큰 금액		퇴직소득	손금산입

퇴직소득금액(퇴직수입금액 − 비과세 퇴직소득)

퇴직수입금액

퇴직수입이란 공적연금 관련법에 따라 받는 일시금, 사용자 부담금을 기초로 하여 현실적인 퇴직을 원인으로 지급받는 소득 등을 말한다. 예를 들어 퇴직금·퇴직수당·퇴직위로금 기타 이와 유사한 성질의 급여 및 근로기준법에 의한 해고예고수당, 근로소득자가 퇴직으로 인해서 받는 퇴직보험(퇴직일시금신탁 포함)의 일시금이 이에 해당한다.

비과세 퇴직소득

퇴직소득의 비과세 범위와 유형은 근로소득의 경우와 동일하다. 예를 들어 복무 중 사병의 퇴직급여, 동원직장의 퇴직급여, 사망시 위자료 성격의 퇴직급여 기타 국가공무원 등의 특별법상 유족이 받는 퇴직급여 등은 비과세된다.

> 퇴직소득금액 = 퇴직급여액 + 국민연금에 대한 회사의 퇴직금전환금 납부액 누계 + 기타 퇴직 관련 급여

퇴직소득 산출세액

종전 규정에 의한 산출세액(= ❶ + ❷)

2012년 12월 31일 이전에 입사해서 2013년 1월 1일 이후 퇴사한 경우

❶에 의한 산출세액을 2013년 1월 1일 이후 입사해서 2015년 12월 31일 이전 퇴사하는 경우는 ❷에 의한 산출세액을 납부한다.

퇴직소득공제 후 과세표준 = 퇴직급여 총액 - 퇴직소득공제

퇴직소득공제 = 정률공제 + 근속연수에 따른 공제

❶ 2012년 12월 31일 이전분

퇴직소득공제 후 과세표준 $\times$ $\dfrac{\text{2012년 12월 31일까지의 근속연수}}{\text{전체근속연수}}$ = 과세표준(㉮)

(과세표준 $\times$ $\dfrac{1}{\text{2012년 12월 31일까지의 근속연수}}$) $\times$ 기본세율 $\times$ 2012년

12월 31일까지의 근속연수 = 산출세액

❷ 2013년 1월 1일 이후 분

퇴직소득공제 후 과세표준 - 2012년 12월 31일 이전분 과세표준(㉮) = 과세표준

(과세표준 $\times$ $\dfrac{1}{\text{2013년 1월 1일 이후 근속연수}}$ $\times$ 5) $\times$ 기본세율 $\times$ $\dfrac{1}{5}$

$\times$ 2013년 1월 1일 이후 근속연수 = 산출세액

개정규정에 의한 산출세액

2020년부터는 개정 규정에 의해 산출된 퇴직소득세가 100% 적용된다.

(퇴직소득금액 - 근속연수공제) $\times$ $\dfrac{1}{\text{전체근속연수}}$ $\times$ 12 = 환산급여

환산급여 - 환산급여공제 = 과세표준

과세표준 $\times$ 기본세율 $\times$ $\dfrac{1}{12}$ $\times$ 근속연수 = 산출세액

납부할 산출세액

정률공제를 차등공제로 변경함으로 인해 급격한 세 부담의 증가를 방지하기 위해 2019년까지 퇴직하는 경우 산출세액에서 다음의 금액을 납부했으나, 2020년부터는 개정규정에 따라 산출된 퇴직소득세가 100% 적용된다.

퇴직일이 속하는 과세기간	세 율
2016.1.1~2016.12.31	종전 규정에 따른 퇴직소득세 산출세액 × 80% + 개정 규정에 따른 퇴직소득세 산출세액 × 20%
2017.1.1~2017.12.31	종전 규정에 따른 퇴직소득세 산출세액 × 60% + 개정 규정에 따른 퇴직소득세 산출세액 × 40%
2018.1.1~2018.12.31	종전 규정에 따른 퇴직소득세 산출세액 × 40% + 개정 규정에 따른 퇴직소득세 산출세액 × 60%
2019.1.1~2019.12.31	종전 규정에 따른 퇴직소득세 산출세액 × 20% + 개정 규정에 따른 퇴직소득세 산출세액 × 80%
2020.1.1.~	개정 규정에 따른 퇴직소득세 산출세액 × 100%

퇴직소득공제

퇴직소득공제는 기본공제와 근속연수공제를 합해서 계산한다.

❶ 기본공제 : 퇴직급여액의 40%

❷ 근속연수에 따른 공제액

근속연수	공제액
5년 이하	100만원 × 근속연수
5년 초과 10년 이하	500만원 + 200만원 × (근속연수 - 5년)
10년 초과 20년 이하	1,500만원 + 250만원 × (근속연수 - 10년)
20년 초과	4,000만원 + 300만원 × (근속연수 - 20년)

근속연수는 일수로 입사 일부터 퇴직일까지를 합산하며, 1년 미만은 무조건 1년으로 한다. 예를 들어 367일 근무하면 2년으로 한다.

또한, 국민연금법에 의해 지급받는 일시금의 경우 연금보험료의 총불입 월수를 12로 나누어 계산한 연수를 근속연수로 하고, 공무원·교원·군인의 경우 퇴직일시금을 지급받을 때 적용되는 재직기간을 근속연수로 하며, 공무원연금법 등에 의한 퇴직일시금과 명예퇴직수당을 함께 지급받는 경우에는 퇴직급여 산정에 적용되는 재직기간과 실제 재직기간 중더 긴 기간을 근속연수로 본다.

환산급여공제

환산급여	공제액
800만 원이하	환산급여 × 100%
800만원 ~ 7,000만원	800만원 + (환산급여 - 800만원) × 60%
7,000만원 ~ 1억 원	4,520만원 + (환산급여 - 7,000만원) × 55%
1억원 ~ 3억 원	6,170만원 + (환산급여 - 1억 원) × 45%
3억원 ~	1억 5,170만원 + (환산급여 - 3억 원) × 35%

기본세율

과세표준	세 율
1,400만원 이하	6%
1,400만원 초과 5,000만원 이하	84만원 + (과세표준 - 1,400만원) × 15%
5,000만원 초과 8,800만원 이하	624만원 + (과세표준 - 5,000만원) × 24%
8,800만원 초과 1억 5,000원 이하	1,536만원 + (과세표준 - 8,800만원) × 35%
1억 5,000원 초과 3억원 이하	3,706만원 + (과세표준 - 1억 5천만원) × 38%
3억원 초과 5억원 이하	9,406만원 + (과세표준 - 3억원) × 40%
5억원 초과 10억원 이하	1억7천4백06만원 + (과세표준 - 5억원) × 42%
10억원 초과	3억8천4백06만원 + (과세표준 - 10억원) × 45%

🍎 1년에 2회 이상 퇴직 시 퇴직소득세 계산 💬

- 최종 퇴직회사에서 모든 퇴직소득 합산 : 전직장 퇴직급여 + 현직장 퇴직급여
- 퇴직소득 과세표준 = (모든 퇴직소득 - 퇴직소득공제) × 12 ÷ 근속연수
- 원천징수 납부 할 세액 = (과세표준 × 기본세율) ÷ 12 × 근속연수 - 전 직장에서 이미 원천징수·납부 한 세액

3 ＼ 퇴직소득세 계산사례

- 입사일 : 2014년 1월 11일
- 퇴사일 : 2025년 10월 15일
- 퇴직금 : 41,441,080원인 경우

[해설]

$(41,441,080원 - 20,000,000원) \times \dfrac{1}{12} \times 12 = 21,441,080원$

$21,441,080원 - 16,064,648원 = 5,376,432원$

- 환산급여공제 = 8,000,000원 + (21,441,080원 - 8,000,000원) × 60%

$5,376,432원 \times 기본세율 \times \dfrac{1}{12} \times 12 = 322,585원$

4 퇴직금을 2번 지급하는 경우 원천징수

구 분	징수 세액
퇴직소득을 받는 거주자가 이미 지급받은 퇴직소득이 없는 경우	지급할 퇴직소득 과세표준에 원천징수 세율을 적용해서 계산한 금액
퇴직소득을 받는 거주자가 이미 지급받은 퇴직소득이 있는 경우	이미 지급된 퇴직소득과 자기가 지급할 퇴직소득을 합계한 금액에 대하여 퇴직소득세액을 계산한 후 이미 지급된 퇴직소득에 대한 세액을 뺀 금액

퇴직자가 퇴직소득을 지급받을 때 이미 지급받은 다음의 퇴직소득에 대한 원천징수영수증을 원천징수의무자에게 제출하는 경우 원천징수의무자는 퇴직자에게 이미 지급된 퇴직소득과 자기가 지급할 퇴직소득을 합계한 금액에 대해서 정산한 소득세를 원천징수 해야 한다.

❶ 해당 과세기간에 이미 지급받은 퇴직소득

❷ 근로제공을 위해서 사용자와 체결하는 계약으로서 사용자가 같은 하나의 계약(퇴직으로 보지 않을 수 있는 경우를 포함)에서 이미 지급받은 퇴직소득

세액정산은 퇴직자의 선택사항이나, 해당 과세기간에 이미 지급받은 퇴

직소득은 반드시 합산해야 한다.

5 원천징수영수증 발급 및 지급명세서 제출

퇴직소득을 지급하는 원천징수의무자는 그 지급일이 속하는 달의 다음 달 말일까지 퇴직소득 원천징수영수증을 퇴직소득을 받는 사람에게 발급해야 한다.

소득세 납세의무가 있는 개인에게 퇴직소득을 국내에서 지급하는 자는 지급명세서를 그 지급일이 속하는 연도의 다음 연도 3월 10일(휴업 또는 폐업한 경우 휴업일 또는 폐업일이 속하는 달의 다음다음 달 말일)까지 원천징수 관할 세무서장·지방국세청장 또는 국세청장에게 제출한다.

다음의 규정을 적용받는 소득에 대해서는 당해 소득금액 또는 수입금액에 대한 과세연도 종료일이 속하는 연도의 다음 연도 3월 10일까지 원천징수 관할세무서장·지방국세청장 또는 국세청장에게 제출한다.

· 원천징수의무자가 12월에 퇴직한 자의 퇴직급여액을 다음연도 2월 말일까지 지급하지 않은 때에는 2월 말일에 지급한 것으로 본다.

· 법인이 이익 또는 잉여금의 처분에 의해서 지급해야 할 퇴직급여액의 경우 그 처분이 11월 1일부터 12월 31일까지의 사이에 결정된 것을 다음 연도 2월 말일까지 지급하지 않은 때에는 2월 말일에 지급한 것으로 본다.

· 「국민연금법」에 의해서 지급받는 반환일시금 또는 사망일시금 및 「공무원연금법」, 「군인연금법」, 「사립학교교직원 연금법」 또는 「별정우체국법」에 의해서 지급받는 일시금

12월 31일 퇴사자의 퇴직소득세 신고 · 납부

1월부터 11월까지의 퇴직은 당해연도 12월 31일에 퇴직한 것으로 보아 일단 원천징수 (퇴직금을 아직 지급 안 했어도 회사가 우선 납부한다는 뜻)한다.

반면 12월 퇴직자의 경우 당해 연도 11월까지의 퇴직소득은 12월에, 12월에 퇴직한 자의 퇴직소득은 두 달 여유를 주어 2월 말 일에 지급한 것으로 보아 원천징수한다.

따라서 12월분 퇴직자의 원천징수 세액은 다음 연도 3월 10일까지 납부해야 하는데 이때 당해연도(전년)의 세법 관련 내용이 적용된다.

실무사례

⏻ **퇴직금중간정산이 가능한 경우**

1. 무주택자인 근로자가 본인 명의로 주택을 구입하는 경우

무주택자 여부에 관한 판단	주택구입 여부에 관한 판단
근로자 본인에 대한 확인만 거치면 되므로 중간정산 신청일을 기준으로 본인 명의로 등기된 주택이 없다면 세대원이 주택을 소유하고 있다 하더라도 무주택자 요건을 충족한 것으로 본다.	근로자 본인 명의로 된 주택 매매계약을 체결하였는지? 여부를 통해 확인한다. 부부 공동명의로 주택을 구입하는 경우도 본인 명의로 주택을 구입하는 것으로 본다.

<사례1> 주택을 소유했다가 되팔고 다시 주택을 취득하는 경우도 무주택자 요건을 충족하는지?

→ 중간정산신청 전에 주택을 소유한 사례가 있다 하더라도 신청일을 기준으로 확인해서 본인 명의의 주택이 없는 경우에는 무주택자로 본다.

<사례2> 근로자가 전세로 살고 있던 주택을 구입하는 경우로서 주택매매 계약 체결, 주택구입 대금 지급, 소유권 이전 등기가 동시에 이루어진 경우 퇴직금 중간정산 받을 수 있는지? → 증빙서류를 구비해서 소유권 이전 등기일로부터 1개월 이내에 중간정산 신청하는 경우는 중간정산이 가능하다.

2. 무주택자인 근로자가 주거목적으로 전세금 또는 보증금을 부담하는 경우(당해 사업장 1회로 한정)

전세금 또는 보증금은 주거목적의 전세금으로서 「민법」 제303조에 따른 전세금 또는 「주택임대차보호법」 제3조의 2에 따른 임차보증금의 경우이다. 임대차계약상 보증금으로 전세보증금뿐만 아니라 월세 보증금도 해당한다.

<사례1> 전세 계약기간을 연장하는 경우 중간정산 할 수 있는지?

→ 전세금(임차보증금)을 부담하기 위한 경우 현 거주지의 임대차계약 기간을 연장해서 연장계약을 체결하는 경우에도 중간정산할 수 있다.

<사례2> 본인 명의가 아닌 배우자 등 세대주 명의로 주택임대차계약을 체결하는 경우에도 중간정산 받을 수 있는지? → 근로자와 세대를 같이하는 동거인의 명의로 주택임대차계약을 체결하는 경우는 원칙적으로 중간정산 받을 수 없다. 그러나 배우자, 직계 존비속, 형제자매 등 세대원 명의로 계약을 한 경우로서 향후 전입신고 등을 통해 해당 주택에 거주함을 증명할 것을 서약하는 문서를 제출한다면 주거를 목적으로 임대차 계약을 체결하는 경우 가능하다.

3. 본인, 배우자 또는 부양가족의 질병·부상으로 6개월 이상 요양하는 경우

부양가족이란 근로자 또는 근로자의 배우자와 생계를 같이하는 부양가족으로써 60세 이상의 직계존속, 20세 이하의 직계비속 또는 동거입양자, 20세 이하 또는 60세 이상인 형제자매 등을 말한다. 부양가족 범위를 판단함에 있어 소득수준은 고려하지 않는다.

6개월 이상의 요양에 해당하는지? 여부에 대한 판단기준은 의사의 진단서 또는 소견서, 건강보험공단의 장기요양확인서 등에서 병명 및 치료기간(6개월 이상)이 명시되어야 한다.

<사례1> 근로자의 시모(55세)가 교통사고로 인해 6개월 이상 진단받은 경우 중간정산 할 수 있는지?

→ 근로자의 시모는 배우자의 직계존속에 해당하나 60세 미만이므로 6개월 이상의 요양을 한다고 하더라도 중간정산 할 수 없다.

<사례2> 입원기간만 요양기간으로 인정되는지 혹은 통원치료기간도 요양기간으로 볼 수 있는지?

→ 요양은 질병 또는 부상 등으로 인해서 일정 치료를 필요로 하는 경우를 말하므로 입원 치료뿐만 아니라 통원치료, 약물치료 기간도 요양기간으로 본다.

<사례3> 임플란트 등 치과치료의 경우에도 6개월 이상의 진단서를 제출하면 중간정산 가능한지 여부?

→ 미용 목적의 치료는 중간정산 요건에 해당하지 않지만, 치과계 질환으로 인해 임플란트가 필요하고 6개월 이상 지속적으로 치료할 필요가 있는 경우에는 가능한 것으로 본다.

4. 최근 5년 이내 파산선고를 받거나 개인회생절차 개시 결정을 받은 경우

신청하는 날부터 역산해서 5년 이내에 파산선고를 받은 경우로써 신청 당시 파산의 효력이 진행 중이어야 하며, 면책·복권 결정이 있는 경우에는 파산의 효력이 종료되었으므로 중간정산이 불가능하다.

5. 임금피크제를 실시 해서 임금이 줄어드는 경우

6. 태풍, 홍수 등 천재지변으로 고용노동부 장관이 정한 사유와 요건에 해당하는 경우

⏻ 해고예고수당의 원천징수

해고예고수당은 30일 전에 해고예고를 하지 않을 경우 추가로 지급하는 금액이며, 이는 세법에서 퇴직소득으로 본다. 반면 30일 전에 예고하고 계속근무한 직원에게 지급하는 대가는 급여로 처리를 하면 된다. 다만, 정상적으로 지급해야 할 급여와 별도로 해고에 대한 위로적 성격으로 급여 외에 추기 금액을 지급하는 경우 퇴직소득으로 처리하면 된다.

그리고 1년 미만 근로자에 대해서는 급여 외에 지급할 의무는 없으나 위로금적 성격의 추가 비용을 지급하는 경우 퇴직소득으로 본다.

퇴직연금의 원천징수

구 분	DC형(확정기여형)	DB(확정급여형)
개념	사용자 부담금이 사전에 확정 적립금 운용에 대한 책임을 근로자 개인이 부담(기업으로부터 받은 퇴직적립금을 근로자가 직접 선택한 금융상품에 운용)	근로자 급여가 사전에 확정 적립금 운용에 대한 책임을 사용자가 부담(연금 총액이 기존 퇴직금 총액과 같다)
퇴직금 운용 주체 및 적립금 운용수익	근로자에 귀속 적립금 운용수익 ➡ 근로자의 것	회사에 귀속 적립금 운용수익 ➡ 회사의 것
불입금액	연간 임금 총액의 1/12 이상	퇴직금추계액의 100% 이상
퇴직급여 수준	적립금 운용실적에 따라 다름(매년 지급된 퇴직급여의 합 ± 운용수익	퇴직시 평균임금 30일분 × 근속연수
지급방법	퇴직연금 사업자는 근로자가 지정한 개인형 퇴직연금제도의 계정으로 퇴직급여 전액을 지급한다. 근로자는 퇴직 시 자기 계정에서 운용 중인 자산을 그대로 동일 사업자의 개인형 퇴직연금제도 계정으로 이전이 가능하다.	근로자 이직·퇴직 시 사용자는 퇴직 후 14일 이내에 퇴직연금사업자에게 퇴직급여 지급을 지시한다. 퇴직연금사업자는 근로자가 지정한 개인형 퇴직연금제도(IRP)의 계정으로 퇴직급여 전액을 지급한다. 전액

구 분	DC형(확정기여형)	DB(확정급여형)
지급방법		지급의 예외 사유가 발생하는 경우, 퇴직급여 부족분은 사용자가 지급한다.
부담금 적립시	(차) 퇴직급여 ××× (대) 현금(보통예금) ××× → 전액 비용처리(임원, 직원 구분 없이 전액 손금산입. 그러나 임원의 경우 퇴직 시 실제 불입 금액 기준으로 한도액을 계산해야 함)	(차) 퇴직연금운용자산 ××× (대) 현금 ××× → 부채 부분에 퇴직급여충당부채의 차감 항목으로 표시됨. 그러나 퇴직급여충당부채 잔액이 없으면서 확정급여형 퇴직연금 가입 시는 투자자산으로 설정
운용 수익인식	회사는 인식 없다.	(차) 퇴직연금운용자산 ××× (대) 이자수익 ××× (손실도 인식)
운용, 자산 관리 수수료	(차) 지급수수료 ××× (대) 현금 ×××	(차) 지급수수료 ××× (대) 현금 ×××
직원 퇴직하는 경우	회계처리 없음 → 1년 미만 근로자가 퇴직시 다시 환입되어 오는 데 이 경우에는 (차) 보통예금 ××× (대) 퇴직연금환입 ×××	**1. 일시금으로 받는 경우** (차) 퇴직급여충당부채 ××× (차) 퇴직급여 ××× (대) 퇴직급여운용자산 ××× (대) 보통예금(현금) ××× **2. 연금으로 받는 경우** (차) 퇴직급여충당부채 ××× (대) 퇴직연금미지급금 ×××
원천징수의무자 : 원천징수영수증 발급자	퇴직연금 사업자(금융기관) : 퇴직연금 사업자가 원천징수영수증을 퇴직자에게 발급	회사 : 사용자가 원천징수영수증을 퇴직자에게 발급

구 분	DC형(확정기여형)	DB(확정급여형)
원천징수이행 상황신고서 작성 및 제출	회사는 원천징수이행상황신고서에 기재할 내용 없음(퇴직연금 사업자가 원천징수이행상황신고서에 인원과 지급금액, 징수세액을 기재하여 제출함)	회사가 원천징수이행상황신고서 퇴직소득란에 인원과 지급금액, 징수세액을 기재하여 제출함(단, 이연퇴직소득이 있는 경우에는 퇴직소득 지급금액을 기재하고 원천징수 세액은 0으로 기재함)
지급명세서 제출	회사가 제출할 서류 없음(퇴직연금 사업자가 퇴직소득 지급일이 속하는 과세기간의 다음연도 3월 10일까지 연금계좌지급명세서를 제출함)	회사가 퇴직소득 지급일이 속하는 과세기간의 다음연도 3월 10일까지 제출(과세이연시 원천징수 세액 0으로 하여 지급명세서 제출)

퇴직연금의 지급 형태

일시금으로 받는 경우	연금으로 받는 경우
연금 수급 조건에 해당하지 않는 경우 연금 수급 조건에 해당하나 일시금으로 받고자 하는 경우 ※ 55세 이상	연금 수급 조건이 충족되는 경우 55세 이상 퇴직연금 가입기간이 10년 이상 ※ IRP는 55세 이상의 요건만 충족하면 연금수령 가능

종합소득세 신고 · 납부

종합소득세는
언제 어디다 내야 하나요?

1 \ 종합소득세는 무엇에 대해서 내는 세금인가?

종합소득(이자·배당·사업·근로·연금·기타소득)이 있는 사람은 다음 해 5월 1일~5월 31일까지 종합소득세를 신고·납부 해야 한다.

성실신고 확인 대상 사업자가 성실신고 확인서를 제출하는 경우 다음 해 6월 30일까지 신고·납부가 가능하다.

종합소득이 있더라도 다음에 해당하면 소득세를 신고하지 않아도 된다.

· 근로소득만이 있는 사람으로서 연말정산을 한 경우

· 직전 연도 수입금액이 7,500만 원 미만인 보험 모집인 또는 방문판매원, 음료품 배달원 등으로 소속 회사에서 연말정산을 한 경우

· 비과세 또는 분리과세(원천징수만으로 납세의무가 종결되는 세금) 되는 소득만이 있는 경우

· 연 300만 원 이하인 기타소득이 있는 자로서 분리과세를 원하는 경우 등

종합소득세 신고 시 지방소득세 소득분도 함께 신고해야 한다. 소득세 신고서에 지방소득세 소득 분 신고내용도 함께 기재해서 신고하고, 세금은 별도의 납부서에 의해서 5월 31일까지 납부하면 된다.

2. 종합소득세 확정신고 · 납부는 5월 31일까지

당해연도에 종합소득금액(이자·배당소득, 사업소득(부동산임대소득 포함), 근로소득, 연금소득, 기타소득(일시재산소득 포함)) 퇴직소득 금액, 양도소득금액이 있는 거주자는 그 과세표준을 당해 연도의 다음 연도 5월 1일부터 5월 31일까지 납세지 관할 세무서장에게 신고하고 납세지 관할 세무서·한국은행 또는 체신 관서에 납부해야 한다. 즉, 2××1년 1월부터 12월까지의 소득을 2××2년 5월에 관할 세무서장에게 신고하고 홈택스·한국은행 또는 체신 관서에 납부해야 한다. 다만, 다음의 경우에는 예외로 한다.

구 분	해 설
거주자가 사망한 경우	상속인은 「그 상속개시일부터 6월이 되는 날(이 기간 중 상속인이 주소 또는 거소의 국외 이전을 위해서 출국을 하는 경우는 출국일 10일 전)까지」 피상속인의 사망일이 속하는 과세기간에 대한 과세표준을 신고해야 한다.
거주자가 출국한 경우	과세표준확정신고를 해야 할 거주자가 주소 또는 거소의 국외 이전을 위해서 출국하는 경우는 출국일이 속하는 과세기간의 과세표준을 출국일 10일 전에 신고해야 한다.

거주자와 비거주자

개인이나 개인사업자의 소득을 기준으로 과세하는 소득세법에서 거주자와 비거주자의 구분은 그 납세 범위를 결정하는 중요한 요소이다.

구 분	의 의	납세의무 범위
거주자	국내에 주소를 두거나 1과 세기간에 183일 이상 거소를 둔 개인	국내원천소득과 국외원천소득 모두에 대해서 납세의무가 있음(무제한 납세의무)
비거주자	거주자가 아닌 자	국내원천소득에 한해서 소득세 납세의무 있음

주 국내에 주소를 가진 것으로 보는 경우(국적과는 무관함)
- 계속해서 183일 이상 국내에 거주할 것을 통상 필요로 하는 직업을 가진 때
- 가족, 직업, 자산 상태에 비추어 183일 이상 국내에 거주할 것으로 인정되는 때
- 국외에서 근무하는 공무원 또는 거주자·내국법인의 국외 사업장 등에 파견된 임원 또는 직원은 계속해서 183일 이상 국외에 거주할 것을 통상 필요로 하는 직업을 가진 경우임에도 불구하고 거주자로 본다.

주 국내에 주소가 없는 것으로 보는 경우
- 계속해서 183일 이상 국외에 거주할 것을 통상 필요로 하는 직업을 가진 때
- 외국 국적을 가졌거나 외국 법령에 따라서 그 외국의 영주권을 얻은 자로서 국내에 생계를 같이 하는 가족이 없고, 그 직업 및 자산 상태에 비추어 다시 입국해서 주로 국내에 거주하리라고 인정되지 않는 때(관광·질병 치료, 출장·연수 등)

---

3 종합소득세 확정신고 대상 소득은?

종합소득세 확정신고 시 합산되는 소득은?

종합소득은 이자소득·배당소득·부동산임대소득·사업소득·근로소득·연금소득·기타소득으로서 연중 여러 분야의 소득을 모두 합해서 세금을 계산한 후 납부한다.

구 분		해 설
이자소득		금융기관이나 사채 등 남에게 돈을 빌려주고 그에 대한 대가로 받는 이자를 말한다.
배당소득		기업의 주식 등을 소유함으로써 이익에 대해 분배받는 소득을 말한다.
사업소득	부동산 임대소득	부동산 또는 부동산상의 권리 공장재단 또는 광업재단 광업권자·조광권자 또는 덕대가 채굴에 관한 권리를 대여함으로 인해서 발생하는 소득을 말한다.
	사업소득	사업이란 특정인의 위험과 계산 아래 독립적으로 경영되는 영리를 목적으로 하는 업무로서 경영 주체의 의사나 사회적·객관적 사실관계로 보아 동종의 행위를 계속·반복해서 행하는 것을 말하는데, 이러한 사업에서 얻는 총수입금액에서 필요경비를 차감한 소득을 사업소득이라고 한다.
근로소득		근로의 제공으로 인해 받는 대가를 말하며, 대가의 명칭과는 관계가 없다.
연금소득		연금이란 노후생활 보장 등을 목적으로 일정액을 불입 했다가 사유가 충족된 경우 매년 또는 매월 수령하는 금액을 말한다. 연금소득은 각종 연금법(국민·공무원·군인·사립학교 교직원) 또는 별정우체국법에 의해서 지급받는 각종 연금이나, 연금저축가입자가 연금형태로 지급받는 소득을 말한다.
기타소득(일시 재산소득 포함)		상금·사례금·취업료·복권 당첨금·보상금 등 일시적으로 발생한 소득을 말한다.

종합소득세 확정신고가 면제되는 경우는?

다음에 해당하는 거주자는 당해 소득에 대한 과세표준확정신고를 하지 않을 수 있다. 이를 제외한 모든 개인사업자는 종합소득세 확정신고·납부를 해야 한다.

확정신고 면제 대상자	비 고
❶ 근로소득만이 있는 자 ❷ 퇴직소득만이 있는 자 ❸ 공적연금소득만 있는 자 ❹ 원천징수 되는 사업소득으로서 연말정산대상이 되는 소득만 있는 자 ❺ 위 ❶과 ❷의 소득만 있는 자 ❻ 위 ❷와 ❸의 소득만 있는 자 ❼ 위 ❷와 ❹의 소득만 있는 자	❶, ❸, ❹는 연말정산으로 ❷는 퇴직금 지급 시 원천징수로 종결된다. ㊀ 원천징수의무자가 연말정산을 하지 않은 경우 신고대상임 ❷ 퇴직소득과 연말정산대상 소득 중 ❶, ❸, ❹의 소득이 2 이상 있는 경우 신고 대상
❽ 분리과세이자소득, 분리과세배당소득, 분리과세연금소득 및 분리과세기타소득만 있는 자	원천징수로 종결
❾ 위 ❶~❼에 해당하는 자로서 분리과세이자소득, 분리과세배당소득, 분리과세연금소득 및 분리과세기타소득이 있는 자	
❿ 소득세를 수시부과한 후 추가로 발생한 소득이 없는 경우	
⓫ 양도소득세에 대한 과세표준 예정신고를 한 자	예정신고로 종결 단, 예정신고를 2회 이상 한 자로 합산 신고 하지 않는 경우 신고대상
⓬ 이중 근로소득자로 종된 근무지에서 연말정산한 자	

다만, 아래 예시한 경우는 반드시 과세표준확정신고를 해야 한다.

· 2곳 이상으로부터 근로소득을 받은 자(이중 근로소득자)로서 연말정산 시 합산 신고하지 아니한 경우

· 보험모집인의 사업소득, 방문판매원의 사업소득, 음료품 배달업의 사업소득이 있는 자가 연말정산 방법으로 신고하지 않았거나, 2개 이상의 사업자로부터 소득을 받았으나, 합산신고 하지 않은 경우

종합소득세 납세지

납세지란 소득세의 관할 세무서를 정하는 기준이 되는 장소를 말한다.

구 분	납세지
거주자	주소지가 원칙이며, 주소지가 없는 경우 거소지로, 거소지가 2 이상인 때에는 생활 관계가 보다 밀접한 곳이 납세지가 된다.
비거주자	국내사업장(국내사업장이 2 이상의 경우는 주된 사업장)의 소재지가 원칙이며, 국내사업장이 없는 경우에는 국내원천소득이 발생하는 장소가 납세지가 된다.
원천징수 하는 소득세	<table><tr><th>원천징수의무자</th><th>원천징수 하는 소득세의 납세지</th></tr><tr><td>원천징수 하는 자가 거주자인 경우</td><td>그 거주자가 원천징수 하는 사업장의 소재지 사업장이 없는 경우 : 그 거주자의 주소지 또는 거소지</td></tr><tr><td>원천징수 하는 자가 비거주자인 경우</td><td>• 그 비거주자가 원천징수 하는 국내사업장의 소재지 • 국내사업장이 없는 경우 : 그 비거주자의 거류지 또는 체류지</td></tr></table>

개인사업자는 1년에 한 번 종합소득세 신고·납부

1 \ 모든 사업자는 종합소득세 확정신고를 해야 한다.

전년도 사업소득(부동산임대소득 포함)이 있는 모든 사업자는 다른 종합소득과 합산해서 5월 중에 납세지(주소지) 관할 세무서에 신고해야 한다. 전년도 중에 폐업하였거나 적자가 난 경우 납부 또는 환급받을 세액이 없는 경우에도 꼭 신고해야 한다.

2 \ 장부에 의해 계산된 실질소득으로 신고해야 한다.

모든 사업자는 사업과 관련된 모든 거래 사실을 세금계산서 등 증빙서류를 근거로 장부에 기록해서 계산된 실질소득에 따라 소득세를 신고해야 한다.

전년도 사업소득(부동산임대소득 포함)의 수입금액(매출액)이 일정 금액 미만인 사업자는 간편장부에 기록해서 계산된 실질소득에 따라 소득세를 신고할 수 있다. 다만, 의사, 약사, 변호사, 법무사, 건축사 등 전문직 사업자는 반드시 복식장부를 기록해야 한다.

업 종 별	기장의무의 판정	
	복식부기	간편장부
가. 농업·임업 및 어업, 광업, 도매 및 소매업(상품중개업을 제외한다), 소득세법 시행령 제122조 제1항에 따른 부동산 매매업, 그 밖에 '나' 및 '다'에 해당하지 않은 사업	3억원 이상자	3억원 미만자
나. 제조업, 숙박 및 음식점업, 전기·가스·증기 및 공기조절 공급업, 수도·하수·폐기물처리·원료재생업, 건설업(비주거용 건물 건설업은 제외), 부동산 개발 및 공급업(주거용 건물 개발 및 공급업에 한정), 운수업 및 창고업, 정보통신업, 금융 및 보험업, 상품중개업, 욕탕업	1.5억원 이상자	1.5억원 미만자
다. 소득세법 제45조 제2항에 따른 부동산 임대업, 부동산업(가에 해당하는 부동산매매업 제외), 전문·과학 및 기술서비스업, 사업시설관리·사업지원 및 임대서비스업, 교육서비스업, 보건업 및 사회복지 서비스업, 예술·스포츠 및 여가관련서비스업, 협회 및 단체, 수리 및 기타 개인서비스업, 가구 내 고용활동	7,500만원 이상자	7,500만원 미만자

※ 업종의 현황 등을 고려하여 욕탕업은 1억 5천 만 원에 미달하는 경우 간편장부대상자임(소득세법 시행규칙 제95조의2).

[유의 사항]

1사업자가 여러 개의 단독사업장을 가지고 있거나 공동사업장을 가지고 있을 경우 단독사업장은 단독사업장 모두를 합해서 기장의무자를 판정하고, 공동사업장은 별도의 1사업자로 보고 단독사업장과 별도로 기장의무를 판정한다.

기장의무 판정 시 직전연도 수입금액은 1년으로 만기 환산하지 않으며, 실제 그 자체의 수입금액으로 판정한다.

복식부기의무자가 2××1년도에 신규로 단독사업장을 개업하는 경우 신규사업장은 2××1년도에도 복식부기의무 사업장이 된다.

---

3 장부가 없으면 기준(단순)경비율로 소득금액을 계산할 수 있다.

기준경비율 대상자와 단순경비율 대상자는 신고대상 소득 발생 전년도(전년도 소득신고의 경우 전전년도 소득) 사업소득(부동산임대소득 포함)의 수입금액(매출액)을 기준으로 판단한다. 다만, 전문직 사업자, 현금영수증가맹 의무자 중 미가입자, 현금영수증 등 상습 발급 거부자는 단순경비율을 적용할 수 없다.

또한, 신규사업자 중 당해 과세기간 수입금액이 일정 규모 이상(복식부기 의무 기준)에 해당하는 경우에도 단순경비율을 적용할 수 없다.

업종별	추계신고유형	
	기준경비율	단순경비율
가. 농업 ·임업 및 어업, 광업, 도매 및 소매업(상품중개업을 제외한다), 소득세법 시행령 제122조 제1항에 따른 부동산매매업, 그 밖에 '나' 및 '다'에 해당하지 않은 사업	6천만원 이상자	6천만원 미만자
나. 제조업, 숙박 및 음식점업, 전기 ·가스 ·증기 및 공기조절 공급업, 수도 ·하수 ·폐기물처리 ·원료재생업, 건설업(비주거용 건물 건설업은 제외), 부동산 개발 및 공급업(주거용 건물 개발 및 공급업에 한정), 운수업 및 창고업, 정보통신업, 금융 및 보험업, 상품중개업, 욕탕업	3천 6백만원 이상자	3천 6백만원 미만자
다. 소득세법 제45조 제2항에 따른 부동산 임대업, 부동산업(가에 해당하는 부동산매매업 제외), 전문 ·과학 및 기술서비스업, 사업시설관리 ·사업지원 및 임대서비스업, 교육서비	2천 4백만원 이상자	2천 4백만원 미만자

업종별	추계신고유형	
	기준경비율	단순경비율
스업, 보건업 및 사회복지 서비스업, 예술·스포츠 및 여가관련서비스업, 협회 및 단체, 수리 및 기타 개인서비스업, 가구내 고용활동		

* 욕탕업은 기장의무 판단 시에만 '나' 군 적용, 경비율 기준은 '다' 군 적용

* 수리 및 기타 개인서비스업 중 「부가가치세법 시행령」 제42조 제1호에 따른 인적용역 사업자는 기장의무 판단 시에는 '다' 군 적용, 경비율 기준은 '나' 군 적용

기준경비율 대상자는 다음 ❶의 금액과 ❷ × 3.4배(간편장부대상자는 2.8배)의 금액 중 적은 것으로 신고할 수 있다.

> ❶ 기준경비율에 의한 소득금액 = 수입금액 - 주요경비 - (수입금액 × 기준경비율)

> ❷ 단순경비율에 의한 소득금액 = 수입금액 - (수입금액 × 단순경비율)

반면, 복식부기의무자의 경우에는 ❶ 기준경비율에 의한 소득금액 계산 시 수입금액에 기준경비율의 2분의 1을 곱해서 계산한 금액으로 한다. 단순경비율 대상자는 위 ❶의 금액과 ❷의 금액 중 적은 것으로 신고할 수 있다.

4 장부를 기록하면 혜택이, 그렇지 않으면 불이익이 따른다.

장부를 기록할 경우 혜택

• 적자가 난 경우 이를 인정받고, 향후 10년간 세금계산 시 차감한다.

- 간편장부대상자가 복식부기에 의해 장부기록 시 산출 세액의 20%를 산출세액에서 차감한다.
- 고정자산에 대한 감가상각비를 계상하는 경우 비용으로 인정받는다.

장부를 기록하지 않을 경우 불이익

- 추계방법으로 소득세를 신고하므로, 적자난 경우에도 인정받지 못한다.
- 전년도 수입금액 4,800만원 이상이면 산출세액의 20%를 무기장가산세로 부담하게 된다.
- 복시부기의무자는 수입금액의 0.07%와 산출세액의 20% 중 큰 금액을 무신고가산세로 부담한다.

5 　 종합소득세의 신고·납부

사업소득금액을 비치·기록된 장부와 증명서류에 의해서 계산한 경우는 기업회계기준을 준용해서 작성한 재무상태표·손익계산서와 그 부속서류 및 합계잔액시산표와 조정계산서 및 그 부속서류를 제출한다. 다만, 간편장부대상자의 경우는 간편장부 소득금액 계산서를 제출한다.
종합소득세 신고서는 관할 세무서를 방문해서 직접 제출, 우편으로 제출, 인터넷 또는 스마트폰으로 전자 신고할 수 있다.

6 　 종합소득세신고서 선택 및 작성 방법

별지 제40호 서식(l) :

『별지 제40호 서식(4)』 사용자 외

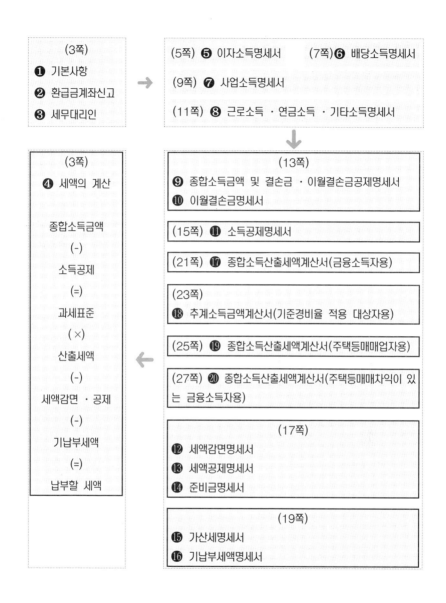

(3쪽)
❶ 기본사항
❷ 환급금계좌신고
❸ 세무대리인

(5쪽) ❺ 이자소득명세서   (7쪽)❻ 배당소득명세서
(9쪽) ❼ 사업소득명세서
(11쪽) ❽ 근로소득 · 연금소득 · 기타소득명세서

(3쪽)
❹ 세액의 계산

종합소득금액
(-)
소득공제
(=)
과세표준
(×)
산출세액
(-)
세액감면 · 공제
(-)
기납부세액
(=)
납부할 세액

(13쪽)
❾ 종합소득금액 및 결손금 · 이월결손금공제명세서
❿ 이월결손금명세서

(15쪽) ⓫ 소득공제명세서

(21쪽) ⓱ 종합소득산출세액계산서(금융소득자용)

(23쪽)
⓲ 추계소득금액계산서(기준경비율 적용 대상자용)

(25쪽) ⓳ 종합소득산출세액계산서(주택등매매업자용)

(27쪽) ⓴ 종합소득산출세액계산서(주택등매매차익이 있는 금융소득자용)

(17쪽)
⓬ 세액감면명세서
⓭ 세액공제명세서
⓮ 준비금명세서

(19쪽)
⓯ 가산세명세서
⓰ 기납부세액명세서

별지 제40호 서식(4) :

사업소득 중 단일소득 - 단순경비율 적용대상자용

```
(2쪽)
❶ 기본사항
❷ 환급금계좌신고
❸ 종합소득세액의 계산
(2쪽) 소득공제 및 세액공제명세
```

```
(3쪽) 가산세액 계산명세

(3쪽)
❹ 지방소득세액의계산
```

7 종합소득세 전자신고

전자신고란 납세자 또는 세무대리인이 세법에 의한 신고 관련 서류를 자신의 PC에서 작성한 후 인터넷을 통해서 신고하거나 스마트폰으로 신고하는 제도를 말한다.

전자신고는 홈택스(www.hometax.go.kr)에서 5월 1일부터 가능하며, 스마트폰으로 전자신고도 가능하다.

아래의 내용을 홈택스에서 확인할 수 있다.

· 신고유형, 기장의무, 수입금액, 중간예납세액, 국민연금보험료, 소기업
· 소상공인 공제부금 납부액 등
· (개인)연금저축 및 퇴직연금납입액
· 현금영수증가맹점 미·지연 가입, 현금영수증 발급거부, 신용카드 발급거부 가산세
· 근로, 사업, 기타소득 원천징수영수증
· 금융소득자료

8 종합소득세의 납부기한과 환급시기

· 종합소득세의 납부기한은 5월 31일이다. 납부할 세액이 2천만 원을 초과하는 경우는 50% 이내의 금액을, 1천만 원을 초과하는 경우는 초과분을 분납할 수 있다.

· 종합소득세 환급액은 당해 연도 6월 30일경에 확정신고서에 기재한 본인 명의 계좌(환급 세액이 2천만 원 이상의 경우는 계좌개설신고서로 신고한 계좌)로 지급된다.

· 홈택스(www.hometax.go.kr)를 통해서 편리하게 전자신고가 가능하다.

9 지방소득세의 납부기한과 환급시기

· 지방소득세 납부기한도 5월 31일이다.
· 지방소득세의 환급금은 각 시·군·구에서 8월 하순에 지급한다.

10 소득세를 적게 신고 · 납부 하면 불이익이 따른다.

· 산출세액의 20%(허위기장, 허위증빙 수취 등의 경우는 40%)가 무(과소)신고가산세로 부과될 수 있다.
· 미납한 세액에 대해서는 납부불성실가산세가 부과된다.
· 신고하지 않을 경우 각종 세액공제와 감면을 적용받을 수 없다.

🔘 올해 신규 개업한 사업자도 장부를 꼭 기장해야 하나요?

모든 사업자는 소득금액을 계산할 수 있도록 증명서류 등을 갖춰놓고 그 사업에 관한 모든 거래 사실이 객관적으로 파악될 수 있도록 복식부기에 의해서 장부에 기록·관리해야 한다. 다만, 신규 개업자(변호사 등 전문직 사업자 제외)와 일정 규모 미만 사업자는 국세청에서 정한 간편장부를 기장한 후 계산한 간편장부 소득금액계산서를 첨부해서 소득세 신고를 할 수 있다.

간편장부대상자가 복식부기에 의한 장부를 기장하고 자기조정계산서, 외부조정 계산서 중 어느 하나를 첨부하여 어느 방법으로도 신고할 수 있으며, 기장을 근거로 한 재무제표와 조정계산서를 첨부해서 성실하게 신고하는 경우는 연간 100만 원 한도 내에서 기장에 의해 계산한 사업소득금액이 종합소득 금액에서 차지하는 비율에 해당하는 금액에 20%의 기장세액공제를 받을 수 있다.

🔘 국세청에서 보내준 전산 작성 우편신고서에 의해 신고하는 방법

전산 작성 우편 신고 안내를 받은 사업자는 우편신고서[종합소득세·지방소득세 과세표준확정신고 및 납부계산서(단일소득-단순경비율적용대상자용)-별지 제40호 서식(4)] 기재 내용을 확인한 후 기재 내용에 잘못이 없는 경우에는 서명 또는 날인한 후 신고서는 회신용 봉투에 넣어 우송하고 세금은 납부서에 세액을 기입해서 가까운 은행이나 우체국 등에 납부하면 된다.

기재 내용에 오류 등이 있는 경우에는 신고서를 정정 날인해서 회신하고, 세금은 납부서에 해당 세액을 기입한 후 은행 등에 납부하면 소득세 신고 절차가 간단히 종료된다.

위 사업자가 홈택스(www.hometax.go.kr)에 접속해서 전자신고를 하는 경우는 자동으로 소득금액 및 세액이 계산되도록 하고 있으며, 전자신고 세액공제를 받을 수 있다.

납세자가 전자신고 시 공제 인원만 입력하면 자동으로 세액계산이 되어 간단하게 전자신고를 마칠 수 있다.

🔘 복식부기의무자가 장부에 의하지 않고 추계로 소득세를 신고했을 때

복식부기의무자가 장부를 비치·기록하지 않고 기준경비율에 의해 추계신고 한 경우는 신고하지 않은 것으로 보아 무신고가산세를 부담해야 한다(산출세액 – 무신고 소득금액에 대한 원천징수 세액의 20%의 금액과 수입금액의 0.07%(부당무신고의 경우 40%와 수입금액의 0.14% 중 큰 금액)의 금액 중 큰 금액을 가산세로 납부).

소규모 사업자(해당 과세기간에 신규로 사업을 개시한 자와 직전 과세기간 수입금액이 4,800만원 미만자, 연말정산 하는 사업소득만 있는 자)를 제외한 사업자가 기준경비율 및 단순경비율에 의해 추계신고한 경우는 해당 산출세액의 20%의 금액을 무기장가산세로 부과한다.

무신고가산세와 무기장가산세가 동시에 적용되는 경우는 큰 금액에 해당하는 가산세를 적용하고, 가산세액이 같은 경우에는 무신고가산세만을 적용한다.

⏻ 전자신고 후 잘못된 내용이 발견된 경우 어떻게 수정하나?

법정신고기한 내에는 최종적으로 전송된 전자신고서를 정상적인 신고로 인정하므로 신고기한 내에는 언제나 수정할 수 있다. 다만, 전자신고 후 신고내용에 변동이 있어 서면으로 변경신고 하는 경우는 신고서 우측 상단에 "전자신고 내용변경" 이라고 표시하여 신고기한 내에 관할 세무서에 제출하고, "세금신고 삭제요청서" 를 같이 제출해야 한다.

전자 신고자료 삭제요청서는 홈택스 상단 자료실에서 출력할 수 있다.

간편장부에 의한 종합소득세 신고·납부

1 간편장부는 어떤 장부인가?

간편장부는 소규모 사업자를 위해서 국세청에서 특별히 고안한 장부이다. 수입과 비용을 가계부 작성하듯이 회계지식이 없는 사람이라도 쉽고·간편하게 작성할 수 있다.

2 간편장부 작성대상자는 누구인가?

당해연도 신규로 사업을 개시한 사업자 또는 직전 연도 수입금액이 다음에 해당하는 사업자(단, 아래에 규정하는 전문직 사업자를 제외)는 복식부기에 의한 장부 대신 간편장부로 장부를 대신할 수 있다. 다만, 부가가치세 간이과세 배제 대상 사업서비스, 변호사, 심판변론인, 변리사, 법무사, 공인회계사, 세무사, 경영지도사, 기술지도사, 감정평가사, 손해사정인, 관세사, 기술사, 건축사, 도선사, 측량사, 의료·보건용역을 제공하는 자, 의사, 치과의사, 한의사, 수의사, (한)약사 등 전문직 사업자는 간편장부를 작성할 수 없고 무조건 복식부기 장부를 작성해야 한다.

업 종 별	직전연도 수입금액
가. 농업·임업 및 어업, 광업, 도매 및 소매업(상품중개업을 제외한다), 소득세법 시행령 제122조 제1항에 따른 부동산매매업, 그 밖에 '나' 및 '다'에 해당하지 않은 사업	3억 미만
나. 제조업, 숙박 및 음식점업, 전기·가스·증기 및 공기조절 공급업, 수도·하수·폐기물처리·원료재생업, 건설업(비주거용 건물 건설업은 제외), 부동산 개발 및 공급업(주거용 건물 개발 및 공급업에 한정), 운수업 및 창고업, 정보통신업, 금융 및 보험업, 상품중개업, 욕탕업	1억 5천 미만
다. 소득세법 제45조 제2항에 따른 부동산 임대업, 부동산업(가에 해당하는 부동산매매업 제외), 전문·과학 및 기술서비스업, 사업시설관리·사업지원 및 임대서비스업, 교육서비스업, 보건업 및 사회복지 서비스업, 예술·스포츠 및 여가관련서비스업, 협회 및 단체, 수리 및 기타 개인서비스업, 가구내 고용활동	7천 5백 미만

3 | 간편장부를 기장하면 어떤 혜택이 있는가?

간편장부를 기장하면 이런 혜택이 있다.

스스로 기장한 실제 소득에 따라 소득세를 계산하므로 적자(결손)가 발생한 경우 10년간 소득금액에서 공제(부동산임대소득에서 발생한 이월결손금은 해당 부동산임대소득에서만 공제)할 수 있다. 장부를 기장하지 않는 경우보다 소득세 부담을 최고 20%까지 줄일 수 있다.

일정기간 세무조사를 면제받는다.

간편장부대상자가 복식부기로 기장·신고하는 경우 특별한 사유가 없는 한 일정 기간 세무조사를 받지 않는다.

4 간편장부를 기장하지 않으면 이렇게 손해를 본다.

실제 소득에 따라 소득세를 계산할 수 없어 적자(결손)가 발생한 경우는 그 사실을 인정받지 못한다.

장부를 기장하는 경우보다 소득세를 최고 20% 더 부담하게 된다.

또한, 소득탈루 목적의 무기장자인 경우 세무조사 대상 선정 등 세무 간섭을 받을 수 있다.

5 간편장부를 기장한 경우 종합소득세 신고절차는?

매일 매일의 수입과 비용을 간편장부 작성 요령에 의해 기록한 후 다음과 같이 종합소득세를 신고·납부 한다.

👄 간편장부에 의한 종합소득세 신고 절차 👄

종합소득세 신고는 신고서와 총수입금액 및 필요경비명세서와 간편장부소득금액계산서를 제출한다.

➡ 총수입금액 및 필요경비명세서 작성

간편장부 상의 수입과 비용을 <총수입금액 및 필요경비명세서>의 "장부상 수입금액"과 "필요경비" 항목에 기재한다.

➡ 간편장부 소득금액계산서 작성

<총수입금액 및 필요경비명세서>에 의해 계산된 수입금액과 필요경비를 세무조정해서 당해 연도 소득금액을 계산한다.

➡ 종합소득세 신고서 작성

<간편장부 소득금액계산서>에 의한 당해 연도 소득금액을 종합소득세 신고서 ⑦ 부동산임대소득 ·사업소득명세서의 해당 항목에 기재한다.

1. 간편장부 기장	매일 매일의 수입과 비용을 간편장부 작성요령에 따라 기록한다.

⬇

2. 총수입금액 및 필요경비명세서 작성 (소득세법시행규칙 별지 제82호 서식 부표)	간편장부 상의 수입과 비용을 <총수입금액 및 필요경비명세서>의 "장부상 수입금액"과 "필요경비" 항목에 기재한다.

⬇

3. 간편장부소득금액계산서 작성 (소득세법시행규칙 별지 제82호 서식)	<총수입금액 및 필요경비명세서>에 의해 계산된 수입금액과 필요경비를 세무조정 후 당해연도 신고할 소득금액을 계산한다.

⬇

4. 종합소득세 신고서 작성 (소득세법시행규칙 별지 제40-1호 서식)	<간편장부 소득금액계산서>에 의한 당해연도 소득금액을 종합소득세 신고서 ⑦ 부동산임대소득·사업소득명세서의 해당 항목에 기재한다.

주 종합소득세 신고는 종합소득세신고서와 2의 서식과 3의 서식을 제출하는 것이다.

간편장부의 작성방법

서울시 종로구 종로2가 ○○번지에서 한국갈비(123-45-6****, 숙박음식점업/한식점업)를 운영하는 김한국(501003-1******)씨의 간편장부 작성 사례이다.

①일자	②거래 내용	③거래처	④수입		⑤비용		⑥고정자산증감		⑦비고
			금액	부가세	금액	부가세	금액	부가세	
1. 5	○○ 판매 (외상)	A상사	10,000,000	1,000,000					세계
1. 9	△△ 판매 (현금)	B제지	5,000,000	500,000					세계
1.15	○○구입 (외상)	C상사			5,000,000	500,000			세계
1.17	▽▽구입 (현금)	D상사			2,000,000				영
1.20	거래처접대 (현금)	E회관			200,000				영

□ 일반적 기재요령

① 일자 : 거래 일자순으로 수입 및 비용을 모두 기재합니다.

② 거래내용 : 수입·비용 거래명세(품명, 수량, 단가 등)를 요약·기록합니다.

· 1일 평균 매출 건수가 50건 이상의 경우 1일 동안의 총매출 금액을 합계하여 기재할 수 있습니다(다만, 계산서·영수증 등 발행 원본은 보관합니다.).

· 비용 및 매입거래는 건별로 모두 기재합니다.

· 여백 또는 하단에 거래유형(현금·외상·어음)을 표시합니다.

③ 거래처 : 상호·성명 등 거래처 구분이 가능하도록 기재합니다.

④ 수입

[➡ 상품·제품·용역의 공급 등 관련된 사업상의 수입(매출)·영업외수입을 기재]

· 일반과세자는 매출액을 상품(또는 서비스)가격과 그 10%의 부가가치세로 구분하여 각각 '금액'란 및 부가세 란에 기재합니다.

⊠ 신용카드로 매출한 경우 신용카드매출전표 발행 금액을 1.1로 나눈 금액을 '금액' 란에 기재하고, 그 잔액을 '부가세' 란에 기재합니다.

· 간이과세자 또는 면세사업자는 부가가치세를 포함한 전체금액 (공급대가)을 '금액'란에 기재합니다.

⑤ 비용(원가 관련 매입 포함)

[➡ 상품·원재료 매입액, 일반관리비·판매비 등 사업 관련 비용을 기재]

· 세금계산서를 받은 경우는 세금계산서의 공급가액과 그 10%의 부가가치세를 구분해서 각각 '금액'란 및 '부가세'란에 기재합니다.

⊠ 세금계산서상의 공급가액과 부가가치세를 구분기재 해야만 부가가치세 신고시 공제받을 매입세액을 계산할 수 있습니다.

· 계산서·영수증 수취 및 신용카드 매입분은 금액란에만 기재합니다.

🈯 신용카드매출전표로 부가가치세 매입세액 공제를 받는 경우는 공급가액과 그 10%의 부가 가치세를 구분해서 각각 '금액' 란과 '부가세' 란에 기재합니다.

⑥ 고정자산 증감(매매)

[➜ 건물·자동차·컴퓨터 등 고정자산의 매입액 및 부대비용과 자본적 지출을 기재]

🈯 고정자산을 매각(또는 폐기등) 하는 경우는 당해 자산을 붉은색으로 기재하거나 금액 앞에 △표시를 합니다.

· 세금계산서를 받은 경우는 세금계산서의 공급가액과 그 10%의 부가 가치세를 구분하여 각각 '금액'란 및 '부가세'란에 기재합니다.

· 계산서·영수증 수취 및 신용카드 매입분은 금액란에만 기재합니다.

🈯 신용카드매출전표로 부가가치세 매입세액공제를 받는 경우는 공급가액과 그 10%의 부가 가치세를 구분하여 각각 '금액' 란과 '부가세' 란에 기재합니다.

⑦ 비고

[➜ 세금계산서·계산서·영수증 및 신용카드 거래분에 대해서 거래 증빙 유형을 명확하게 기재합니다.]

· 세금계산서는 '세계' 로, 계산서는 '계' 로, 신용카드 및 현금영수증은 '카드등'으로, 영수증은 '영'으로 간략하게 표시할 수 있습니다.

· 상품·제품·원재료의 재고액이 있는 경우에는 과세기간 개시일 및 종료일의 실지 재고량을 기준으로 평가하여 기재합니다.

· 재고액을 기재하지 않은 경우는 기초 및 기말의 재고액이 동일한 것으로 간주합니다.

업종별 간편장부의 작성 사례

업종별 종합소득세 신고 사례를 보려면 국세청 사이트(www.nts.go.kr)

→ 국세신고 안내 → 종합소득세 → 간편장부 안내를 클릭해 들어간 후 본문 중간쯤에 간편장부 작성예시를 클릭해 자료를 다운로드 받아 참고하면 된다. 여기에는 상업인쇄업, 주택신축 판매, 건설기계 도급·대여 의류 도매, 종합식품센터, 한식점업, 정기노선 화물차, 점포임대, 예체능 계열학원, 자동차 정비 수리(카 센터), 노래방·비디오방, 학원 강사 등, 서적 및 화장품 외판원의 작성 사례가 있다.

① 날짜	② 거래내용	③ 거래처	④수입		⑤비용		⑥고정자산 증감		⑦비고
			금액	부가세	금액	부가세	금액	부가세	
1. 2	매출 (현금 등)		1,000,000	100,000					카드매출 (600,000원)
1. 3	매출 (현금 등)		650,000	65,000					카드매출 (450,000원)
1. 4	식육구입 (현금)	마장 정육점			300,000				계
1. 9	매출 (현금 등)		450,000	45,000					카드매출 (300,000원)
1. 12	야채구입 (현금)	송파상회			200,000				영
1. 14	매출 (현금 등)		600,000	60,000					카드매출 (420,000원)
1. 15	임차료지급 (현금)	한국빌딩			500,000	50,000			세계
1. 18	급여지급 (현금)	최선도 외2			1,500,000				
1. 20	음식부재료 구입(현금)	제일상사			150,000				영
1. 21	전기요금 (현금)	한전			110,000	11,000			세계
1. 24	매출 (현금 등)		650,000	65,000					카드매출 (450,000원)
1. 25	전화요금 (현금)	하나로통신			50,000	5,000			세계
1. 31	수도요금 (현금)	상수도 사업소			50,000				계
1월계			3,350,000	335,000	2,860,000	66,000			카드매출 (2,220,000)
2. 1	구형 현금 등록기폐기						△500,000		
2. 3	신형 현금 등록기구입	대한전자					2,000,000	200,000	세계

□ 매출거래

○ 1월 2일 : 한국갈비의 하루 총매출액은 신용카드 등 매출액 660,000원을 포함하여 1,100,000원임

→ ④ 수입 : 총매출액 중 공급가액 1,000,000원은 '금액'란에 기재하고, 공급가액의 10%인 100,000원은 '부가세'란에 기재합니다.

⑦ 비고 : '카드매출 600,000원' 기재

→ 일반과세자 : 총매출액 1,100,000원을 1.1로 나누어 공급가액 1,000,000원은 '금액'란에 기재하고, 공급가액의 10%인 부가가치세 100,000원은 '부가세'란에 기재합니다.

💲 일반과세자의 경우에는 총매출액 중 신용카드 등 매출액 660,000원을 1.1로 나누어 공급가액 600,000원을 '비고' 란에 기재합니다.

→ 간이과세자 : 총매출액 1,100,000원 전액을 '금액'란에 기재합니다.

💲 일반적인 한식점의 경우 1일 평균 매출 건수가 50건 이상이므로 1일 동안의 총매출액을 합계하여 1건으로 기장합니다.

□ 매입 및 비용거래

○ 1월 4일 : 주거래처인 마장 정육점에서 돼지갈비 등 식재료로 사용할 식육 등을 현금 300,000원에 구입하고 계산서를 발급받음

→ ⑤ 비용 : 계산서상 공급가액 300,000원을'금액'란에 기재합니다.

⑦ 비고 : 계산서를 발급받았으므로 '계'로 기재합니다.

💲 부가가치세가 면제되는 식육·야채 등 면세 재화를 매입하는 경우 공급자로부터 계산서를 수취하여야 합니다.

○ 1월 15일 : 한국갈비 임차료 550,000원을 한국빌딩 건물주 김성실에게 현금으로 지급하고 세금계산서를 발급받음

→ ⑤ 비용 : 세금계산서 상 공급가액 500,000원은 '금액'란에 기재하고, 공급가액의 10%인 50,000원은 '부가세'란에 기재합니다.

○ 1월 18일 : 주방장 최선도 및 홀서빙 직원 등에게 월급으로 1,500,000원을 현금 지급함

➔ ⑤ 비용 : 직원 급여 1,500,000원 전액을 '금액'란에 기재합니다.

○ 1월 21일 : 한국갈비에서 사용한 전기요금 121,000원을 지로 영수증으로 현금 납부함.

➔ ⑤ 비용 : 전기요금 110,000원은 '금액'란에 기재하고, 그 10%인 부가가치세 11,000원은 '부가세' 란에 기재합니다.

🔳 전화·전기요금 등 부가가치세가 구분 표시되는 지로영수증 등에 공급받는자 및 사업자등록번호가 기재된 경우에는 세금계산서로 인정합니다.

○ 1월 25일 : 한국갈비에 설치한 전화기의 전화요금 55,000원을 하나로통신(주)에 현금 납부

➔ ⑤ 비용 : 전화요금 50,000원은 '금액'란에 기재하고, 그 10%인 부가가치세 5,000원은 '부가세' 란에 기재합니다.

□ 고정자산 증감

○ 2월 1일 : 구형 현금 등록기(취득가액 500,000원)를 폐기함

➔ ⑥ 고정자산 증감 : 구형 컴퓨터의 취득가액인 500,000원에 고정자산 감소를 표시하는 '△500,000원'으로 기재하거나 적색으로 기록합니다.

○ 2월 3일 : 신형 현금 등록기 겸용 컴퓨터를 대한전자에서 2,200,000원에 현금으로 구입하고 세금계산서를 발급받음

➔ ⑤ 비용 : 세금계산서 상 공급가액인 2,000,000원은 '금액'란에 기재하고, 공급가액의 10%인 200,000원은 '부가세' 란에 기재합니다.

총수입금액 및 필요경비명세서 작성사례

한국갈비(123-45-6****, 대표 김한국)의 간편장부 기장에 의한 총수입금액 및 필요경비명세서 작성 사례이다.

총수입금액 및 필요경비명세서(20△△년 귀속)

①주소지	서울 양천 목 911		②전화번호	02-397-1200			
③성 명	김 한 국	④주민등록번호	5 0 1 0 0 3 - 1 * * * * * *				

	⑤ 소 재 지	종로 종로2 ○○			
사업장	⑥ 업 종	한식점업			
	⑦ 주 업 종 코 드	552101			
	⑧ 사업자등록번호	123-45-6*** *			
	⑨ 소 득 종 류	(30, ④, 90)	(30, 40, 90)	(30, 40, 90)	(30, 40, 90)

장부상 수입금액	⑩ 매 출 액	3,350,000			
	⑪ 기 타				
	⑫수입금액합계(⑩+⑪)	3,350,000			

필 요 경 비	매 출 원 가	⑬ 기 초 재 고 액						
		⑭ 당 기 상 품 매 입 액 또 는 제 조 비 용 (㉓)	650,000					
		⑮ 기 말 재 고 액						
		⑯매출원가(⑬+⑭-⑮)	650,000					
	제 조 비 용	재 료 비	⑰기초재고액					
			⑱당기매입액					
			⑲기말재고액					
			⑳당기재료비 (⑰+⑱-⑲)					
		㉑ 노 무 비						
		㉒ 경 비						
		㉓ 당 기 제 조 비 용 (⑳+㉑+㉒)						
	일 반 관 리 비 등	㉔ 급 료	1,500,000					
		㉕ 제 세 공 과 금	210,000					
		㉖ 임 차 료	500,000					
		㉗ 지 급 이 자						
		㉘ 접 대 비						
		㉙ 기 부 금						
		㉚ 기 타						
		㉛일 반 관 리 비 등 계 (㉔+㉕+㉖+㉗+㉘+㉙+㉚)	2,210,000					
	㉜ 필요경비 합계 (⑯+㉛)		2,860,000					

□ 기본사항

⑨ 소득종류 : 해당하는 소득 코드에 ○표를 합니다.

(부동산임대 사업소득 : 30, 부동산임대 외의 사업소득 : 40)

□ 장부상 수입금액

⑩ 매출액 : 간편장부 상 「④수입」란 '금액'의 합계액 3,350,000원을 기재합니다.

□ 매출원가

⑭ 당기상품매입액 또는 제조비용 : 총수입금액 및 필요경비명세서의 ㉓번 항목 금액 650,000원을 기재합니다. (1/4일+1/12일+1/20일 매입분)

➜ 당기에 매입한 농산물·식육·야채 등 매입비용이 있는 경우에는 이를 반영하여 계산합니다.

⑯ 매출원가 : 650,000원(= ⑬ + ⑭ - ⑮)

☑ 제품 재고가 있는 경우 기초·기말의 재고액을 반영하여 매출원가를 계산합니다.

□ 제조비용 : 해당 없음

☑ 제조비용은 제조원가명세서를 작성하는 제조업 등의 경우에만 해당합니다.

□ 일반관리비 등

㉔ 급료 : 간편장부 상 「⑤ 비용」란 '금액' 중 주방장 등 직원 급여에 해당하는 금액을 기재합니다(1/18일 = 1,500,000원).

㉕ 제세공과금 : 간편장부 상 「⑤ 비용」란 '금액' 중 제세공과금에 해당하는 전기·전화·수도 요금 금액을 기재합니다(1/21일 + 1/25일 + 1/31일 = 210,000원).

➜ '제세공과금'에는 각종 세금 및 수도·전기요금 등 공공요금이 포함됩니다.

㉖ 임차료 : 간편장부 상 「⑤ 비용」란 '금액' 중 지급임차료에 해당하는 금액을 기재합니다. (1/15 = 500,000원)

㉘ 기업업무추진비 : 해당 없음

㉚ 기타 : 해당 없음

⭐ 간편장부상 「⑤비용」란 '금액'의 사무업무 관련 비용 중에서 총수입금액 및 필요경비명세서의 ㉔~㉙를 제외한 비용의 합계를 기재합니다(예 : 직원 식대, 주차위반 과태료 등).

□ 필요경비 합계

㉜ 필요경비 합계 : 총수입금액 및 필요경비명세서의 '⑯매출원가' 및 '㉛일반관리비 등 계'의 합계액 2,860,000원을 기재합니다.

간편장부 소득금액계산서 작성사례

한국갈비(123-45-6****, 대표 김한국)의 총수입금액 및 필요경비명세서 작성에 의한 간편장부 소득금액계산서 작성 사례이다.

□ 기본사항

⑨ 소득 종류 : 해당하는 소득의 코드에 ○표를 합니다.(부동산임대 사업소득 : 30, 부동산임대 외의 사업소득 : 40)

□ 총수입금액

⑩ 장부상 수입금액 : 총수입금액 및 필요경비명세서의 '⑫수입금액합계'란 금액 3,350,000원을 기재합니다.

⑪ 수입금액에서 제외할 금액 : 해당 없음

➜ 예시 : 소득세·지방소득세 환급액, 고정자산(건물 등) 매각금액 등

⑫ 수입금액에 가산할 금액 : 한국갈비에서 신용카드 등으로 매출한 금액에 대한 신용카드발행세액공제액 24,420원을 기재합니다(계산방법 참조).

➜ 예시 : 신용카드발행세액공제액, 사업 관련 채무면제이익 등

간편장부소득금액계산서(20△△년 귀속)

① 주소지	서울 양천 목 911		②전화번호	02 - 397 - 1200		
③ 성 명	김 한 국	④ 주민등록번호	5 0 1 0 0 3 - 1 * * * * * * *			

사업장	⑤ 소 재 지	종로 종로2 ○○			
	⑥ 업 종	한식점업			
	⑦ 주 업 종 코 드	552101			
	⑧ 사업자등록번호	123-45-6****			
	⑨ 소 득 종 류	(30, ⑩, 90)	(30, 40, 90)	(30, 40, 90)	(30, 40, 90)

총수입금액	⑩ 장 부 상 수 입 금 액 (부표 ⑫의 금액)	3,350,000			
	⑪ 수입금액에서 제외할 금액				
	⑫ 수입금액에 가산할 금액	24,420			
	⑬ 세무조정후 수입금액 (⑩-⑪+⑫)	3,374,420			
필요경비	⑭ 장 부 상 필 요 경 비 (부표⑫의 금액)	2,860,000			
	⑮ 필요경비에서 제외할 금액				
	⑯ 필요경비에 가산할 금액				
	⑰ 세 무 조 정 후 필 요 경 비 (⑭-⑮+⑯)	2,860,000			
⑱ 차 가 감 소 득 금 액 (⑬-⑰)		514,420			
⑲ 기 부 금 한 도 초 과 액					
⑳ 기부금이월액중 필요경비산입액					
㉑ 당 해 연 도 소 득 금 액 (⑱+⑲-⑳)		514,420			

소득세법 제70조 제4항 제3호 단서 및 동법 시행령 제132조의 규정에 의하여 간편장부소득금액계산서를 제출합니다.

20△△년 5월 31일

제 출 인   김 한 국   (서명 또는 인)

세무대리인   (서명 또는 인)

(관리번호 -)

세무서장 귀하

※구비서류 : 별지 제82호서식 부표「총수입금액 및 필요경비명세서」1부

[계산방법]

신용카드발행세액공제액 = 신용카드매출액(부가가치세를 포함한 공급대가) × 1% = 2,442,000원 × 1% = 24,420원

(➜ 간편장부상 「⑦비용」란에 기재한 '카드매출' 금액에 1.1을 곱한 금액의 1%)

⑬ 세무조정 후 수입금액 : 3,374,420원(⑩-⑪+⑫)

□ 필요경비

⑭ 장부상 필요경비 : 총수입금액 및 필요경비명세서상의 ㉜번 항목 금액 2,860,000원을 기재합니다.

⑮ 필요경비에서 제외할 금액 : 해당 없음

➜ 예시 : 소득세·주민세, 벌금·과태료 등, 건당 5만원 초과 기업업무추진비 중 세금계산서·계산서·신용카드매출전표 등 미수취분 기업업무추진비

⑯ 필요경비에 가산한 금액 : 해당 없음

➜ 예시 : 사업용 고정자산의 감가상각비 등

⑰ 세무조정 후 필요경비 : 2,860,000원 (⑭-⑮+⑯)

□ 차가감 소득금액

⑱ 차가감 소득금액 : 514,420원 (⑬-⑰)

□ 기타

㉑ 당해연도 소득금액 : 514,420원 (⑱+⑲-⑳)

6 간편장부 기장사업자가 지켜야 할 사항

장부 및 증빙서류는 소득세 확정신고 기한이 지난날부터 5년간 보존해야 한다. 다만, 통상의 부과제척기간 만료 전에 발생한 결손금을 그 후에 공제하는 경우 그 결손금이 발생한 과세기간에 대해서는 이월결손금을 공제한 과세기간의 확정신고 기한으로부터 1년간 보존해야 한다.

사업자가 사업과 관련해서 다른 사업자로부터 재화 또는 용역을 공급받고 그 대가를 지출하는 경우 거래 건당 금액(부가가치세 포함) 3만 원을 초과하는 경우는 세금계산서, 계산서, 신용카드매출전표, 현금영수증 등 법정지출증빙 서류를 받아야 한다.

실 무 사 례

⏻ 기준경비율로 신고 시 보관하고 있는 증빙서류를 제출해야 하는지?

증빙서류를 직접 제출할 필요는 없으며, 지출증빙은 신고기한 경과일로부터 5년
간 보관해야 한다. 다만, 국세기본법의 규정에 따른 부과제척기간에 해당하는
경우 그 기간까지 보존해야 한다. 이 경우, 지출하였거나 지출 사실이 객관적으
로 확인되는 정규증빙서류[세금계산서, 계산서, 신용카드매출전표(현금영수증
포함)]를 수취·보관하거나 정규증빙 이외의 증빙서류(간이세금계산서, 영수증
등)를 수취한 금액은 주요경비지출명세서를 제출해야 주요경비로 인정받을 수
있다. 다만, 농어민과의 직접 거래, 거래 l 건당 3만원 이하의 거래 등은 「주요
경비지출명세서」 작성을 면제하므로 객관적인 증빙서류만 수취·보관하면 된다.

⏻ 주요경비지출명세서 작성 대상인 증빙서류로 간이영수증 외에 형식을 갖추
　지 않고 수기에 의해 작성된 문서도 영수증으로 인정받을 수 있나?

소득세법상 필요경비에 산입할 금액은 해당 과세기간의 총수입금액에 대응하는
비용으로서 일반적으로 용인되는 통상적인 것의 합계액으로 거래 사실이 객관적
으로 확인되고, 거래상대방이 분명하게 나타나는 증빙서류에 의해서 필요경비로
공제할 수 있다.

⏻ 사무용 소모품 구입비용은 주요경비(매입비용)에 해당하나?

매입비용 중 재산적 가치가 있는 유체물(상품·제품·원료·소모품 등 유형적
물건)은 재화의 매입으로 주요경비에 포함된다.

⏻ 기준경비율 적용대상자가 지출한 기업업무추진비가 주요경비에 해당하나?

유흥기업업무추진비 등 용역의 대가는 주요경비에 해당하지 않으며, 접대를 목
적으로 재화를 매입하였을 경우 주요경비인 매입비용에 포함된다(계정과목을 불
문하고 사업용 고정자산을 제외한 재화의 매입은 주요경비에 포함된다.).

⏻ 수선비 중 자본적 지출과 관련된 재화의 매입이 주요경비에 포함되나?

자산의 가치를 증가시키는 자본적 지출 관련 수선비는 감가상각비로 기준경비율
에 포함되므로 주요경비에는 포함되지 않는다.

⏻ 재화의 매입비용에 매입부대비용이 포함되나요?

상품, 제품, 재료 등의 매입비용은 매입부대비용(운반비, 상·하차비, 공과금, 보험료 등)을 포함하지 않은 순수한 물건 대금이다. 다만, 원재료 매입 등의 관세는 매입비용에 포함된다.

⏻ 직원에 대해서 근로소득 원천징수를 하지 않고 있는데 인건비로 공제가 가능한가?

종업원의 급여·임금·퇴직급여에 대해서 인건비로 공제받기 위해서는 원천징수영수증 또는 지급명세서를 제출해야 하나, 제출할 수 없는 부득이한 사유가 있는 경우에는 소득을 지급받은 자의 주소, 성명, 주민등록번호 등 인적사항이 확인되고 소득을 지급받은 자가 서명날인 한 증빙서류를 비치·보관하고 있는 금액에 대해서 인건비로 인정하고 있으므로 근로소득 원천징수를 하지 않은 경우에도 상기 규정에 해당하면, 공제가 가능하다. 다만, 지급명세서를 제출기한 내에 제출하지 않은 경우, 그 지급 금액의 2%에 해당하는 금액을 지급명세서 제출불성실가산세로 부담해야 한다(3개월 내 지연제출 시 1%).

여기서 부득이한 사유란 예를 들어 천재·지변 등의 경우를 말한다.

⏻ 학원 사업자가 강사 인건비를 사업소득으로 원천징수하는 경우 주요경비 중 인건비에 해당하나?

인건비는 종업원에게 지급한 급료·보수·봉급 등 종업원의 근로소득(비과세분 포함)이 되는 금액 및 일용근로자의 임금과 실지 지급한 퇴직급여가 해당하며, 사업소득으로 지급한 강사료는 주요경비 중 인건비에 해당하지 않는다.

⏻ 원천세 신고 및 지급명세서를 제출하지 않은 일용직 근로자에게 지급한 인건비 증빙은 어떻게 갖추어야 하나요?

지급명세서 등을 제출할 수 없는 부득이한 사유가 있는 경우에는 지급받는 자의 주소, 성명, 주민등록번호 등 인적 사항이 확인되고 소득을 지급받은 자가 서명날인 한 증빙서류를 비치·보관하고 있어야 한다.

근로소득자의
종합소득세 신고·납부

1 복수 회사에서 급여 받으면 합산신고

종합소득(이자소득, 배당소득, 사업소득, 근로소득, 연금소득, 기타소득)
이 있는 사람은 5월 말까지 종합소득세 신고서를 작성해 주소지 관할
세무서장에게 신고·납부를 해야 한다. 근로소득만 있는 봉급생활자라면
회사에서 연말정산을 하므로 별도의 종합소득 신고 의무가 없다. 다만,
복수 근로소득에 대한 합산 누락이 있거나, 근로소득만 있지만, 연말정
산을 하지 못한 경우는 증빙과 관련 서류를 첨부해 반드시 종합소득세
신고를 해야 한다.

여기서 말하는 복수 근로소득이란 지난 한 해 동안 2곳 이상의 회사에
근무하며 급여를 받았거나, 직장 이전으로 다른 회사에서 급여를 받는
등 2곳 이상의 근로소득이 생긴 경우를 말한다.

개별적으로 보면 근무 회사별로 정상적으로 연말정산을 했겠지만, 근로
소득공제나 근로소득세액공제, 부양가족공제, 특별공제 등은 과세기간
중 1회만 적용해야 한다. 따라서 합산 후 재정산해 신고하지 않으면 이
중으로 공제받은 결과가 된다.

2. 자진신고 안 하면 불이익받아

복수 근로소득을 합산해 연말정산을 하지 않은 근로자는 5월 말까지 소득 합산 후 정산한 종합소득세 신고서를 주소지 관할 세무서에 제출하거나, 국세청 홈택스(www.hometax.go.kr)에 가입해 전자신고를 하면 된다. 납세자가 직접 전자신고를 하는 때는 2만 원의 세액공제 혜택이 있다.

종합소득세를 신고할 때는 지방소득세(종합소득세액의 10%)도 함께 신고해야 한다. 소득세 신고서에 지방소득세 소득 분 신고 내용도 함께 써서 신고하면 된다. 세금은 별도 납부서에 따라 5월 말까지 내면 된다.

만일 자진신고 기간 내에 복수 근로소득을 합산, 신고하지 않으면 각각 원천징수한 근로소득이라 하더라도 신고가 없었다고 보고 무(無)신고가산세와 납부불성실가산세가 부과된다.

개인사업자가 유의할 비용관리
가사비용 무조건 회사비용 처리하면 걸리나?

| 1 | 개인사업자가 유의할 비용처리 |

감가상각 자산(차량, 기계장치 등)을 취득하거나 매각한 것이 있는 경우 세무 대리인에게 항상 알려주어야 한다.

장부에 등록된 자산이 있는 경우 감가상각을 하므로 매각 시에는 세금계산서를 발행해야 한다. 예를 들어 차량 매각 시 취득 당시 매입세액 공제 여부와는 무관하게 세금계산서의 발행 의무가 있다.

단, 사업용이 아닌 개인차량으로 사용하는 차량의 경우에는 순수하게 개인용으로 사용한 경우는 세금계산서 발행 대상이 아니다.

사업용 비사업용 판단기준은 차량 구입 당시 차량등록 원부 및 운행 사항. 해당 사업자의 세무신고 시 장부 내용 등을 종합적으로 파악하여 판단할 사항이다.

개인사업자 사업용 카드 국세청 등록

개인사업자는 사업용 카드를 국세청에 등록한다. 카드가 기간이 만료되어 다시 받는 경우 카드번호가 바뀌므로 다시 홈택스에서 카드등록을 해주어야 사용 내역 확인이 가능하다.

사업용 카드 개인적인 사용 자제

병원비, 이발비, 자녀 학원비 등 개인적인 사용이 티가 나는 것들을 부가세 공제는 물론 비용으로 처리하는 것은 문제가 많다.

반면 마트 등에서 지출하는 비용은 그 금액이 많지 않은 경우는 소모품이나 복리후생비로 잡을 수 있지만, 그 금액이 많고 반복적인 경우는 문제가 발생할 수 있다.

사용 내역이 홈택스에서 다 확인이 가능하므로 추후 관할 세무서에서 연락이 올 수 있다.

업종별 평균 부가율 살펴보기

부가율은 과세당국이 추후 세무조사 업체 선정 시 활용한다.

부가세를 줄이기 위해 매입자료를 과다하게 받아 부가율이 낮아지면 문제가 된다.

물론, 실제 매입이 과다면 상관없지만, 가사비용 및 직원 카드를 부가가치세 공제에 과다하게 넣어서 현금매출 부분을 과도하게 줄이거나 하는 것들은 부가율을 낮아져 문제가 된다.

월 임대로 세금계산서 받기

자기 건물이나 무상 임대는 임대료 세금계산서를 받을 일이 없지만, 월 임대료를 내는 업체들은 임대료 세금계산서를 받고, 임대인이 개인이라

혹은 여타 사정으로 세금계산서 발행을 해주지 않는다면 꼭 사업용 통장에서 계좌이체를 해준다.

이 경우 세금계산서가 없어 부가가치세 공제는 안 되더라도 법인세나 소득세 신고 시 이체된 통장내역을 근거로 일반 비용처리는 할 수 있다.

수출, 수입 시 신고필증이랑 선화증권(B/L)을 보내주어야 하며 통장 거래 내역도 같이 보내주어야 한다.

선화증권에 기재된 선적일이 부가가치세 신고하는 날짜이다. 그 선적일 확인을 위해 선화증권이 꼭 필요하다.

세금계산서 발행은 반드시 익월 10일까지 한다.

세금계산서 발행은 재화나 용역을 공급한 날이다. 예를 들어 12월 10일에 재화를 공급하였다면 작성일자를 12월 10일로 하여 세금계산서를 발행해야 하며, 발행은 1월 10일까지 해야 한다.

과세기간 이후에 발행하는 세금계산서는 미발급으로 보아 가산세가 있다.

2 가사비용 무조건 회사비용 처리하면 걸리나?

가사비용을 회사 비용으로 처리하는 것도 요령이 필요할 수 있다.

그러나 이런 요령도 불법이지만 전적으로 규모가 크지 않은 회사에만 예외적으로 허용될 수 있는 부분이라고 생각하면 된다. 즉, 결과적으로는 절세가 아닌 탈세 부분이다. 단, 그 금액이 소액으로 인해 조사인력을 투입해 추징하는 경우 그 실효성이 떨어지므로, 대대적인 단속을 통해 적발하지 않을 뿐이다. 이는 단지 요행을 바라는 행위에 불과하므로 판단은 사장님이 직접 해야 한다.

❶ 도·소매, 서비스, 건설, 병원 등 제조와 전혀 관계없는 회사가 마트에서 구입하는 원재료 영수증은 가사 관련 비용으로 볼 가능성이 크므로 절대 회사 비용으로 처리하면 안 된다.

❷ 반면, 회사나 가정에서 모두 사용하는 컴퓨터, 프린트, 스캐너 등 전자기기와 책상, 의자, 책꽂이, 문구 등 사무용품은 신용카드로 결제 후 회사 비용으로 처리해도 해당 건이 회사 규모에 비해 자주 발생하지 않으면 문제가 되지 않을 수 있다. 물론 걸려도 회사 비품이라고 우길 수 있는 품목이다.

❸ 식대의 경우 평일 점심시간에 발생하는 식비나, 가끔 저녁 시간에 발생하는 식비는 복리후생비 또는 회식비로 문제없이 처리할 수 있다.
그러나 너무 자주 발생한다거나, 근무를 안 하는 토요일 오후 시간대나 일요일 식비 지출액은 가사 관련 비용으로 문제가 발생할 수 있다.

제6장

실무자가 꼭 알아야 할
실무처리사례

자체 기장할까?
기장을 맡길까?

1 세무사에게 의뢰할 때는 일의 범위를 명확히

세금과 회계 이것은 기업경영에 있어서 필수적이다. 그래서 모든 기업에 경리부가 있는 것이 아닐까?

경영자가 경리체계를 잘 알고 있어서 스스로 모든 경리업무를 처리할 수 있다면 문제가 없겠지만, 그렇지 않을 경우는 회계사나 세무사에게 일을 의뢰하는 것이 무난하다.

경리업무에 대해 잘 알고 있다 하더라도 결산이나 세무신고는 복잡하므로 이것만을 회계사나 세무사에게 맡기거나, 법인설립, 법인전환 등 업무의 발생 빈도가 적은 경우는 이를 회계사나 세무사에게 맡기는 경우가 많다.

그러나 모든 일을 남에게 맡길 경우에도 기본적으로 어느 단계에서 어느 단계까지의 일을 맡길 것인가를 확실히 정해둘 필요가 있다.

예를 들어 회사의 경리업무는 거의 다음 여섯 가지 일로 구분할 수 있는데, 그중에서 ❷번 항목부터는 세무사에게 의뢰할 수 있고 ❺번과 ❻번 항목만을 의뢰할 수도 있다. 그러나 대다수의 기장대행은 ❷번부터 신고대행은 ❺번부터 맡기는 것이 일반적이다.

❶ 전표의 발행과 수령

❷ 전표 및 계정의 분류

❸ 보조장부의 정리

❹ 법정지출증빙의 정리

❺ 결산과 결산서의 작성

❻ 신고 서류의 작성

그러나 위에서 말한 바와 같이 일을 남에게 맡기면 그만이지만 그 일을 자신이 아는 것이 매우 중요한 일이다.

2 비용은 얼마나 들고 누구에게 의뢰할 것인가

세무사에게 의뢰할 경우 그 요금은 세무사나 일의 성격에 따라 다른데, ❶번부터 ❹번 항목까지를 스스로 처리하고 나머지만을 세무사에게 의뢰한다면 스스로 사업 내용을 파악할 수 있을 뿐 아니라 세무사에게 지불할 비용도 절반으로 줄일 수 있을 것이다. 결산서와 신고서의 작성에 대한 처리비용은 세무 조정료라고 해서 사업연도마다 별도의 금액을 지불해야 한다.

3 세무사에게 업무를 의뢰한다.

경리업무를 맡기기 전에 반드시 체크해야 할 사항을 정리하면 다음과 같다.

❶ 전표 등 이미 결정된 내용은 신속하게 제공한다.

❷ 계약서, 주문서, 영수증 등의 증거서류는 잊지 말고 확보한다.

❸ 매일 경영에 필요한 자료를 적절히 제공받는다.

❹ 자금순환표의 작성에 대한 자료를 제공받는다.

❺ 경영 상태나 문제점 등에 대해 조언을 듣는다.

❻ 절세에 대해 상담한다.

최초 기장 시	기장 이전 시
❶ 사업자등록증 사본 ❷ 사업용 계좌 사본(개인사업자), 법인통장 사본(법인사업자) ❸ 대표자 신분증 ❹ 법인 등기부등본, 주주(출자자) 명부, 정관 ❺ 국세청 홈택스 아이디, 패스워드, 전자세금계산서 수령 이메일 ❻ 통장인감 ❼ 사업장 임대차계약서 사본 ❽ 다른 세무사에서 기장 이전 시 세무 신고서 철, 세무조정계산서, 결산서, 전산 데이터	❶ 최초 기장 시 준비서류(좌측) ❷ 전년도 조정계산서 및 부속서류 ❸ 전년도 결산서 ❹ 전년도 장부 원장 ❺ 전년도 데이터 Back-Up 자료(디스켓 또는 파일)

국세청에
가장 많이 적발되는 사례

참고로 국세청에 가장 많이 적발되는 사례를 살펴보면 다음과 같다.

❶ 접대성 경비를 복리후생비 등으로 분산처리

❷ 근로를 제공하지 않은 기업주 가족에게 인건비를 지급하고 비용처리

❸ 신용카드 사적 (업무무관, 가사비용) 사용

❹ 재고자산 계상누락 등을 통해서 원가를 조절하는 경우

❺ 세무조사 후 신고소득률 하락 등

국세청은 기업소득 유출, 수입금액 누락, 소득조절, 조세 부당감면 등으로 세금을 탈루할 우려가 있는 자영업 법인, 취약·호황업종의 신고내용을 개별 정밀 분석한 자료로 성실신고를 별도 안내한다.

❻ 소비지출 수준을 통해 소득 추정분석

소득신고에 비해 해외여행 등 소비지출이 상대적으로 많은 경우 세무조사 대상이 될 수 있다.

❼ 원가를 과대 계상한 경우

상호 증빙이 없이 세무조사만 안 받으면 걸리지 않을 거라는 생각에 임의로 원가를 과대 계상해 세금을 탈루하는 행위는 세무조사를 받을 확률이 높다.

❽ 일요일에 마트를 가서 장을 보고 법인카드로 결제한 경우

허위직원을 등록해 탈세하다 적발된 경우 세무상 처리방법

가족회사에서 가장 흔히 쓰는 세금 탈세 방법의 하나가 인건비 부풀리기다. 즉, 회사에 근무하지도 않는 아들이나 며느리 또는 친분이 있는 친구나 지인을 회사의 직원으로 등록시켜 놓고 급여를 지급하는 것처럼 해서 탈세하는 방법이다. 결과적으로 유령직원을 두는 것이다.

그럼 이런 행동을 하다가 세무서에 적발되는 경우 세무상 처리는 어떻게 될까?

평소에는 그냥 넘어가다 세무조사나 제보가 있는 경우 밖으로 나타나게 된다. 세무조사 시 일반적으로 그 회사의 조직도를 제출하라고 한다.

세무조사원들이 경험이 있으니 척하면 척이다. 흔한 말로 세무조사 시 목표액이 있다는 말을 한다. 회사 규모나 매출 등 기타 여러 상황을 보고 이 정도 금액의 세금을 추징할 수 있겠다. 예상한다는 말이다.

유령직원이 적발된 경우 법인은 유령직원의 급여를 비용으로 처리하여 법인세를 적게 냈으므로 부당하게 지급한 급여를 비용에서 제외하고 법인세를 다시 계산하여 내야 한다. 물론 이에 따른 가산세도 추가로 내야 한다. 반면, 개인회사도 유령직원의 급여를 이용해 종합소득세를 적게 냈을 것이므로, 종합소득세를 다시 계산해서 가산세와 함께 내야 한다.

그리고 유령직원에 대해서는 유령직원과 회사의 관계에 따라 기타소득 또는 증여세를 내게 된다. 지인 등 타인의 경우 기타소득세를 며느리나 아들의 경우 증여세를 내야 할 가능성이 크다.

세무서에서 소득금액변동통지서를 받게 되면 다음 달 10일까지 허위직원에 대해 법인은 원천징수 수정신고를 해야 한다.

그러면 근로소득이 줄어드는 대신 기타소득이 추가된다. 허위 직원은 필요경비가 인정되지 않는다. 따라서 급여로 5천만 원을 지급했다면 천백만 원(5천만 원 × 20% = 천만 원 + 지방소득세 백만 원)을 내야 한다.

구 분		세무상 처리
법인이나 개인사업자		법인세나 종합소득세를 추징당하고, 가산세를 납부한다.
유령 직원	며느리나 아들 등	증여세가 과세 될 확률이 높다.
	지인 등 타인	근로소득 대신 기타소득세를 납부하고, 종합소득세와 합산되면 높은 세금을 부담한다.

직원(대표이사) 차량을
회사업무(임차)에 사용시 처리

1 \ 개인 명의 차량유지비 경비인정

법인 대표이사 개인소유 차량으로 영업 및 거래처방문 등의 회사업무 용도로 사용할 경우 유류대 및 보험료, 수리비, 자동차 세금 등의 경비를 회사경비로 처리(인정)해도 되는지? 에 대한 질문이 상당히 많다.

개인소유 차량을 법인의 업무와 관련하여 사용하면서 지출된 유류대, 수리비, 통행료 등은 법인의 손금에 산입할 수 있는 것이나, 구분계산이 불분명한 보험료나 소모품, 부품의 교환은 법인의 손금으로 볼 수 없는 것이다.

그러나, 그에 따른 입증 등은 법인이 해야 하는 것으로 현실적으로 입증이 어려움으로 실질 내용에 따라 판단하여 처리해야 한다. 따라서 입증 책임에 대한 부담을 다소 덜기 위해서는 법인 명의로 차량을 취득하거나 리스 등을 통해서 차량운행일지 등을 작성 후 차량을 운행하는 방법이 실무상 많은 도움이 되리라 본다.

직원 차량이나 직원 개인 휴대폰은 직원 개인적 용도로 사용하는 것이 우선이다. 비록 해당 자산을 법인의 업무에 사용하는 경우라고 하더라도 얼마만큼을 사용하였는지에 대한 입증 등이 불가능하다고 보이며, 법인의 업무와 구분이 불분명한 것을 법인의 손금으로 계상할 수는 없는 것이다.

참고로 법인의 명의로 취득하는 소형차량인 경우도 개인적 용도로의 사용 가능성 및 업무용과 비업무용의 구분이 불가능해 해당 매입세액을 부가가치세에서 공제하지 못한다. 다만, 차량유지비 중에서 해당 차량을 업무용을 사용한 유류비 등은 손금에 산입할 수 있으나 (예를 들어 서울-부산 간 업무 때문에 왕복하면서 유류를 구입한 경우 등) 구분계산이 되지 않는 보험료나 소모품, 부품의 교환은 법인의 비용처리가 불가능하다.

법인임직원이 소유 차량을 법인의 업무에 사용하고 그에 상당하는 유지비 등을 부담한 경우는 법인의 손금에 산입한다(법인 22601-2104, 991. 11.6). 다만, 해당 개인차량의 감가상각비 등을 법인의 비용으로 계상할 수는 없으며, 실제 연료비, 운행 중의 부대비용 등은 법인 내규 또는 사규에서 그 기준을 정해놓고 지출하면 손금처리가 가능하다.

3 직원 차량을 임차하여 업무용으로 사용

직원 개인과 차량의 사용계약에 따라 달라질 것이다.

개인차량을 임차하여 사용하는 것인지, 직원이 본인의 차량을 업무에 사용한 것인지에 따라 달라지며, 만약, 차량 사용계약이 없으면 실질 내용에 따라 판단해야 한다.

직원의 차량을 임차하여 사용하는 경우로 대가를 계속·반복적으로 지급하면 사업소득으로, 일시적인 지급이면 기타소득으로 구분한다.

직원이 본인의 차량을 업무에 사용한 것이면 자가운전보조금의 요건에 해당하는 금액은 비과세소득이고 나머지는 과세 되는 근로소득에 포함한다.

비품 처리할까?
소모품비 비용처리 할까?

다음의 자산은 취득 시 감가상각을 통해 비용처리를 하거나 당기 비용처리 방법 중 선택해서 적용할 수 있다. 즉, 지출 즉시 소모품비나 수선비 등으로 전액 비용처리가 가능하다는 것이다.

구 분		즉시 비용처리 가능 자산
취득시	금액적으로 소액인 자산	거래 단위별 취득가액 100만 원 이하의 지출 금액. 단, 고유업무의 성질상 대량으로 보유하는 자산과 그 사업의 개시 또는 확장을 위해서 취득한 자산은 제외
	대여사업용 비디오테이프 등	대여사업용 비디오테이프와 음악용 콤팩트디스크로서 개별 자산의 취득가액이 30만원 미만인 자산
	단기사용자산	시험기기 ·영화필름 ·공구(금형 포함) ·가구 ·전기기구 ·가스기기 ·가정용 기구 및 비품 ·시계 ·측정기기 및 간판
	어업의 어구	어업에 사용하는 어구(어선용구 포함)는 금액의 제한이 없음
	전화기, 개인용 컴퓨터	전화기(휴대용 전화기 포함), 개인용 컴퓨터(그 주변기기 포함). 이는 금액의 제한이 없다.
	주기적 수선비	3년 미만의 기간마다 지출하는 주기적 수선비

구 분		즉시 비용처리 가능 자산
보 유 시	소액수선비	개별자산별 수선비(자본적 지출과 수익적 지출) 합계액이 소 액수선비 판단기준에 미달하는 경우 [주] 소액수선비 판단기준 = Max(600만원, 전기말 B/S 상 장부가액의 5%)
폐 기 시	시설개체와 시설낙후로 인한 폐기자산	시설을 개체하거나 또는 기술의 낙후 등으로 생산설비의 일 부를 폐기한 경우는 장부에 비망가액 1,000원만 남기고 나 머지는 폐기한 사업연도의 손금에 산입할 수 있다.

개인회사 사장과 대표이사
식대 비용처리 차이

개인회사 사장의 식대 지출액은 복리후생비가 아닌 자본의 인출금으로 처리하는 반면, 법인의 대표이사 식대 지출액은 복리후생비로 처리할 수 있다.

구 분	세무상 처리
개인사업자 사장 식비	인출금으로 처리하고, 비용인정이 안 된다.
법인의 대표이사 식비	복리후생비 처리 후 업무와 관련 있으면 비용인정 된다.

개인사업자의 식대라고 무조건 경비 인정되는 것도, 무조건 경비인정이 안 되는 것은 아니다. 다만, 대표자 혼자서 드신 식대(기업업무추진비 이외의)의 경우 사업과의 연관성을 확인하기 어려우므로 비용인정이 어렵다.

위 개념의 연장선에서 1인 회사의 경우 무조건 사장님의 식비는 비용인정 안 되고, 직원이 있으면서 직원의 급여 신고가 제대로 이루어지고 있는 경우에는 사장님의 식비도 복리후생비에 끼어서 비용 처리하는 회사가 많다 (세무대리인도 이는 다툼의 명분이 있으므로 신고 시 비용처리한다.)

간이영수증의 경우 왜 쓰지도 않은 가공경비라고 의심할까?

간이영수증의 경우 사업자가 쉽게 구할 수 있으므로 과세당국은 세무조사 시 사업자가 제시한 증빙서류 중 간이영수증이 나타나면 간이영수증 상에 표시된 상호명과 사업자등록번호를 별도로 조회한 후 가공의 간이영수증을 무더기로 받아서 쓰지도 않은 가공경비를 실제 현금이 나간 것처럼 과다하게 계상하여 탈세한다거나 비자금을 조성했다는 의심을 하게 되는 것이다.

세무조사시 사업자가 제시한 간이영수증을 세무조사관들이 가공경비로 보아 부인한 이유는 다음과 같다.

첫째, 식대 간이영수증 중 ○○○갈비, ○○○식당의 경우 개업일이 2024년 10월 이후임에도 2024년 1월부터 발급받아 제시하고 있는 점

둘째, 식당이 다름에도 경리실무자 등의 동일한 필체로 작성된 점

셋째, 동일한 식당에서 동일한 날짜에 10만 원에서 20만 원의 금액을 3만원 미 만의 금액으로 여러 장을 분산하여 교부된 점

넷째, 간이영수증상 인장이 최근에 날인되어 문지르면 번짐 현상이 있는 등 영수증 작성이 최근의 것으로 보이는 점

다섯째, 지급금액이 10만 원에서 20만 원의 고액임에도 결제 방법이 신용카드가 아닌 현금결제인 점

여섯째, 대부분의 간이영수증이 회사 인근이 아니라 멀리 떨어진 지역에서 쓰인 점 등

이처럼 과세당국은 이러한 여러 정황으로 보아 간이영수증 등은 손금으로 인정할 만한 신빙성이 있는 증거자료로 보기 어려우므로 세무조사를 통하여 부인한 사례가 있다.

따라서, 3만 원을 초과하는 비용을 지출하는 경우 반드시 법인카드로 결제하거나 세금계산서를 받아야 가산세를 부과 당하지 않을 것이며, 어쩔 수 없이 간이영수증을 수취할 수밖에 없는 거래의 경우 해당 비용이 업무와 관련하여 정당하게 지출되었다는 것을 객관적으로 입증이 가능하도록 추가로 내부 지출결의서 등을 갖추어야 가공의 경비를 조성했다는 혐의를 벗을 수 있다는 점에 유념해야 할 것이다.

특히 대표이사는 가지급금의 중요성을 상기하라

체계가 제대로 서 있지 않고, 대표이사가 세법에 대해서 모르거나, 이건 내 회사니, 경리직원이 다 알아서 처리하겠지? 라는 막무가내 생각을 하는 회사는 나중에 세금 때문에 큰코다치게 된다.

❶ 회사의 대표이사가 개인용도로 회사의 자금을 가져다 사용하는 경우

❷ 자금 지출은 발생했는데 영수증 등 지출 증빙을 받아다 주지 않는 경우

❸ 부득이하게 접대나 리베이트를 주는 경우 금액이 과다하게 발생해 증빙을 처리하지 못하는 경우

이와 같은 모든 경우 세법에서는 이를 가지급금으로 구분하고, 대표이사나 법인은 이에 따른 불이익을 감수해야 한다.

이를 회계 처리상으로는 단기대여금 계정으로 계정과목을 마감해 버릴 수는 있으나 세법에서는 이는 결국 가지급금이 된다.

회사의 처지에서 보면 가지급금은 법인의 업무와 연관성이 없는 액수가 지출된 것이기 때문에 이자를 당연히 받아야 한다.

이렇게 발생한 금액을 인정이자라고 부르는데, 인정이자는 법인의 수익이 늘어난 것으로 판단되기 때문에 늘어난 수익만큼 법인기업은 법인세

(소득세)를 추가로 내야 한다.

그뿐만 아니라 이것은 대표이사의 상여로 인정되기 때문에 대표이사의 근로소득세 납부액도 같이 늘어난다.

만일 대표이사가 회사를 그만두거나 법인이 해산되는 등으로 인해서 대표이사와 법인 사이의 특수관계가 종료되는 경우, 그 시점에 가지급금 회수가 이루어지지 않은 상태라면 대표이사에게 가지급금이 급여로 지급된 것으로 인정되어, 대표이사는 근로소득세를 내야 한다.

원래 받는 급여에다 회수되지 않은 대표이사 가지급금 금액까지 더해져서 나중에 다시 연말정산을 하게 되면 이후에는 건강보험료에도 추가적인 금액을 추징당한다.

이런 경우가 되면 액수 면에서 대표이사는 가지급금의 절반에 가까운 금액을 추징당하는 것과 마찬가지가 된다.

이와 같은 세무 불이익은 경리담당자가 막는다고 일시적으로는 막을 수 있을지 모르지만 결국 막대한 세금을 낼 수 있다는 점을 대표이사에게 상기시켜, 지출할 때는 반드시 증빙을 챙기도록 상기시켜야 한다. 물론 법인카드만 사용한다면 나중에 카드 명세서를 통해 담당자가 조정하는 방법을 사용하면 된다.

실 무 사 례

⏻ 가지급금과 가수금이 같이 있는 경우 서로 상계해도 되나?

동일인에 대한 가지급금과 가수금이 있는 경우 원칙적으로 상계처리 후 가지급
금 순액에 대해서만 인정이자를 계산할 수 있다.

가지급금과 가수금을 상계처리할 경우 인정이자 계산 대상 가지급금이 줄어들게
되어 인정이자 부담이 줄어들게 되므로 세법은 납세자의 부담을 줄여주기 위해
둘의 상계를 허용하고 있다.

예를 들어 대표이사가 회사에 입금한 가수금이 5억 원이고 회사에서 가져간 가
지급금이 8억 원이 있는 경우 인정이자는 순액 3억 원에 대해서만 계산하면 된
다. 물론 실제로는 저렇게 간단히 기말 잔액을 가지고 계산하는 것은 아니고 적
수를 계산해서 인정이자를 계산하지만, 원칙은 가지급금과 가수금을 통산한다는
것이다.

그러나 위의 가지급금과 가수금 상계는 별도의 이자율이나 상환기간에 대한 약
정이 없는 경우 가능한 것이며, 가지급금과 가수금에 대하여 각각 상환기간이나
이자율 등에 관한 약정이 있어 이를 상계할 수 없는 경우에는 서로 다른 가지급
금, 가수금으로 보아 상계하지 않는다.

업무용 승용차의 한도 규정이
적용되는 차량의 종류와 지출비용

업무용승용차 관련 비용 중 업무용 사용금액에 해당하지 않는 금액은 손금불산입한다. 여기서 적용 대상이 되는 차량은 개별소비세 부과대상 승용차로써 감가상각비, 임차료, 유류비, 보험료, 수리비, 자동차세, 통행료, 금융리스부채에 대한 이자비용 등 승용차의 취득 및 유지 관련 비용의 지출이다. 단, 운수업, 자동차판매업, 자동차임대업, 운전학원업, 경비업법 등 노란색 번호판, 장례식장 및 장의 관련업을 영위하는 법인 차량과 운구용 승용차는 제외된다.

구 분	개인	법인
해당 차량	개별소비세를 내는 차량 ● 업무용 승용차 ● 리스차량, 렌트차량 포함	개별소비세를 내는 차량 ● 업무용 승용차 ● 리스차량, 렌트차량 포함
제외 차량	● 경차, 승합차, 화물차 ● 운수업(여객, 물류), 자동차판매업, 자동차임대업, 리스회사차량, 운전학원을 하는 사업자가 사업에 직접 사용하는 승용차	● 경차, 승합차, 화물차 ● 운수업(여객, 물류), 자동차판매업, 자동차임대업, 리스회사차량, 운전학원, 경비업법 등 노란색 번호판, 장례식장 및 장의 관련업을 영위하는 법인차량과 운구용 승용차

구 분	개인	법인
인정 되는 비용	• 리스료, 렌트료 • 감가상각비, 임차료(운용리스료) → 한도 규정이 있다. • 유류비, 보험료, 수리비, 자동차세, 통행료 및 금융리스부채에 대한 이자비용 → 승용차를 취득·유지·관리하기 위해 지출된 비용	• 리스료, 렌트료 • 감가상각비, 임차료(운용리스료) → 한도 규정이 있다. • 유류비, 보험료, 수리비, 자동차세, 통행료 및 금융리스부채에 대한 이자비용 → 승용차를 취득·유지·관리하기 위해 지출된 비용

1 업무용 사용에 해당하는 경우

세법에서 말하는 업무용이란 거래처 및 대리점 방문, 회의 참석, 고객미팅, 판촉 활동, 출근 및 퇴근 등을 말한다.

2 적용 대상 차량과 적용 제외 (승용) 차량

적용 대상 차량

적용 대상 차량은 개별소비세 부과대상 승용차로써 9인승 이하인 일반적인 승용차, SUV, RV, CUV 차량이 적용 대상 차량에 포함된다.

이 경우 해당 차량이 회사소유(개인소유) 및 리스차량, 렌트차량의 경우에도 동일하게 적용된다.

적용 제외 차량

부가가치세 공제대상 차량인 경차, 9인승 이상 승합차, 버스, 트럭 등 화물차는 업무용승용차의 한도규정과 상관없이 전액 경비처리가 가능하다. 또한, 일반적인 승용차라고 해도 운수업(여객, 물류), 자동차판매업, 자동차임대업(렌트카업), 리스회사 차량, 운전학원을 하는 사업자, 경비업법에 의한 기계경비 업무를 하는 경비업에 직접 사용하는 승용차 및 한국표준산업분류표상 장례식장 및 장의 관련 서비스업을 영위하는 법인이 소유하거나 임차한 운구용 승용차는 모두 비용처리가 가능하다.

3 \ 부가가치세 매입세액

적용 제외 차량은 부가가치세법상 매입세액공제가 가능한 차량이므로 취득 및 유지와 관련된 비용은 매입세액공제가 가능하며, 적용 대상 차량은 부가가치세법상 매입세액공제가 불가능한 차량이므로 취득 및 유지와 관련된 비용은 매입세액공제가 불가능하다.

결과적으로 일반 회사에서 업무용으로 사용하는 일반 승용차는 매입세액이 불공제될 뿐만 아니라 동시에 일정 요건을 충족하는 일정 한도 내의 비용에 대해서만 비용으로 인정을 받을 수 있다.

업무용 승용차의 차량운행일지 작성(기록)과 세무상 비용처리방법

업무용 승용차의 규제 대상 사업자는 법인과 개인사업자 중 복식부기 의무자이다.

법인의 경우 업무용 승용차의 경비를 인정받으려면

❶ 임직원전용자동차보험에 가입해야 하며

❷ 차량 운행기록부를 작성해 업무용으로 사용한 비율만큼 경비를 인정 받을 수 있다.

업무용 승용차 관련 비용이 1,500만 원 이상이라면 2가지 요건을 다 갖 춰야 하고, 1,500만 원 미만이라도 반드시 임직원 전용 자동차보험에 가입해야 비용인정이 가능하다. 즉, 임직원 전용 자동차보험에 가입하지 않은 차량은 단 1원도 경비인정을 받을 수 없다.

개인사업자(간편장부대상자 제외)의 경우 2021년부터 2대 이상인 경우 임직원 전용 자동차보험에 가입해야 한다. 차량운행기록부도 잘 작성해 야 한다.

[법인사업자]

구 분		세무상 처리
임직원 전용 자동차보험 미가입	차량운행일지 작성	전액 손금부인
	차량운행일지 미작성	전액 손금부인
임직원 전용 자동차보험 가입	차량운행일지 작성	운행기록에 따른 업무사용비율만큼 인정
	차량운행일지 미작성	승용차 1대당 1,500만원까지 비용인정

[개인사업자]

구 분		세무상 처리
임직원 전용 자동차보험 미가입		복식부기의무자 50%만 필요경비 인정(성실 신고대상자 전액 손금부인)
임직원 전용 자동차보험 가입	차량운행일지 작성	운행기록에 따른 업무사용비율만큼 비용인정
	차량운행일지 미작성	승용차 1대당 1,500만원까지 비용인정

승용차 관련 비용이 연간 1,500만원 이하인 경우	승용차 관련 비용이 연간 1,500만원 초과인 경우
임직원 전용 자동차보험에 가입 필요 → 운행기록 작성 없이 전액 비용인정 → 운행기록 미 작성시 가산세 부담할 수 있음	임직원 전용 자동차보험에 가입시에 1,500만원 보다 비용인정을 더 받으려면 운행일지 작성이 필요하다. 예 자동차 관련 총비용이 3천만 원인 경우 (전용보험은 가입) → 운행기록을 통해 업무용 사용비율 60%를 입증한 경우 1,800만 원(3천만 원 × 60%) 비용인정 → 운행기록을 작성하지 않은 경우 1,500만원만 비용인정

1 업무용 승용차 관련 비용

업무용 승용차 관련 비용은 내국법인이 업무용승용차를 취득하거나 임차해서 해당 사업연도에 손금에 산입하거나 지출한 감가상각비, 임차료, 유류비, 보험료, 수리비, 자동차세, 통행료, 금융리스부채에 대한 이자비용을 말한다.

구 분	손금산입
감가상각비, 임차료(운용리스료)	한도 규정에 따라 손금산입한다. 업무용 승용차별 감가상각비 × 업무사용 비율 업무용 승용차별 임차료 중 감가상각비 상당액 × 업무사용비율 임차료 중 감가상각비 상당액이란 차량 임차료(리스료)에서 리스료에 포함된 보험료, 자동차세, 수선비를 차감한 금액을 말한다.
유류비, 보험료, 수리비, 자동차세, 통행료 및 금융리스부채에 대한 이자비용	한도 규정이 없으므로 원칙적으로 운행일지를 작성한 경우 전액 손금으로 인정된다.

2 임직원 전용 자동차보험에 가입하고 운행일지를 작성한 경우

임직원 전용 자동차보험에 가입한 경우 업무용 승용차 관련 비용에 업무사용비율을 곱한 금액을 업무 사용금액으로 손금에 산입하고, 초과 금액은 손금불산입한다.

손금인정 한도액

= 업무용 승용차 관련 비용 × 업무사용비율

= 업무용 승용차 관련 비용 × (승용차별 운행기록상 업무용 주행거리 ÷ 총 주행거리)

🔑 법인이 임직원 전용 자동차보험에 가입된 경우 손금 한도는 차량 대당 계산을 한다.

🔑 운행기록 양식 등 구체적 사항은 국세청장이 정한다.

업무사용비율

업무사용비율은 업무용 승용차 운행기록부상 총 주행거리 중 업무용 사용 거리가 차지하는 비율을 말한다.

업무사용비율 = 승용차별 운행기록 상 업무용 주행거리 ÷ 총 주행거리

업무용 주행거리란 거래처 및 대리점 방문, 회의 참석, 고객미팅, 판촉 활동, 출근 및 퇴근 등을 위해 주행한 거리를 말한다.

업무용승용차 운행기록부의 작성 및 비치와 제출

내국법인은 업무용 승용차별로 운행기록 등을 작성·비치해야 하며, 납세지 관할 세무서장이 요구할 경우 이를 즉시 제출해야 한다. 즉, 업무용 승용차 운행기록부는 신고·납부 시 항상 제출하는 것이 아니라 납세지 관할 세무서장이 요구할 경우 제출하는 것이다.

구 분	제출 서식
법인	업무용승용차 관련 비용 명세서(별지 제29호 서식)
개인사업자	업무용승용차 관련 비용 명세서(별지 제63호 서식)

3 임직원 전용 자동차보험에 가입하고 운행일지를 작성하지 않은 경우

임직원 전용 자동차보험에 가입하고 운행일지를 작성하지 않은 경우 손금인정 한도액은 다음과 같다.

손금인정 한도액 = Min(업무용 승용차 관련 비용, 1,500만 원)

주 개인의 경우 2대 이상의 경우 임직원 전용 자동차보험 가입 대상이므로 운행일지 작성 여부에 따라 2 또는 3의 규정을 적용한다.

주 운행기록은 승용차별로 작성·비치해야 하며, 과세 관청의 요구가 있을 때 즉시 제출해야 한다.

주 사적으로 사용한 승용차 관련 비용은 사용자의 급여로 보아 소득세를 과세한다.

주 1,500만 원 부분은 월할 계산한다. 예를 들어 신규법인이 7월 1일 개업한 경우 1,500만 원 × 6/12의 금액으로 한다.

4 임직원 전용 자동차보험에 가입하지 않은 경우

임직원 전용 자동차보험은 해당 법인의 임직원 또는 협력업체 임직원이 해당 법인의 업무를 위해 운전하는 경우만 보상 대상인 자동차보험으로 해당 사업연도 전체기간 동안 가입되어 있어야 한다.

법인이 임직원 전용 자동차보험에 가입된 경우 손금한도는 차량 대당 계산을 하며, 임직원 전용 자동차보험에 미가입시 전액 손금불산입한다. 즉, 비용불인정 된다.

다만, 임직원 전용 자동차보험에 가입하지 않은 승용차의 업무사용비율에 대해서 기획재정부장관이 정해서 고시하는 조사·확인 방법에 따라 별도로 확인을 받은 경우는 그 확인된 업무사용비율에 업무용 승용차 관련 비용을 곱한 금액이 손금으로 인정된다.

개인사업자(간편장부대상자 제외)의 경우 2대 이상인 경우 임직원 전용 자동차보험에 가입해야 한다. 차량운행기록부도 잘 작성해야 한다.

구분	개 인	법 인
비용 인정 조건	• 사업과 관련된 비용 • 감가상각 한도액 범위 내에서 비용인정	• 사업과 관련된 비용 • 감가상각 한도액 범위 내에서 비용인정
비용 인정 범위	• 임직원 전용 자동차보험 가입 • 운행기록을 작성해야 하며, 운행기록을 통해 입증된 업무사용 비율만큼 비용인정 • 운행기록을 작성하지 않은 경우 → 승용차 1대당 1,500만 원까지만 인정	• 임직원 전용 자동차보험 가입 • 운행기록을 작성해야 하며, 운행기록을 통해 입증된 업무사용 비율만큼 비용인정 • 운행기록을 작성하지 않은 경우 → 승용차 1대당 1,500만 원까지만 인정
자동차 관련 총비용이 연간 4,000만 원인 경우(임직원 전용 보험은 가입) 1. 운행기록을 통하여 업무용 사용비율이 50%로 입증된 경우 2,000만원(4,000만원 × 50%)비용으로 인정된다. 2. 운행기록을 작성하지 않을 경우 1,500만 원만 비용으로 인정된다.		

업무용 승용차 관련 비용 중 업무관련 제외금액으로 손금불산입 된 금액이 사외에 유출된 것이 분명한 경우에는 그 귀속자에 따라 다음과 같이 배당, 이익처분에 의한 상여, 기타소득, 기타사외유출로 처분한다. 귀속이 불분명한 경우에는 대표자에게 귀속된 것으로 본다.

구 분	소득귀속
❶ 귀속자가 주주(임원 또는 사용인인 주주 등을 제외)	그 귀속자에 대한 배당(배당소득세)
❷ 귀속자가 임원 또는 사용인	그 귀속자에 대한 상여(근로소득세)
❸ 귀속자가 법인이거나 사업을 영위하는 개인인 경우	기타사외유출. 다만, 그 분여된 이익이 내국법인 또는 외국법인의 국내사업장의 각 사업연도 소득이나 거주자 또는 비거주자의 국내사업장의 사업소득을 구성하는 경우에 한한다.
❹ 귀속자가 위 ❶부터 ❸외의 자인 경우	그 귀속자에 대한 기타소득

개인사업자는 업무 사용 제외금액에 대해 배당, 상여 등의 소득처분 없다. 경비처리만 안하면 되기 때문에 간편하다. 즉, 인출로 처분해서 개인사업자의 사업소득세 계산시 총수입금액에 산입한다. 필요경비는 차량의 매각 당시 장부가액을 필요경비에 산입한다. 즉, 감가상각하고 남은 차량의 장부가액이 700만 원인데, 1,000만원에 팔았다면 총 수입금액에 1,000만원을 더하고 700만 원을 경비로 넣어서 처분이익을 계상하도록 하고 있다. 반대로 처분손실도 발생할 수 있는데 처분손실이 800만원을 초과하는 경우는 필요경비불산입하고, 다음 과세기간부터 800만 원씩을 균등하게 필요경비로 인정하고 있다.
예를 들어 2023년 1억원에 차량을 취득하고 내용연수 5년으로 2년간 정액법으로 상각하다가 장부가액 6천만원짜리 차량을 2025년 초 4천만 원에 처분하였을 경우 종전에는 처분손실 2천만원을 손금으로 계상하였지만, 개정 내용에 따르면 처분손실도 연간 8백만원을 한도로 손금으로 인정되므로 처분한 2025년에 8백만 원, 2026년에 8백만 원, 2027년에 4백만 원을 손금으로 처리한다.

6 업무용 승용차의 계산과 소득처분

1년간 감가상각비가 1,000만 원이고 기타 유지비용이 5백만 원일 때, 업무일지를 작성하지 않은 경우

우선, 업무미사용금액 500만 원[(1,000만 원 + 500만 원) × (1 - 1,000만원/1,500만원) = 500만 원]은 법인세법 시행령 제106조에 따라 사외에 유출된 경우 귀속자에 따라 소득 처분(주주 : 배당, 임원·사용인 : 상여 등)하고 귀속자가 불분명한 경우 대표자 상여 처분하는 것이다.

다음, 감가상각비 800만원 초과액은 [1,000만원 × (1,000만원/1,500만원) - 800만원 = △1,333,333원]은 없어 세무조정이 없다.

참고로, 기존 질의의 감가상각비 1,000만 원이고, 운행기록 등을 작성·비치하지 않는 경우 해당 사업연도의 업무용 승용차 관련 비용이 1,000만 원 이하인 경우 업무사용비율은 100%로 업무미사용금액은 없는 것이며, 감가상각비 800만원 초과액 200만원은 손금불산입 유보로 처분하는 것이다.

감가상각비 1,000만 원이고, 운행일지를 작성하여 90%가 업무용으로 입증된 경우 업무 미사용금액 100만원(1,000만원 - 900만원)은 법인세법 시행령 제106조에 따라 사외에 유출된 경우 귀속자에 따라 소득 처분(주주 : 배당, 임원·사용인 : 상여 등)하고 귀속자가 불분명한 경우 대표자 상여 처분하는 것이며, 감가상각비 800만 원 초과액 100만원(1,000만원 × 90% - 800만원)은 유보로 처분하는 것이다.

업무용 승용차의 감가상각
방법과 감가상각비 손금불산입

감가상각비(임차의 경우 감가상각비상당액)는 매년 800만 원(부동산임대업 400만 원)을 한도로 손금산입하며, 업무용승용차처분손실도 감가상각비와 동일하게 적용한다. 무조건 5년 정액법으로 상각한다. 800만 원을 초과하는 감가상각비 한도 초과액은 해당 사업연도의 손금에 산입하지 않고 다음 연도 이후로 이월해서 손금에 산입한다.

※ 감가상각비 한도초과액 손금불산입액 계산

감가상각비 한도초과액 = [업무용승용차별 감가상각비(상당액*) × 운행기록상 업무사용비율**] - 800만원 × 해당 사업연도의 개월 수 ÷ 12

* 임차료 중 감가상각비상당액 : 리스·렌탈의 경우 임차료에서 보험료, 자동차세 등을 제외한 금액 (시행규칙에서 규정)

** 운행기록을 작성하지 않은 경우 업무사용비율 계산방법

업무용승용차 관련 비용이 1,500만 원 이하인 경우 : 100%

업무용승용차 관련 비용이 1,500만 원 초과인 경우 : 1천만 원 ÷ 업무용승용차 관련비용

※ 감가상각비(상당액) 및 처분손실 한도초과액 이월방법

위에서 계산한 감가상각비 한도초과액은 손금불산입하며, 업무용승용차 처분손실로서

800만원을 초과하는 금액은 해당 사업연도에 손금불산입한다.

임차기간이 종료된 이후 또는 처분한 경우 그다음 사업연도부터 이월금액 중 800만원씩 균등하게 손금산입한다.

임차가 종료된 날 또는 처분한 날로부터 10년째 되는 사업연도에도 800만 원씩 균등하게 손금산입한다(10년 이후에도 동일하다.).

개인	법인
• 감가상각비 × 업무사용비율 1년 800만 원까지만 감가상각 인정 • 리스, 렌터차량의 경우 임차료 중 1년 800만 원까지만 비용인정. 단, 임차를 종료한 날부터 10년이 경과한 날이 속하는 사업연도에는 남은 금액을 모두 손금에 산입한다.	• 감가상각비 × 업무사용비율 1년 800만원까지만 감가상각 인정 • 리스, 렌터차량의 경우 임차료 중 1년 800만 원까지만 비용인정. 단, 임차를 종료한 날부터 10년이 경과한 날이 속하는 사업연도에는 남은 금액을 모두 손금에 산입한다.

1 업무용 승용차 감가상각비한도는 연 8백만원

예를 들어 감가상각비로 장부상 2천만 원을 계상하였고, 유류비 등으로 1천만 원을 계상한 경우 총 장부상 3천만 원을 비용으로 회계처리 할 것이고, 운행기록부상 업무사용비율을 보니 80%라면 먼저 감가상각비 2,000만 원 중 80%인 1,600백만 원만 감가상각비로 비용 처리되고, 8백만 원은 감가상각비 한도초과액으로 손금불산입(유보)된다.

그리고 유류비 등은 3,000만원 중 80%인 2,400만원은 비용인정이 되고, 나머지 600만원은 손금불산입(대표자 상여)된다.

구 분		손금불산입액
감가상각비	2,000만원	
유류비 등 기타비용	1,000만원	
업무사용비율	80%	
업무사용금액		
감가상각비	1,600만원 (2,000만원 × 80%)	800만원(유보) (1,600만원 - 800만원)
유류비 등 기타비용	2,400만원 (3,000만원 × 80%)	600만원(상여) (3,000만원 - 2,400만원)

차량운행기록부 미작성, 차량관련 비용이 1,500만원을 초과하지 않는 경우	차량운행기록부 미작성, 차량관련 비용이 1,500만원을 초과하는 경우
A법인(제조업, 12월말 법인)이 2020년 1월 1일 4천만원 승용차를 구입한 후, 임원이 2020년 업무전용자동차 보험에 가입하고 차량 운행기록부를 미작성, 해당연도 차량관련 비용 자동차보험료 50만원, 유류비 200만원, 자동차세 50만원, 감가상각비 800 (4,000만원 ÷ 5년)만원 계상하여 총 차량관련 비용은 1,100만원이다.	B법인(제조업, 12월말 법인)이 2020년 2억원의 승용차를 구입한 후, 임원이 2020년 업무전용자동차 보험에 가입하고 차량 운행기록부를 미작성, 해당연도 차량관련비용 자동차보험료 200만원, 유류비 1,600만원, 자동차세 200만원을 계상하였고, 감가상각비(2억원 ÷ 5년 = 4,000만원)는 미계상한 경우
[해설] 회사가 계상한 차량관련 유지비용 1,100만원은 총 인정비용 1,500만원(감가상각비 한도 8백만원) 한도 내이므로 세무조정 없이 전액 인정 50만원 + 200만원 + 50만원 + 800만원 = 1,1000만원	**[해설]** 1. 감가상각비 회사 미계상 세무조정 4,000만원 손금산입(유보) 20억원 ÷ 5년 = 4,000만원 ※ 업무사용비율 : 25% 1,500만원÷총비용 6,000만원(4,000원 + 2,000만원)

	2. 업무외 사용금액 손금 부인액 4,500만원 손금불산입(상여) 총 비용(6,000만원) - [총 비용(6,000만원) × 업무사용비율(25%)] 3. 감가상각비 한도초과액 200만원 손금불산입(유보) [감가상각비(4,000만원) × 업무사용비율(25%)] - 800만원

구 분	세무 처리
처분이익 발생시	처분이익은 100% 과세된다.
처분손실 발생시	한해 800만원만 비용인정 된다(초과액 손금불산입, 기타사외유출). 나머지 처분손실 한도초과액은 다음 사업연도부터 800만원을 균등하게 손금산입(기타)하다 800만원미만으로 떨어지는 때 모두 손금산입

2   업무용 승용차 감가상각 방법

내국법인이 소유한 업무용승용차 별로 취득시기에 따라 다음과 같이 구분해서 감가상각방법을 적용한다.

구 분	감가상각비
2015년 12월 31일 이전 취득한 업무용 승용차	종전에 신고한 상각방법과 내용연수를 적용해서 계산한 금액
2016년 1월 1일 이후 취득한 업무용 승용차	감가상각비 조정을 막기 위해 정률법 상각이 불가능하며, 무조건 내용연수 5년을 적용한 정액법으로 감가상각을 해야 한다.

3. 임차한 업무용승용차 임차료의 감가상각방법

리스차량 또는 렌트차량의 승용차별 감가상각비 상당액은 다음과 같이 계산한다.

여신전문금융업법에 따라 등록한 시설대여업자로부터 임차한 승용차(리스차량)

리스차량의 감가상각비(상당액) = Max[(임차료 - (보험료, 자동차세, 수선유지비), 임차료 - (보험료, 자동차세) × 93%]

여객자동차 운수사업법에 따라 등록한 자동차 대여업자로부터 임차한 승용차(렌트 차량)

렌트차량의 감가상각비(상당액) = 승용차 임차료 × 70%

4. 감가상각비 손금불산입액의 소득처분

구 분	소득처분
업무용 승용차의 감가상각비 손금불산입	유보
업무용 승용차의 임차료 감가상각비 손금불산입	기타사외유출

5 감가상각비 한도 초과액의 이월손금산입

업무용승용차의 감가상각비 이월액

800만원을 초과하는 감가상각비 한도 초과액은 해당 사업연도의 손금에 산입하지 않고, 다음 연도 이후 감가상각비가 800만원에 미달하는 금액을 한도로 손금에 산입한다. 소득처분은 △유보로 처분한다.

예를 들어 당해 연도에 감가상각비가 1,000만원으로 800만원 한도를 초과한 경우 초과한 200만원은, 다음 연도에 감가상각비가 600만원 발생한 경우 200만원을 손금으로 추인한다.

임차한 업무용승용차 임차료의 감가상각비상당액 이월액

리스차량이나 렌트차량으로 임차한 업무용승용차는 해당 사업연도의 다음 사업연도부터 해당 업무용승용차의 업무사용금액 중 감가상각비 상당액이 800만원에 미달하는 경우 그 미달하는 금액을 한도로 손금에 산입하고 기타로 소득처분 한다.

내국법인이 해산한 경우 감가상각비

법인이 해산(합병·분할 또는 분할합병에 따른 해산 포함)한 경우에는 감가상각비상당액, 매각손실에 따른 이월된 금액 중 남은 금액을 해산등기일(합병·분할 또는 분할합병에 따라 해산한 경우에는 합병등기일 또는 분할등기일을 말함)이 속하는 사업연도에 모두 손금에 산입한다.

개인사업자 폐업 시 감가상각비

복식부기의무자가 사업을 폐업하는 경우는 이월된 금액 중 남은 금액을 폐업일이 속하는 과세기간에 모두 필요경비에 산입한다.

💡 **세금 등 회사업무 자동계산 인터넷 주소**

구 분	자동계산
근로소득세 원천징수	https://teht.hometax.go.kr/websquare/websquare.html?w2xPath=/ui/sf/a/a/UTESFAAF99.xml
일용근로자 원천징수	https://incometax.calculate.co.kr/earned-income-tax-calculator
퇴직금 자동계산	http://www.moel.go.kr/retirementpayCal.do
주휴수당 자동계산	http://m.alba.co.kr/story/calculatorholiday.asp
최저임금	https://www.moel.go.kr/miniWageMain.do
실업급여 모의계산	https://www.ei.go.kr/ei/eih/eg/pb/pbPersonBnef/retrievePb200Info.do
건강보험 퇴직(연말) 정산 보험료 예상조회	https://www.nhis.or.kr/nhis/minwon/retrieveWkplcHltCtrbCalcuView.do
퇴직소득세 자동계산	https://teht.hometax.go.kr/websquare/websquare.wq?w2xPath=/ui/sf/a/a/UTESFAAE49.xml
4대 보험 자동계산	http://www.4insure.or.kr/ins4/ptl/data/calc/forwardInsuFeeMockCalcRenewal.do

구 분	자동계산
연차휴가 자동계산	http://www.nodong.or.kr/AnnuaVacationCal
통상임금	http://www.nodong.or.kr/common_wage_cal
퇴직소득세	https://www.nts.go.kr/info/info_04.asp?minfoKey=MINF8320080211205953&type=V
출산전후 휴가급여, 육아휴직급여, 육아기 근로시간 단축급여	https://www.ei.go.kr/ei/eih/eg/pb/pbPersonBnef/retrievePb330Info.do
두루누리 사회보험 계산기	http://insurancesupport.or.kr/durunuri/calculator_01.php
시급을 월급으로 월급을 시급으로 변경	https://www.albamon.com/services/AlbaTools/SalaryCaculator
연봉 계산기	https://www.saramin.co.kr/zf_user/search?searchword=%EC%97%B0%EB%B4%89%EA%B3%84%EC%82%B0%EA%B8%B0&go=&flag=n&searchType=search
급여실수령액 계산기	https://www.findsemusa.com/service/taxcal/SocialinsTaxCalc.do
산재보험료 계산기	https://www.comwel.or.kr/comwel/paym/insu/chek1.jsp
지방세 미리계산	https://etax.seoul.go.kr/AcqutaxCalcAction.view?gnb_id=0610&lnb_id=0610&gl_gubun=I
종합소득세 계산	https://www.findsemusa.com/service/taxcal/IncomeTaxCalc.do
부가가치세 계산	https://www.findsemusa.com/service/taxcal/VATTaxCalc.do

개인사업자 사장님 관련 비용의 세무 처리

소규모 회사에서 경리를 보고 있는 직원은 월요일만 되면 마트에서 구입한 집안 살림용 구입 영수증과 외식비용 영수증을 주면서 비용처리 하라는 사장님! 아무리 이것은 어차피 비용인정이 안 된다고 해도 매번 반복되는 행동 때문에 미칠 지경이다.

개인사업자의 경우 마트에서 본인의 집 즉 가사와 관련한 물품이나 서비스를 제공받고 현금영수증을 지출증빙용으로 제공받아 비용처리를 하거나, 소액의 경우 간이영수증으로 회사 비용처리를 해버리는 경우가 다반사이다.

또한, 법인의 경우 대표이사나 임원 등 법인카드를 소지할 수 있는 권한을 가진 사람이 법인카드를 이용해 회사업무와 관련 없는 개인적 지출을 하고, 비용처리를 한다.

개인사업자는 사업에서 발생한 소득을 가사경비로 사용하면 원칙적으로 업무와 관련 없는 지출로 보아 회사 비용으로 인정을 못받고 개인이 사업을 위해 투자한 돈을 개인 본인이 다시 회수해 가는 것으로 본다.

따라서 회사가 원칙을 어기고 비용처리를 한 경우 당장은 걸리지 않을 수 있으나, 세무조사 등으로 적발 시 추가 세금을 내야 할 뿐만 아니라 무거운 가산세도 별도로 부담해야 한다.

반면, 법인의 경우 법인의 소득을 얻기 위해 지출한 업무와 관련한 비용이 아니므로 비용으로 인정을 받지 못할 뿐만 아니라 이와 관련해 받는 세금계산서도 매입세액공제를 받지 못한다.

만약 기업주가 개인적으로 쓴 비용을 법인의 비용으로 변칙처리한 경우 법인이 기업주에게 부당하게 지원한 것으로 보아 법인의 비용을 불인정하고, 법인세가 과세(징벌적 가산세 40%) 되며, 기업주는 상여금 또는 배당금을 받은 것으로 보아 소득세를 추가로 부담하게 되어 변칙처리 금액보다 더 많은 세금을 부담하게 됨은 물론, 기업자금의 횡령으로 처벌을 받을 수도 있다.

구분	개인적 지출 비용	매입세액공제
개인사업자	비용불인정(본인 돈을 가져간 것으로 봄)	매입세액불공제
법인	개인 : 비용불인정 법인 : 상여 또는 배당으로 보아 근로소득세 또는 배당소득세 과세	매입세액불공제

1 자영업자 사장 본인의 급여

자영업자 본인 급여는 비용으로 인정이 되지 않는다. 개인회사 사장은 법인과 달리 회사 자체가 개인 것이고 여기에서 발생하는 수익도 아무 제재 없이 개인의 주머니로 넣을 수 있다. 즉 개인 마음대로 수익이든 비용이든 처리가 자유롭다는 것이다.

예를 들어 1억 원의 매출이 발생하는 데 세금을 안 내기 위해 극단적으로 1억 원을 급여로 책정할 수도 있지 않겠는가? 따라서 개인회사 사장 급여를 원칙적으로 비용인정을 해주지 않는 것이다.

그러나 여기서 의문을 가질 수는 있다. 내가 직원 3명을 두고 개인 사업장을 운영하는 데 나에 대한 4대 보험은 납부를 한다. 즉 4대 보험료는 급여 신고를 하고 납부를 하는 데 왜 급여는 비용으로 인정을 해주지 않는가? 이다.

답은 4대 보험은 4대 보험이고 세법은 세법이라는 것이다. 즉 4대 보험은 4대 보험 관련법의 적용을 받고 급여는 소득세법의 적용을 받음으로써 양 법의 처리가 차이가 있게 된다. 다만, 세법에서도 급여 자체는 비용으로 인정을 해주지 않으나 건강보험료는 비용으로 인정을 해주고, 국민연금은 소득공제를 해주고 있다.

구 분	처리방법
개인회사 사장의 급여	비용불인정
개인회사 사장의 국민연금	소득공제
개인회사 사장의 건강보험	필요경비 인정

2 개인회사 사장의 연말정산

연말정산의 대상은 일반적으로 근로소득자로서 일반근로자라고 보면 된다. 여기서 근로소득자란 근로소득을 회사로부터 받는 사람으로 급여, 상여금, 수당이 근로소득이라고 보면 된다.

그리고 개인회사 사장은 본인이 급여를 가져가지, 타인에게 급여 등을 받지 않으므로 근로소득자가 아니라 사업소득자에 해당하며, 사업소득자의 연말정산은 5월에 하는 종합소득세 신고·납부라고 보면 된다.

자영업자 사장 가족의 급여

사장의 가족 급여는 원칙적으로 비용으로 인정해 주지 않는다. 즉 사장과 가족은 친분관계를 이용해 짜고 세무 처리를 할 수 있다는 것이다.

최근의 기업 경영형태를 보면, 가족이 함께 기업을 이어가는 경우가 많아졌다. 남편이 사장이면, 부인·아들·딸 등이 일을 함께해야 그 기업을 이어갈 수 있는 힘든 세상이 되었으며, 이러한 현상은 세무사 등 전문 직종에까지 번지고 있다. 남편이 의사로서 개원을 하면 예전과는 달리 부인이 비전문 분야인 원무 업무라도 담당하게 하거나, 아예 처음부터 남편을 도울 수 있는 자격이 있는 간호사를 배우자로 선택하는 등의 경우가 그것이다. 이런 경우에 배우자 또는 직계 존·비속 및 기타 특수관계에 있는 자에게 실지 지급한 급여(특수관계가 없는 자를 고용했을 때 지급할 급여 상당액)에 대해 당해 거주자의 사업에 직접 종사하게 하고 그들에게 급여를 지급하는 경우 동 급여에 대해서도 사업소득 금액 계산 시 필요경비에 산입할 수 있다. 다만, 급여를 통장으로 이체하고 근무일지 등에 실제로 근무한 사실이 확인되는 등 객관적으로 노동에 대한 대가라고 인정되는 경우는 가족의 급여는 비용으로 인정해 준다.

4   사장님의 자가운전보조금과 차량유지비

가끔 개인회사의 사장님 급여 중 자가운전보조금도 비과세되는지 질문을 받는 경우가 있다.

답을 하자면 개인회사 사장님의 자가운전보조금은 원칙적으로 비용 자체가 인정이 안 된다는 것이다. 개인회사 사장은 근로소득자가 아니라 사업소득자이므로 근로소득자에게 적용되는 비과세 조항인 자가운전보조금은 사장님에게는 애초 적용 대상 요건조차 성립이 안 된다고 보면 된다. 따라서 회사업무용으로 사용한 차량유지비에 대해서는 증빙에 의해 종합소득세 신고·납부 시 비용 인정받는 방법밖에는 없다. 다만, 종합소득세 신고·납부 시 비용인정과 관련해서도 개인회사 사장은 개인용도 및 업무 용도로 같이 사용하므로 반드시 업무용과 개인용을 구분해 두어야 한다. 즉 차량운행일지 등을 작성해서 업무용 차량 사용내역을 기록해 두는 것이 좋다.

5. 업무와 관련한 핸드폰 사용료

업무와 관련한 개인회사 사장의 핸드폰 사용료도 비용으로 인정을 받을 수 있다.

그러나 일반적으로 업무용과 개인용을 혼용해서 사용하는 경우가 많고, 국세청에서 업무 관련성을 입증하라고 하면 업무 연관성을 입증하기가 매우 곤란하므로 동 사장 핸드폰 사용료의 비용처리 여부는 자의적인 판단에 맡길 수밖에 없는 것이 현실이라고 생각하면 된다.

[회사 지출 식비의 경비처리]

구분		계정과목	경비	부가가치세
개인사업자	대표자 식대	인출금	처리 불가	공제 불가
	직원 식대	복리후생비	처리 가능	공제 가능
	거래처 등 식대	기업업무추진비	처리 가능	공제 불가
법인사업자	대표자 식대	복리후생비	처리 가능	공제 가능
	직원 식대	복리후생비	처리 가능	공제 가능
	거래처 등 식대	기업업무추진비	처리 가능	공제 불가

[법인 대표와 개인회사 사장님의 식비 경비처리]

구 분				경비인정	매입세액공제
법인 대표	업무 관련	식비	이론상	원칙 : 경비인정 가능	공제
			실무상	예외 : 사회 통념상 개인적인 지출로 볼 수 있는 측면이 강하므로 세무서에서 시비를 걸면 어쩔 수 없는 것이 현실이다. 실무적으로는 잘 넣지 않는 세무 대리인도 있다.	공제 또는 불공제
		거래처		기업업무추진비 처리 후 한도 내에서 경비인정	불공제
	업무 관련 없음			경비인정 안 함	불공제
개인 회사 사장	업무 관련	식비	이론상	원칙 : 경비인정 안 함	불공제
			실무상	원칙 : 경비인정 안 함 예외 : 직원이 있는 경우 사장 식비도 복리후생비 처리하는 세무 대리인도 있다.	공제 또는 불공제
		거래처		기업업무추진비 처리 후 한도 내에서 경비인정	불공제
	업무 관련 없음			경비인정 안 함	불공제

지출증빙, 부가가치세, 종합소득세, 원천징수, 급여세금 실무설명서

지은이 : 손원준

펴낸이 : 김희경

이론과 실무가 만나 새로운 지식을 창조하는 곳

펴낸곳 : 지식만들기

인쇄 : 해외정판 (02)2267~0363

신고번호 : 제251002003000015호

제1판 1쇄 인쇄 2020년 01월 12일

제1판 2쇄 발행 2020년 06월 22일

제2판 2쇄 발행 2021년 07월 13일

제3판 1쇄 발행 2022년 09월 26일

제4판 1쇄 발행 2023년 01월 16일

제5판 1쇄 발행 2024년 01월 22일

제6판 1쇄 발행 2025년 02월 03일

값 : 22,000원

ISBN 979-11-90819-44-2 13320

K.G.B

지식만들기

이론과 실무가 만나 새로운 지식을 창조하는 곳

서울 성동구 금호동 3가 839 Tel : 02)2234~0760 (대표) Fax : 02)2234~0805